RABEA CRAMER

SPRACHLOS

PIKTOGRAMME IN DER VISUELLEN
KOMMUNIKATION MIT GEFLÜCHTETEN

WELT | GESTALTEN   BAND 2

B BÜCHNER

INHALT

4

GESTALTUNG

5

EVALUIERUNG

6

ANHANG

VORWORT

Seit der sogenannten »Flüchtlingskrise« im Jahr 2015 besteht in Deutschland ein erhöhter Bedarf an sprachunabhängigen Kommunikationsmitteln. Piktogramme haben sich bereits überall dort als unverzichtbar erwiesen, wo sich Menschen über kulturelle und sprachliche Grenzen hinweg begegnen.

Die Arbeit befasst sich mit der Bedeutung und dem Ursprung von Zeichen und Piktogrammen, analysiert Herausforderungen in der Flüchtlingsarbeit und bietet mit einem Piktogrammsystem für das Jobcenter [Musterstadt] einen Lösungsansatz. Ziel ist es, mittels kulturneutraler und sprachunabhängiger Begriffsvisualisierungen die Verständigung zwischen Geflüchteten und Jobcenter-Mitarbeiter zu erleichtern. So können Sprachbarrieren abgebaut und die Lebensumstände Geflüchteter in Deutschland verbessert werden.

Das Zeichensystem »Sprachlos« unterscheidet dabei zwei Arten von Piktogrammen: Basispiktogramme, welche aufgrund ihrer Einfachheit in einem Bildzeichen dargestellt werden können, und additive Piktogramme, bei denen es einer Kombination mehrerer Bildzeichen bedarf. Die Basispiktogramme bilden dabei die einzelnen Wörter, die zusammen mit anderen Piktogrammen zu Sätzen einer Bildsprache kombiniert werden können. Die Piktogramme wurden auf Basis konsistenter Gestaltungsmittel konstruiert und von Geflüchteten auf ihre Verständlichkeit getestet.

Beim Lesen wird Ihnen die Stadt [Musterstadt] begegnen. Die Bezeichnung Musterstadt steht in dieser Arbeit stellvertretend für eine Stadt in NRW. Außerdem werden Sie die Namen [Mustermann], [Musterfrau] vorfinden. Die Namen von Stadt und Personen wurden aus Gründen des Datenschutzes anonymisiert.

Zur besseren Lesbarkeit werden in dieser Arbeit personenbezogene Bezeichnungen, die sich zugleich auf Frauen und Männer beziehen, generell nur in der im Deutschen üblichen männlichen Form angeführt, also z. B. »Teilnehmer« statt »TeilnehmerInnen« oder »Teilnehmerinnen und Teilnehmer«. Dies soll jedoch keinesfalls eine Geschlechterdiskriminierung oder eine Verletzung des Gleichgrundsatzes zum Ausdruck bringen.

Unter https://www.buechner-verlag.de/wp/wp-content/uploads/2019/11/sprachlos.pdf finden Sie das im Buch vorgestellte Piktogrammsystem, das Design Manual, das Erklärvideo und diverse Vorlagen zum Download.

1.1 MOTIVATION

Designer gestalten niemals für sich selbst, sondern stets für andere[1] und somit die Umgebung ihrer Mitmenschen. Daraus ergibt sich eine soziale Verantwortung für Designer. Sie können die Gesellschaft mitgestalten und dadurch sozialen Mehrwert generieren. Dieses Bedürfnis zur Mitgestaltung liegt auch der vorliegenden Arbeit zugrunde.

Dabei macht sich insbesondere der Kommunikationsdesigner die Stärke von Bildern zunutze, welche für Anschaulichkeit und Übersichtlichkeit in einer komplexer werdenden Welt sorgen. Denn dort, wo Übersicht abnimmt, wächst der Bedarf an visueller Orientierung, und nur da, wo Übersichtlichkeit gegeben ist, fühlen sich Menschen wohl.[2]

Der Psychologe Frank Keil konnte nachweisen, dass die Merkfähigkeit von Bildern höher ist als die von Texten.[3] Grafiken lassen beispielsweise Komplexes durch Abstraktion übersichtlich und verständlich werden. Der renommierte Medientheoretiker Marshall McLuhan erklärte dabei die visuelle Sprache als Esperanto, also als Weltsprache, die jedem Menschen zu Verfügung stehe[4], und machte dadurch die immensen Fähigkeiten von Bildzeichen deutlich.

Dieses Potenzial der Bildzeichen lässt sich bei der Bewältigung aktueller Herausforderungen in einer sich globalisierenden Welt zunutze machen. Der Einsatz von Piktogrammen[5] hat sich dabei etwa in Gebrauchsanweisungen weltweit erhältlicher Produkte, in User-Interfaces oder als Bestandteile von Wegeleitsystemen an Flughäfen und Bahnhöfen etabliert. Sie schaffen überall dort Übersicht, wo sich Menschen unterschiedlicher Sprachen und Kulturen zusammenfinden.[6] Als Bilddarstellungen ist ihnen eine sprach- und schriftunabhängige Kommunikation inhärent. Das heißt, sie können sowohl von Menschen unterschiedlicher Sprachen[7] als auch von Analphabeten oder Taubstummen verstanden werden. Um es mit den Worten Otto Neuraths auszudrücken: »Words (which not everyone can read) divide, images (which can be understood by all) unite«[8].[9]

1 Vgl: http://www.designmadein germany.de/2011/53516/, Stand: 21.06.2018

2 Vgl. King/Krüger: 2013: 1

3 Vgl. Heimann/Schütz 2017: 54

4 Vgl. Annink/Bruinsma, 2008: 140

5 Def. Piktogramm: »Bilddarstellung. Isotype. Ein ikonisches Zeichen, das komplexe Sachverhalte nicht durch Worte oder Laute, sondern durch visuelle Bedeutungskomplexe darstellt.« (Abdullah/Hübner 2005: 11)

6 Vgl. Christian 2017: 25

7 Es gibt ca. 7000 Sprachen weltweit und unzählige Dialekte. (vgl. Annink/Bruinsma 2008: 25)

8 Leitsatz von Otto Neurath, Erfinder des 1936 entwickelten Bildsprachesystems ISOTYPE (International System of Typographic Picture).

9 ISOTYPE sollte auch den Menschen außerhalb des Bildungsbürgertums Zugang zur Bildung verschaffen und ihnen dadurch die Möglichkeit geben von den neuen Erkenntnissen der Wissenschaft und dem Potenzial der Indurstrie zu profitieren. (vgl. Annink/Bruinsma 2008: 60)

1.2 AKTUALITÄTSBEZUG & KONTEXT

10 Vgl. http://www.zeit.de/
politik/ausland/2016-03/
fluechtlingskrise-deutsch
land-bilanz-fluechtlingspoli
tik-zaesur, Stand: 29.01.2018

Besonders seit der »Flüchtlingskrise« im Jahr 2015[10] wurde der Einsatz von sprachunabhängigen Kommunikationsmitteln in Deutschland erforderlich, welche den neuen Herausforderungen in der Verständigung etwa zwischen Behörden und Geflüchteten angepasst sind.

11 Vgl. https://www.rnz.de/nach
richten/metropolregion_ar
tikel,-Metropolregion-Dolmet
scher-gesucht-Damit-Fluechtlin
ge-sich-im-Rhein-Neckar-Kreis-
verstanden-fuehlen-_arid,
253636.html,
Stand: 29.01.2018

Die Nachfrage nach Übersetzern und Ehrenamtlichen mit Fremdsprachenkenntnissen wuchs und schuf zeitweise einen Schwarzmarkt für Dolmetscher.[11] Der große Bedarf an sprachunabhängigen Begriffsvisualisierungen machte sich auch in der Entwicklung und Bereitstellung von kostenlosen Piktogrammen für Erstaufnahmeeinrichtungen und für die medizinische Erstversorgung Geflüchteter bemerkbar. Diese wurden in den seltensten Fällen von professionellen Gestaltern entwickelt (buero Bauer: First Aid Kit/Verlag AMBERPRESS: ICOON for refugees), sondern häufig von unmittelbar mit der Sprachbarriere Konfrontierten – etwa Hilfsorganisationen (Deutsches Rotes Kreuz – DRK), Politikern (Martin Neumeyer, Integrationsbeauftragter der Bayerischen Staatsregierung) oder der Bundeszahnärztekammer – gestaltet.

Es wird deutlich, dass die gesellschaftspolitischen Entwicklungen nach Piktogrammen verlangen, die bei der Kommunikation zwischen Menschen verschiedener Sprachen, aber auch unterschiedlicher Kulturen behilflich sind und unterstützen.

1.3 FRAGESTELLUNG

Um eine zielführende Kommunikation dieser Piktogramme zu gewährleisten, ist es sinnvoll, sich zunächst auf theoretischer Ebene intensiv mit dem Aufgabenfeld auseinanderzusetzen und auf Grundlage der so gewonnenen Erkenntnisse im nächsten Schritt eine professionelle Gestaltung der benötigten Piktogramme vorzunehmen.

Die folgende Fragestellung liegt dieser Forschungsarbeit zugrunde:
Wie müssen Piktogramme gestaltet werden, damit sie Informationen verständlich kommunizieren und somit ihrer sprachübergreifenden Funktion gerecht werden?

1.4 METHODIK & VORGEHENSWEISE

Anhand von Recherchen wird ein Kriterienkatalog für gelungene Piktogramme entwickelt, der fundierte Aussagen darüber ermöglicht, welche Piktogramme eindeutig und verständlich kommunizieren. Dabei sind kulturelle Unterschiede bei der Gestaltung von Piktogrammen zu beachten. Auch die Grenzen von Piktogrammen bei der Darstellung von abstrakten Begriffen und Prozessen werden aufgezeigt. Ziel ist, auf Grundlage der neu gewonnenen theoretischen Erkenntnisse ein Piktogrammsystem zur Unterstützung von Geflüchteten in Deutschland zu entwickeln, welches den Anforderungen des Kriterienkatalogs entspricht. Dabei ist der Anspruch, ein funktionierendes System zu erstellen, das die Verständigung fördert und Missverständnissen in der Kommunikation von Informationen vorbeugt. Auf diese Weise wird eine praktikable Orientierungshilfe für Geflüchtete in Deutschland geschaffen.

Den theoretischen Unterbau bilden dabei Exkurse in die Wahrnehmungstheorie, die Semiotik, die Grundprinzipien von Piktogrammen sowie die Entstehungsgeschichte der Bildzeichen. Auch Diskurse der Kulturtheorie werden reflektiert, um Einblicke in die Bereiche Interkulturalität, interkulturelle Kommunikation und Integrationstheorie zu erhalten.

Bei dieser Forschungsarbeit handelt es sich um eine angewandte Arbeit, in der die Lebensbereiche der Geflüchteten im Hinblick auf den Bedarf an visueller Unterstützung oder Optimierung untersucht werden. Zudem werden Probleme der Verständigung analysiert und somit Ursachen von Missverständnissen aufgedeckt. Für den so definierten Bedarf und die sichtbar gewordenen Probleme wird ein Lösungsansatz entwickelt, um die Lebensumstände der Geflüchteten zu verbessern.

Im Verlauf der Arbeit wird dabei auf Methoden aus dem Service Design zurückgegriffen wie das Durchführen von Interviews und Beobachtungen, das Erstellen von Profilen und »Customer Journeys«, das Entwickeln von Prototypen und das Testen derselben.

Neben der Literaturrecherche werden am Integrationsprozess von Geflüchteten beteiligte Personen befragt. Auch Statistiken werden in die Bearbeitung miteinbezogen. Auf Grundlage der Recherche wird der bereits beschriebene Kriterienkatalog zur Analyse, Bewertung und Evaluation bestehender Piktogrammsysteme erstellt und angewandt sowie ein eigenes Piktogrammsystem entwickelt.

2.1 WAHRNEHMUNG

Wahrnehmung nach Mausfeld ist nie eine reine Wahrnehmung der Realität, sondern vielmehr ist die Realität ein Produkt unseres Wahrnehmungssystems. Das Gehirn vermittelt dem Menschen den Eindruck, er stünde in direktem Kontakt mit der Realität und nehme diese ungefiltert wahr. Dies widerlegt jedoch die Wissenschaft, indem sie beispielsweise mithilfe technischer Geräte Aspekte der Realität wahrnehmen lässt, die der Mensch ohne technische Hilfsmittel nicht erfassen kann. So können beispielsweise Bakterien ohne Mikroskop vom menschlichen Auge nicht wahrgenommen werden. Die biologische und physikalische Realität ist also vom Menschen nicht ohne Weiteres wahrnehmbar. Die Aufgabe unseres Wahrnehmungssystems ist laut Mausfeld dabei auch nicht, ein physikalisch korrektes Bild der Umwelt zu erzeugen, sondern diese zu verarbeiten und zu filtern.[12]

12 Vgl. Mausfeld 2011: 2–8

Das Nicht-Bemerken der Wahrnehmungsprozesse ist eine notwendige Leistung des Gehirns, um irrelevante Wahrnehmungseindrücke herauszufiltern und somit einer Überforderung entgegenzuwirken. Das menschliche Wahrnehmungssystem funktioniert also als ein System interner Informationsverarbeitung. Dabei werden die Informationen der Wahrnehmung in Form von Datenformaten (= Konzeptformen) in verschiedene Bedeutungskategorien eingeteilt: Der visuelle Wahrnehmungsprozess zum Beispiel besteht nicht nur aus einem visuellen Reiz und einer darauf folgenden Reaktion, sondern setzt sich aus dem visuellen Reiz, der Gehirnverarbeitung in vielfältigen internen Systemen[13] und der Reaktion zusammen. Dabei nimmt das sensorische System, also in diesem Beispiel der visuelle Sinn, einen Reiz auf und übersetzt ihn in einen Code, welcher als Stichwortgeber (»Trigger«) für das perzeptuelle System[14] fungiert. Das perzeptuelle System basiert auf Konzeptformen (bspw. Artefakte, Nahrung, Selbst) mit Attributen (tastbar, essbar etc.) und Relationen (kausal, intentional).[15]

13 vielfältige interne Systeme (»etwa für Raumorientierung und Navigation, Nahrungssuche, Partnersuche, komplexes Sozialverhalten, Werkzeuggebrauch, Wahrnehmung emotionaler Zustände anderer etc.«), ebd.: 13

14 »Das Perzeptuelle System läßt sich also gerade als das System von Bedeutungskategorien bzw. Konzeptformen auffassen, mit denen unser Wahrnehmungssystem biologisch ausgestattet ist. Zu diesen Konzeptformen, durch die wir unsere Wahrnehmungswelt konzeptualisieren, gehören u. a. Konzeptformen für ›Oberflächen‹, ›physikalisches Objekt‹, ›Nahrung‹, ›Werkzeug‹, ›Ereignis‹, ›potentieller Akteur‹, ›andere Person‹, ›Selbst‹ mit ihren assoziierten Attributen wie ›begehbar‹, ›manipulierbar‹, ›eßbar‹, ›Form‹, ›mentaler Zustand‹ und mit entsprechenden Relationen wie ›kausal‹ oder ›intentional‹«, ebd.: 15

15 Vgl. ebd.: 4–24

16 Vgl. Heimann/Schütz, 2017: 194

Zusammenfassend lässt sich festhalten, dass die Sinne nicht einer reinen Abbildung der Welt dienen, sondern als Stichwortgeber für verfügbare Grundkonzepte zuständig sind. Das heißt, die wahrgenommene Welt ist eine biologisch zweckmäßige Konstruktion unseres Geistes und somit höchst subjektiv und interpretationsabhängig. Die erlebte Welt existiert nur im Gehirn, sowohl bei uns als auch beim Gegenüber. Erst durch Vereinbarungen (wie bspw. Sprache) und gemeinsame Erfahrungen (z. B. im Kulturraum, also durch Zugehörigkeit zu derselben sozialen Gruppe) können wir mit anderen Menschen erfolgreich kommunizieren, da deren »Welt im Gehirn« unserer sehr ähnlich ist und wir uns auf diese gemeinsam beziehen können.[16]

Deshalb legt diese Arbeit im folgenden Kapitel einen besonderen Fokus auf die Wirkung von Farben und Formen im Hinblick auf Übereinstimmungen und mögliche kulturelle Unterschiede.

2.2 WIRKUNG

Designwirkung ist nicht rein subjektiv, sondern »Menschen erleben bis zu einem gewissen Grad die Dinge sehr ähnlich, allein schon aufgrund der Tatsache, dass sie Menschen sind.«[17]

17 Ebd.: 10

Ein bekanntes Beispiel dafür zeigt das Experiment »Maluma und Takete« (1929) des Gestaltpsychologen Wolfgang Köhler, bei dem in 90 % der Fälle die Versuchspersonen dem Begriff »Maluma« eine runde Form und dem Begriff »Takete« eine eckige Form zuordneten.[18] So assoziieren die meisten Menschen mit dem Begriff »Maluma« etwas Weiches und mit »Takete« etwas Kantiges.

18 Vgl. ebd.: 18–19

WIRKUNG VON FORMEN

Das ist darauf zurückzuführen, dass der Mensch sich selbst als Referenz für die Wirkung von Formen nimmt. Sein Gleichgewichtssinn, Schwerkraftempfinden, Tastsinn, Körper- und Bewegungsempfinden sind dabei von Relevanz.[19] So wirkt eine Raute instabiler als ein Rechteck, da dieses mit seiner größeren Auflagefläche stabiler auf unseren Gleichgewichtssinn wirkt. Ein großer Punkt wirkt aufgrund unseres Schwerkraftempfindens schwerer als ein kleiner Punkt.

19 Vgl. ebd.: 251

Diese auf Lebenserfahrungen – die alle Menschen in der ein oder anderen Form einmal gemacht haben – basierende Wirkungsdimension wird im weiteren Verlauf unter dem Begriff »menschliche Dimension« gefasst. Die menschliche Dimension beschreibt Wirkungen von Formen oder Farben, die bei jedem Menschen ähnlich sind.

Im Folgenden wird die menschliche Wirkungsdimension beispielhaft anhand der drei Grundformen Rechteck, Dreieck und Kreis erläutert.

Das Rechteck steht optisch mit seinen geometrischen, vom Menschen erstellten Winkeln, Ecken und Kanten im Gegensatz zur organisch geformten, natürlichen Umwelt.[20] Als allgemeine Wirkungen des Rechtecks können deshalb Festigkeit, Statik, Unnachgiebigkeit und Ordnung abgeleitet werden.[21]

20 Vgl. ebd.: 397
21 Vgl. Roth/Saiz, 2014: 152

Das Dreieck kommt, genauso wie das Rechteck, in der Natur nur selten vor. Mit seinen schrägen Kanten wirkt es dabei jedoch dynamischer und kann je nach Grad der Winkel auch einen aggressiven Charakter annehmen. Assoziationen wie Aggressivität, Angriff und Zerstörung können hervorgerufen werden.[22]

22 Vgl. Heimann/Schütz, 2017: 405

Der Kreis umfasst etwas, er wird genutzt, um Ganzheit oder Vollständigkeit darzustellen – ähnlich wie für die Beschreibung von »alles«, mit den Armen ein Kreis geformt wird. Wirkungen wie Umschlossenheit, Sicherheit, Schutz und Endlosigkeit werden mit dem Kreis in Verbindung gebracht.[23]

23 Vgl. Roth, Mareike/Saiz, 2014: 152

12

MENSCHLICHE UND KULTURELLE DIMENSION

Neben der menschlichen Dimension beeinflusst jedoch auch immer die Kulturdimension die Wirkung von Formen und Farben. Die Kulturdimension umfasst Lebenserfahrungen, die speziell für Menschen in einem bestimmten Kulturraum gelten.[24]

24 Vgl. Heimann/Schütz, 2017: 110

Formwirkungen in der menschlichen Dimension können durch kulturelle Symbole überlagert werden. Ein Dreieck ist beispielsweise auch ein christliches Symbol für die Dreifaltigkeit und steht in dem Zusammenhang für ziemlich gegensätzliche Eigenschaften wie Klarheit, Ruhe und Harmonie.

WIRKUNG VON FARBEN

Auch Farbe hat unabhängig von konkreten Lebens- und Alltagserfahrungen bereits eine bestimmte Wirkung. Die Farbwirkung in der menschlichen Dimension geht von Erfahrungen aus, die in der Regel alle Menschen erleben, von wenigen Ausnahmen abgesehen. Dabei ist die Naturerfahrung von großer Relevanz, da diese auf der ganzen Welt weitestgehend konsistent ist. Die Sonne erscheint dem Menschen zur Mittagszeit gelb, Bäume sind größtenteils auf der ganzen Welt grün, das Erdreich braun, Blut und Feuer sind rot, Wasser blau und die nächtliche Dunkelheit wird dunkelblau bis schwarz wahrgenommen.[25]

25 Vgl. Heimann/Schütz, 2017: 277–280

Jedoch beeinflusst darüber hinaus auch eine kulturelle Dimension die Wirkung von Farben. Hierbei ist die Farbwirkung besonders vielschichtig, sodass bestimmte Farben zeitgleich gegenteilige Wirkungen inhärent haben können (z. B. Gelb = erleuchtend; verdorben).

Bewohner kalter, schneereicher Regionen unterscheiden zwischen zahlreichen Weißtönen und Menschen aus Gebieten des Regenwalds zwischen vielen verschiedenen Grüntönen.[26] Neben der Regionalität bestimmen auch religiöse Symboliken maßgeblich die Farbwirkung mit. So wird im Christentum an Beerdigungen schwarz getragen, da in dessen Farbsymbolik die Farbe Schwarz für den Tod steht. In östlichen Kulturen hingegen ist Weiß als Farbe für Trauer und Tod konnotiert.[27] Auch in der Farbwirkung kann die kulturelle Dimension die menschliche Dimension überlagern.[28]

26 Vgl. ebd.

27 Vgl. ebd.: 315

28 Vgl. ebd.: 280

Die Berücksichtigung der Kulturdimension von Farben und Formen ist besonders bei der Bearbeitung von internationalen Projekten von Bedeutung. Somit auch für die Entwicklung eines Piktogrammsystems für Geflüchtete unterschiedlichster Länder und Kulturkreise. Dabei sind die Grenzen der Wirkungsräume unterschiedlicher Kulturen nicht immer einfach zu ziehen.[29] So können in der Kommunikation mit Geflüchteten beispielsweise gleichermaßen christliche wie auch muslimische Symbole die Form- und Farbwirkung beeinflussen.

29 Vgl. ebd.: 134

ZUSAMMENFASSUNG ZU DEN WIRKUNGEN VON FORMEN UND FARBEN

FORM	ASSOZIATIONEN MENSCHLICH/KULTURELL	CHARAKTER/WIRKUNG
PUNKT	· Null, Anfang, Ursprung · Satzende · Treffpunkt, Ecke, Spitze · »toter Punkt«, »Wendepunkt«, · »Scheidepunkt«, »Brennpunkt«	· Pause, kurzer Moment, geheimnisvoll · Standfest, behauptend, unbeweglich, fokussiert, exakt, eindringlich, konzentrierend, umwendend/verwandelnd
LINIE	· Schnitt · Weg, Zeitstrahl · »linientreu«, »geradlinig« · Grenze, Führung	· Scharf, kraftvoll · Dynamisch, bewegt, schnell · Rational, konstruiert, langweilig, zielstrebig, zwingend, abgrenzend
KREUZ	· Körper mit ausgestreckten Armen · Windrose, Kreuzfahrt, Balancieren · Kreuzsymbol · Wegkreuzung, Durchkreuzung	· Raumeinnehmend, offen · Selbstbewusst, ausdehnend, ausgleichend, vereinigend · Entscheidung treffend, blockierend
RECHTECK	· Territorium, Grundriss eines Hauses, Schutzmauer, große Plätze · Feld/Spielfeld · Schubladen, Kisten, Container · »Quadratschädel«, eckige Hochhäuser	· Begrenzend, schützend, in Besitz nehmend, irdisch, weltbeherrschend, kultivierend, vereinfachend, handhabbar, kontrollierend, ordnend, rational und rationell · Leblos, starr, klotzig, einsperrend
DREIECK	· Pfeilspitze · Dach, Bezug zum Himmel · Dreiecksbeziehung, Netzwerk · Megafon, Trichter, Stücke, Schnipsel · Dreifaltigkeit · Verkehrsschilder	· Dynamisch, richtungsweisend · Schützend, ehrgeizig, über Irdisches hinaus, erweiternd, ergänzend · Konzentrierend, ausbreitend und zerteilend zugleich · Vermittelnd, geistig/göttlich · Warnend
KREIS	· »runde Sache«, »rund machen« · Himmelskugel/Firmament · »rundum« · Kugel, Pupille, Rad · Kopf, Brust, sich um die eigene Achse drehen · Familienkreis, Freundeskreis, Geheimbund · Tafelrunde, Stuhlkreis, Steinkreis · Uhr, Sonne, Ballspiel	· Vollkommen, unendlich, ewig · Himmlisch/geistig · Ganz/komplett, allgemeingültig · Sanft, ruhig und dynamisch bewegt · Menschlich, ausgeglichen, mittig, egozentrisch, schicksalhaft · Einbezogen, zugehörig, geborgen/schützend versus ausschließend, gleichberechtigt, zentriert · Zeitlich, periodisch, wiederkehrend
SPIRALE	· Wachstum von Blättern · Schneckenhaus · Doppelspiralsymbol · Bohrer, Schraube · Gewaltspirale, Sog, Schlingpflanze · Wendeltreppe, Serpentinen	· Entwickelnd, ausbreitend · Zurückziehend, in sich gehend · (Lebens)rhythmisch vor und zurück · Umkreisend und eindringend, kreativ · Aufschaukelnd, mitreißend, einwickelnd · Zu Höherem aufschraubend, hinauswachsend

Abb. 1: Zusammenfassung zu den Wirkungen von Formen und Farben
Quelle: Heimann, Monika/Schütz, Michael: Wie Design wirkt, Psychologische Prinzipien erfolgreicher Gestaltung. Bonn: Rheinwerk Verlag GmbH, 2017

FARBE	ALLGEMEINE FARBPSYCHOLOGIE	MENSCHLICHE DIMENSION	KULTURDIMENSION
GELB warm/ exzentrisch	· Strahlend bis explosiv · Schrill · Zerstreut · Leichtsinnig	· Sonne · Sterne · Gold · Galle/Säure	· Lebensspendend, erleuchtet, goldig, blendend, inspirierend, üppig, freigiebig, unstet, kreischend, warnend, ächtend, krank, sauer/ätzend verdorben
BLAU kalt/ konzentrisch	· Beruhigend bis melancholisch · Unauffällig · Übersinnlich	· Himmel · Weltall · Wasser · Eis	· Ruhig, verlässlich, göttlich, klar, rational, sehnsüchtig, visionär, täuschend, unergründlich, schwermütig, unappetitlich
ROT warm/ konzentrisch	· Auffällig/anziehend · Vital/dynamisch/ aggressiv	· Blut · Fleisch · Feuer	· Kraftvoll/energetisch, glühend, leidenschaftlich, erotisch, süß und scharf, kriegerisch, teuflisch, gefährlich, mächtig, kontrollierend
GRÜN insgesamt ausgeglichen	· Beruhigend · Lebendig · Selbstgenügsam	· Pflanzen · Gift	· Lebendig, fruchtbar, wachsend, heilend, gesund, jugendlich, wuchernd, monströs
ORANGE warm/ ausgeglichen	· Kraftvoll · Auffällig · Lebendig/aktiv · Zielstrebig	· Sonne (morgens/abends) · (Kamin-)Feuer · Keramik	· Lebenslustig, exotisch, spielerisch, beschwingt, vergnüglich, romantisch, künstlich, billig
VIOLETT ambivalent/ konzentrisch	· Widersprüchlich · Traurig · Mystisch	· Kaum in der Natur vorhanden	· Verbindend/trennend, sehnsüchtig, magisch/übersinnlich (esoterisch), konflikthaft schwelend
BRAUN eher warm	· Gemütlich · Bodenständig · Bieder · Fundamental	· Erde/Baum · Haut, Fell, Leder · Gebratenes/Gebackenes · Kot	· Nährend, behütend, rustikal, heimat-verbunden, sumpfig, verrottet, schmutzig, faulig, bescheiden
WEISS eher kalt/ eher exzentrisch	· Neu · Leicht · Leer · Undefiniert · Unberührt	· Licht/Tag · Sauberkeit · Nebel · Nichts	· Leuchtend, rein, unschuldig, silbrig, beschützend, verklärend, auflösend, anfänglich, blass, leblos, auslöschend, einsam
SCHWARZ eher kalt/ eher konzentrisch	· Schwer · Still · Absolut/tot · Geheimnisvoll/exklusiv · Bedrohlich	· Dunkel/Nacht · Höhle/Schlund/ Keller/Gruft · Unterwelt	· Unglücklich, böse, strafend, abgründig, unbewusst, geheimnisvoll, würdevoll, wahrhaftig, elegant/extravagant, verschlingend, abblockend, erotisch, rebellisch
GRAU eher kalt/ ausgeglichen	· Starr/trostlos · Charakterlos · Schlicht · Neutral · Sachlich	· Stein/Beton · Regenwolken · Staub	· Karg, leblos, traurig, unauffällig, langweilig, zeitlos, arm, einfach, alt, vergreist, würdevoll, rational, ordentlich, bürokratisch, beständig, elegant

2.3 KOMMUNIKATION

Damit ein Verständnis für die Vermittlung von Informationen mithilfe von Pikto-grammen entwickelt werden kann, ist es sinnvoll, sich zunächst den allgemeinen Kommunikationsprozess anzusehen, nachfolgend genauer auf die nonverbale Kommunikation einzugehen und im dritten Schritt das Piktogramm anhand der Semiotik genau zu untersuchen.

Der Begriff der Kommunikation ist auf das lateinische Wort communicare zu-rückzuführen, das so viel wie »gemeinsam machen, (mit)teilen, Anteil haben«[30] bedeutet. Der Prozess der Kommunikation wurde in zahlreichen Theorien und Modellen behandelt. Das Grundprinzip des Senden und Empfangens von Infor-mationen kann dabei als der kleinste gemeinsame Nenner aller Theorien genannt werden.[31] Allgemein lassen sich Kommunikationsprozesse als Zeichenprozesse begreifen.[32] Informationen werden also mithilfe von Zeichen[33] übermittelt.

Beispielhaft soll an dieser Stelle näher auf das Sender-Empfänger-Modell von Stuart Hall eingegangen werden, das der britische Soziologe 1970 entwickelte.[34] Hall beschreibt die Kommunikation als eine Übertragung von einer codierten Nachricht vom Sender zum Empfänger. Der Sender nutzt bei dieser Übertragung einen Code, in den er die Nachricht übersetzt.[35]

Dieser Code kann zum Beispiel die Sprache in der verbalen Kommunikation sein, aber auch andere Zeichen, wie z. B. Piktogramme, in der nonverbalen Kommu-nikation. Der genutzte Code muss dann vom Sender wieder decodiert, also ent-schlüsselt werden, um die Nachricht zu verstehen. Daraufhin gibt der Empfänger eine Rückmeldung an den Sender zurück. Ziel des Kommunikationsprozesses ist dabei, dass der Inhalt der Nachricht, den der Sender übermitteln möchte, vom Empfänger verstanden wird.[36]

SENDER-EMPFÄNGER-MODELL

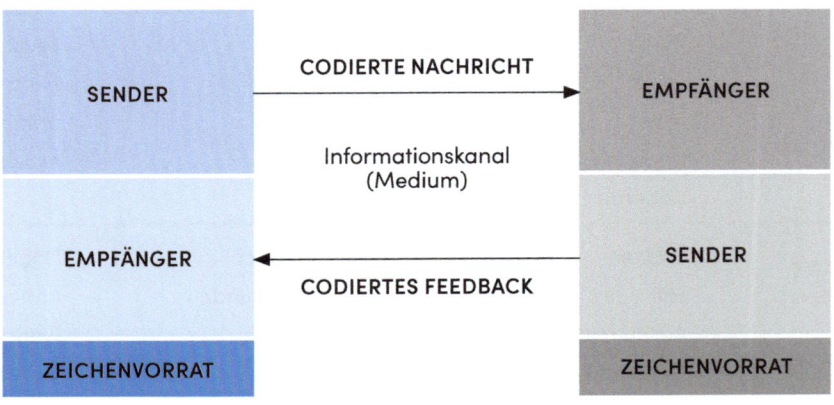

Abb. 2: Sender-Empfänger-Modell
Quelle: https://prezi.com/aolnhf_hihrb/sender-empfanger-modell-sach-beziehungsebene, Stand: 03.08.2019

30 Vgl. http://www.uvk.de/uploads/tx_gbuvkbooks/PDF_L/9783825229641_L.pdf, Stand: 15.02.2018

31 Vgl. http://www.spektrum.de/lexikon/psychologie/kommunikation/7973, Stand: 15.02.2018

32 Vgl. http://www.uvk.de/uploads/tx_gbuvkbooks/PDF_L/9783825229641_L.pdf, Stand: 15.02.2018

33 Ein Zeichen wird dadurch definiert, dass es als Stellver-treter für etwas anderes steht. (Vgl. https://wiki.uni-due.de/LinguistikOnline/index.php/Semiotik, Stand: 15.02.2018)

34 Vgl. https://www.icv-controlling.com/fileadmin/Assets/Content/AK/Berlin%20Brandenburg/Images/AK-Tagungen/43/43_AK-BB_Folienmaster_43_Einleitung.pdf, Stand: 15.02.2018

35 Vgl. https://karrierebibel.de/sender-empfaenger-modell, Stand: 15.02.2018

36 Vgl. ebd.

37 Vgl. ebd.

Dies ist nur gewährleistet, wenn Sender und Empfänger bei Codierung/Decodierung auf einen möglichst ähnlichen Zeichenvorrat zurückgreifen.[37] Zum Beispiel, dass sie in der verbalen Kommunikation dieselbe Sprache sprechen oder in der nonverbalen Kommunikation über dasselbe Verständnis eines Zeichens verfügen. Neben der Sprache können auch der kulturelle Hintergrund und ein unterschiedlicher Wissensstand das Verständnis im Kommunikationsprozess beeinflussen.[38]

38 Vgl. https://www.icv-cont rolling.com/fileadmin/Assets/ Content/AK/Berlin%20Bran denburg/Images/AK-Tagun gen/43/43_AK-BB_Folienmas ter_43_Einleitung.pdf, Stand: 07.03.2018

2.4 SEMIOTIK

Piktogramme sind Bildzeichen, doch wie ist der Zeichenbegriff definiert und welche verschiedenen Arten von Zeichen gibt es? Definitionsgemäß nimmt ein Zeichen stets eine Stellvertreterfunktion ein. »Etwas wird also dadurch zum Zeichen, dass es für etwas Anderes steht.« [39]

39 https://wiki.uni-due.de/LinguistikOnline/index.php/Semiotik, Stand: 10.04.2018

40 Vgl. http://www.buecher-wiki.de/index.php/BuecherWiki/Semiotik, Stand: 10.04.2018

41 Vgl. https://zeichnen-lernen.net/kunstkurse/semantik-zeichenlehre.php, Stand: 10.04.2018

Mit der Theorie der Zeichen beschäftigt sich die Semiotik: »Semiotik ist die Wissenschaft von den Zeichen und Zeichensystemen in Natur und Kultur.« [40] Die Semiotik teilt sich dabei zunächst in die unterschiedlichen Bereiche »Semantik«, »Syntaktik« und »Pragmatik«. [41]

Die Semantik beschäftigt sich damit, welche Beziehung das Zeichen zu seiner Bedeutung hat. So können zum Beispiel verschiedene Umstände die Bedeutung eines Zeichens vom Sender zum Empfänger beeinflussen. Sie sind also kontextabhängig. Bei doppeldeutigen Zeichen ist eine eindeutige Interpretation nicht möglich. Für eine eindeutige Interpretation sollte der Zeichenvorrat bei Sender und Empfänger eine größtmögliche Übereinstimmung vorweisen. Dabei kann die Bedeutung eines Zeichens durch bestimmte Umstände beeinflusst werden wie beispielsweise die Umgebung, Wissen, Kultur, soziale Umstände oder in Kombination stehende Zeichen. [42] Diese Umstände gilt es deshalb auch in der Gestaltung und bei der Verwendung von Piktogrammen zu beachten.

42 Vgl. Abdullah/Hübner, 2005: 14

Die Syntaktik untersucht die Beziehung eines Zeichens zu seinen formalen Mitteln. Im Fall von Bildzeichen können diese formalen Mittel z. B. Form, Helligkeit, Farbe und Material sein. Dabei gilt es, in der Gestaltung nicht die gesamte Vielschichtigkeit der formalen Mittel auszuschöpfen, sondern eher die möglichst idealtypische, eindeutige Form für eine Nachricht zu finden und sich dadurch gezielt auf ausgewählte formale Mittel zu beschränken. Wie bei Schriftzeichen ist auch bei Piktogrammen eine präzise Darstellung bei der Nachrichtenverschlüsselung notwendig. Ein formal zu komplexes Piktogramm wird ab einem bestimmten Komplexitätsgrad dabei nicht mehr als Stellvertreter wahrgenommen, sondern als für sich selbst stehend. Auch wird durch zu viele Details die Interpretationsdauer verlängert. Begünstigend im Hinblick auf die Interpretationsdauer eines Piktogramms wirken dabei Systeme, die auf formal einheitlichen Grundsätzen wie Größe, Form, Farbe beruhen. Durch ein einheitliches Gestaltungsraster bilden Piktogrammsysteme eine visuelle Geschlossenheit. [43]

43 Vgl. ebd.: 16

Pragmatik ist die Theorie der Beziehung zwischen einem Zeichen und seinem Empfänger. Sie befasst sich mit der Intention des Senders, der Wirkungsabsicht des Zeichens auf den Empfänger und den Interpretationsmöglichkeiten des Empfängers. Dabei ist die eindeutige Interpretation Grundvoraussetzung für ein Piktogramm.

Dafür müssen Aspekte wie das Schaffen eines eindeutigen Bezugs, Ort, Stelle, Größe, Höhe, Richtung, Beleuchtung etc. mitgedacht werden. Sind diese Bedingungen nicht erfüllt, können Piktogramme falsch interpretiert, nicht verstanden oder nicht gelesen werden. Piktogramme sind dabei wie alle Zeichen Teil einer Zeichenkette, eines Systems. Erst mit anderen Piktogrammen aus dem System vervollständigt sich die Interpretation eines Piktogramms, denn erst dann wird eine geschlossene Bildsprache für den Empfänger ersichtlich und ein System erschließbar.[44]

44 Vgl. ebd.: 17

Nach dem US-amerikanischen Semiotiker Charles Sanders Peirce ist jedes Zeichen darüber hinaus eine triadische Zeichenrelation. Das heißt es besteht aus drei Bestandteilen, die alle zueinander in Beziehung stehen. Diese sind Repräsentamen (= Zeichenmittel), Objekt (= Motiv) und Interpretant (= mentale Repräsentation).[45] Von besonderer Bedeutung für diese Arbeit ist die Relation des Zeichens zu seinem Objekt, da es sich dabei um das Verhältnis des Zeichenmotivs zu seinem bezeichnenden Objekt handelt, also um den Aspekt, der bei der Gestaltung eines Piktogramms von besonderer Bedeutung ist. Deshalb soll an dieser Stelle nur auf den Objektbezug von Zeichen näher eingegangen werden. Die Relation von Zeichen zu ihrem Interpretanten (Dicent, Rhema, Argument) und zu ihrem Repräsentamen (Qualizeichen, Sinzeichen, Legizeichen) wird an dieser Stelle nicht weiter berücksichtigt.

45 Vgl. Prof. Dr. Grabbe: Phäno-semiose Werkzeugkoffer, 2018: 8

Der Objektbezug eines Zeichens gliedert sich in Ikon, Index und Symbol.[46] Ein Piktogramm kann dabei sowohl Ikon, Index als auch Symbol sein oder mehrere Kategorien in sich vereinen.[47]

46 Vgl. ebd.

47 Vgl. Abdullah / Hübner, 2005: 14–15

19

Der Begriff des Ikons (griechisch = Bild, Abbild) steht dabei für Zeichen, die eine Ähnlichkeit zu ihrem Bezeichneten aufweisen. Der Grad der Übereinstimmung wird dabei als Ikonizitätsgrad, der Grad der Abweichung als Abstraktionsgrad bezeichnet.[48]

48 Vgl. ebd.

Indexikalische (lateinisch = Anzeiger) Zeichen verweisen mithilfe eines kausalen Bezugs auf ihr Objekt. Ein typisches Beispiel für ein Index-Zeichen sind Pfeile, die durch ihr formales Aussehen eine Richtung anzeigen. Das Index-Zeichen verweist unmittelbar ohne Ähnlichkeit auf ein tatsächlich vorhandenes, singuläres Objekt, zu dem es einen zeitlichen oder räumlichen Bezug aufweist. Der Verweis kann dabei direkt (Rauch → Feuer) oder indirekt über die Vermittlung eines konventionellen Zeichens erfolgen.[49]

49 Vgl. ebd.

Symbole (griechisch = Wahrzeichen, Sinnbild) sind Zeichen, die keinen formalen Bezug zu ihrem Bezeichneten vorweisen, sondern deren Bedeutung auf gelernten Konventionen beruht. Ein Symbol bildet dabei etwas Anderes ab, als es meint. Zum Beispiel die Darstellung einer Taube mit Ölzweig, die sinnbildlich für Frieden steht. Das bedeutet, kein syntaktisches Merkmal des Zeichens stimmt mit seinem Bezeichneten überein. Für eine erfolgreiche Nachrichtenvermittlung müssen deshalb Sender und Empfänger die Bedeutung des Symbols verabredet haben. Symbole eignen sich dafür, komplexe Sachverhalte darzustellen.[50]

Aufgrund ihrer Ähnlichkeit zum Bezeichneten sind ikonische Zeichen besonders eindeutig verständlich und eignen sich daher sehr gut als Piktogrammdarstellungen. Auch indexikalische Zeichen können, z. B. in Form von Pfeilen als Richtungsanzeiger, eindeutig kommunizieren, da sie an das menschliche Zeigen mit dem ausgestreckten Finger erinnern. Symbole hingegen werden nur richtig verstanden, wenn der Empfänger die Bedeutung des Symbols zuvor gelernt hat und das Zeichen dadurch richtig decodieren kann. Bei der Entwicklung eines Piktogrammsystems für Geflüchtete ist besonders der Einfluss von Unterschieden in der Kultur und im Wissensstand des Rezipienten zu beachten, der das Verständnis von Symbolen maßgeblich mitbestimmt.

TRIADISCHE ZEICHENRELATION NACH CHARLES SANDERS PEIRCE

Nur Darstellung der Zeichenrelation mit Objektbezug

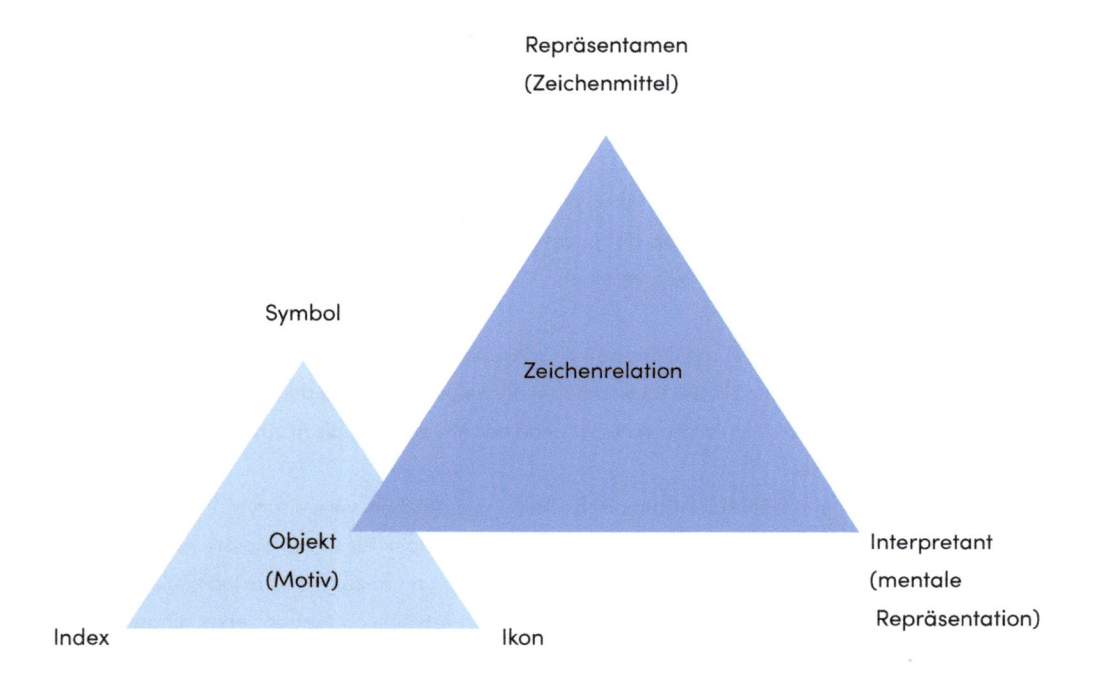

Abb. 3: Triadische Zeichenrelation nach Charles Sanders Peirce
Quelle: Vgl. Prof. Dr. Grabbe: Phänosemiose Werkzeugkoffer, 2018: 5, Stand: 11.09.2019

2.5 PIKTOGRAMME

DEFINITIONEN

51 Vgl. http://docplayer.org/12895549-Otl-aicher-und-die-olympia-piktogramme-von-1972-einleitung-otl-aicher-piktogramm geschichte-olympia-piktogramme.html, Stand: 19.02.2018

Eine allgemeingültige Definition für den Begriff »Piktogramm« (lateinisch »pictus« = Bild, griechisch »gramm« = geschrieben[51]) zu finden, gestaltet sich schwierig. Auf Grundlage der vorangegangenen semiotischen Erörterung lässt sich bereits Folgendes festhalten:

Das Piktogramm ist ein Bildzeichen, also ein bildhafter Stellvertreter, das einen komplexen Sachverhalt visuell darstellt. Dabei kann es sich um ein ikonisches Zeichen handeln, das über eine visuelle Ähnlichkeit zu seinem Bezeichneten verfügt, es kann ein indexikalisches Zeichen sein, das in einem kausalen Zusammenhang zum Bezeichneten steht, ein Symbolzeichen, dessen Bedeutung auf gelernten Konventionen beruht, oder eine Kombination aus diesen drei Zeichentypen.

Es gibt jedoch weitere Anforderungen, die ein Piktogramm erfüllen sollte.
So ist ein Piktogramm stets eine von Menschen geschaffene Abbildung und kein naturgegebenes Zeichen. Es wird also nicht instinktiv verstanden, sondern muss zwischen Sender und Empfänger abgesprochen beziehungsweise gelernt sein oder global assoziierbar und dadurch selbsterklärend sein.[52]

52 Vgl. Abdullah/Hübner, 2005: 24

Gleichzeitig sollte ein Piktogramm schnell und eindeutig erfassbar und verständlich sein. Dafür muss es in einer vereinfachten, idealtypischen und präzisen Form gestaltet werden.[53]

53 Vgl. ebd.

Ein Piktogramm sollte über eine sprach- und wortlose Kommunikation verfügen, also unabhängig von Schrift, Wort, Kultur und Sprache verstanden werden können.[54]

54 Vgl. ebd.

Die Aufgabe eines Piktogramms ist es nicht, eine komplexe Erläuterung zu vermitteln, sondern auf einen eindeutigen, konkreten Sachverhalt wie beispielsweise auf Information, Orientierung oder ein Verbot hinzudeuten.[55]

55 Vgl. ebd.

GRUNDPRINZIPIEN

Piktogramme haben sich überall dort auf der Welt als unverzichtbar erwiesen, wo sich Menschen über Kultur- und Sprachgrenzen hinweg begegnen.[56] Der Medientheoretiker Marshall McLuhan erklärte: »The language of visual form is, therefore, one which lies to hand as an unused Esperanto at everybody‹s command.«[57] Die visuelle Sprache sei also das Esperanto, eine Weltsprache, die jedem Menschen zur Verfügung stehe.

56 Vgl. Christian, 2017: 25

57 Vgl. Annink/Bruinsma, 2008: 140

Doch um die Voraussetzungen für eine weltweit verständliche Bildsprache zu erfüllen, müssen Piktogramme nach bestimmten Grundkriterien gestaltet werden.

Otl Aicher, der Pionier der Piktogramme für die Olympischen Spiele, hat dazu eine Liste an Kriterien aufgestellt, die es bei der Gestaltung von Piktogrammen zu beachten gilt:

»1. Zeichencharakter
2. Kulturneutralität
3. Achtung von Tabus
4. Bildungsneutralität
5. Lesbarkeit, Zugänglichkeit der Informationen

58 Vgl. Christian, 2017: 41

6. Einheitlichkeit der Gestaltungsregeln«[58]

Um sich eine genauere Vorstellung zu machen, was unter diesen geforderten Gestaltungskriterien genau zu verstehen ist, gilt es diese im Einzelnen zu erläutern.

1. ZEICHENCHARAKTER/ABSTRAKTION

Piktogramme sollten über eine vereinfachte, zweidimensionale Darstellung verfügen.[59] Dabei sollte die zu kommunizierende Nachricht genau auf den Punkt gebracht[60] und die Vereinfachung und Reduktion auf wesentliche typische Merkmale angestrebt werden. Dabei muss eine Abwägung des Ikonizitäts- und Abstraktionsgrades zugunsten des Verständnisses vollzogen werden. Denn jedes zusätzliche, grafische Detail verlangsamt die potenzielle Rezeptionsgeschwindigkeit und kann zu zusätzlichen, unbeabsichtigten Interpretationsmöglichkeiten führen.[61] Deshalb sollten nach Otto Neurath, dem Erfinder von ISOTYPE, Bildzeichen mit drei Blicken erfassbar sein:

59 http://docplayer.org/sto rae/28/12895549/12895549/ 1519062411/62UeczvuAlHt TrSrqmBDg/12895549.pdf, Stand: 19.02.2018

60 Vgl. Abdullah/Hübner, 2005: 36

61 Vgl. Christian, 2017: 52

»1. Blick: Wahrnehmung der wichtigsten Eigenschaften des Objekts
2. Blick: Wahrnehmung weniger wichtiger Eigenschaften des Objekts

62 Meuser/Pogade, 2010: 33

3. Blick: Wahrnehmung von zusätzlichen Details«[62]

2. KULTURNEUTRALITÄT

Die internationale Entschlüsselungsmöglichkeit muss als wesentliche Piktogrammeigenschaft gegeben sein. Das heißt es sollte auf Schriftzeichen verzichtet werden, um eine sprach- und kulturunabhängige Kommunikation gewährleisten zu können. Neben dem Verzicht auf Schrift sollte der Gestalter beachten, dass potenzielle Rezipienten aus einer Kultur mit abweichenden Symbolen wie Zeichensymbole, Farb- oder Formsymboliken stammen könnten. Piktogramme sind also auf kulturspezifische Symbole zu untersuchen und deren internationale Bekanntheit ist zu hinterfragen.[63]

63 Vgl. Abdullah/Hübner, 2005: 36

3. ACHTUNG VON TABUS

64 http://docplayer.org/sto rage/28/12895549/12895549/ 1519062411/62UeczvuAlHt TrSrqmBDg/12895549.pdf, Stand: 19.02.2018

Ein Piktogramm sollte keine Tabus verletzen.[64] Ein Beispiel dafür könnte sein, dass Toilettenbeschriftungen durch die Abbildung von Mann und Frau oder durch die Buchstaben »WC« erfolgen sollten und nicht der eigentliche Vorgang des Toilettenbesuchs dargestellt wird.

4. BILDUNGSNEUTRALITÄT

65 Vgl. Christian, 2017: 309

Piktogramme sollten von Menschen unterschiedlicher Bildungsniveaus gleichermaßen einfach und eindeutig verstanden werden können.[65] Dafür sollten Piktogramme eine hohe Ähnlichkeit mit ihrem Bezeichneten vorweisen, um ihre Bedeutung leicht assoziieren zu können.

5. LESBARKEIT, ZUGÄNGLICHKEIT DER INFORMATIONEN

Erst der Einsatz eines Piktogramms gibt ihm seine tatsächliche Bedeutung (siehe Semantik), deshalb müssen räumliche Gegebenheiten und materielle Realisierung eines Piktogramms die Entschlüsselungsmöglichkeit der Nachricht unterstützen.

66 Vgl. Christian, 2017: 309

Auch die Aufnahmefähigkeit des Betrachters ist von Bedeutung, er muss in der körperlichen und geistigen Verfassung sein, die über die Bildzeichen codierte Nachricht entschlüsseln zu können.[66] Piktogramme sollten dementsprechend über eine gut lesbare Größe, uneingeschränkte Sichtbarkeit und eindeutige Form verfügen.

6. EINHEITLICHKEIT DER GESTALTUNGSREGELN

67 Vgl. Christian, 2017: 34, 47

68 Vgl. ebd.

Eine gestalterische Kohärenz innerhalb komplexer Piktogrammsysteme hilft dabei, eine korrekte Interpretation der einzelnen Bildzeichen des Systems zu gewährleisten.[67] So kann auf bereits gelernte Zeichenbedeutungen zurückgegriffen werden, die bei der korrekten Interpretation noch unbekannter Piktogramme gleicher Systematik helfen.[68] Dabei kann eine grafische Konsistenz durch Rasterbasiertheit erreicht werden. Aichers Piktogramme für die Olympischen Spiele 1972 in München, »eine Kombination aus Linien und Volumen, angeordnet in einem Raster, das nur horizontale, vertikale und diagonale Linien zulässt«[69], ist ein herausragendes Beispiel für ein gelungenes rasterbasiertes Piktogrammsystem.[70]

69 Vgl. Annink/Bruinsma 2008: 176: »His combination of lines and volumes within a grid which allows horizontal, vertical and diagonal lines, reminds of Arntz‹s abstraction, but also of the method that Henry Beck developed in the 1930s for mapping the London Underground.«

70 Vgl. ebd.

23

Neben der Rasterbasiertheit gilt es, einen einheitlichen Einsatz aller weiterer Gestaltungsmittel zu gewährleisten, um eine zugrunde liegende Systematik der Piktogramme erkennbar werden zu lassen. Abdullah und Hübner listen dazu die formalen Mittel auf:

»Formdimension: Punkt, Linie, Körper oder Raum
Formqualität: Rundungen oder Ecken
Formfüllung: Leerform, Vollform, Füllform
Formbegrenzung: offene, geschlossene oder unscharfe Form
Formverwirklichung: konstruierte, skizzierte, gestempelte, gesprühte oder fragmentierte Form«.[71]

71 Vgl. Abdullah/Hübner, 2005: 38

Eine Verwirklichung all dieser Anforderungen in einem Piktogrammsystem ist jedoch kaum möglich. So stellt Christian fest: »Da sich diese Forderungen unter wechselnden Gesellschafts- und Umweltbedingungen nicht immer gleichermaßen umsetzen lassen, bleibt das Ziel einer internationalen bzw. allgemeinen Verständlichkeit ein Ideal«.[72] Dennoch ist bei der Entwicklung eines Piktogrammsys-

72 Christian, 2009: 60f

tems die Einhaltung möglichst vieler dieser Gestaltungsgrundsätze anzustreben. Die Überlieferungen von Bildzeichen gehen bereits auf die Urzeit zurück und ihre Vielfalt nahm stetig bis in die Neuzeit zu.[73] Auch allen durch einen natürlichen Entwicklungsgang entstandenen Schriften liegen historisch Bilderschriften zugrunde.[74]

73 Vgl. Abdullah/Hübner, 2005: 18

74 Frutiger, 2011: 67

Piktogramme, wie sie heute definiert werden, sind jedoch eine Erfindung der Neuzeit. Um herauszufinden, ab wann Bildzeichen als Piktogramme bezeichnet werden können, lohnt es sich die allgemeine Geschichte von Bildzeichen zu betrachten und diese auf die Anforderungen an Piktogramme wie Zeichencharakter, Kultur- und Sprachneutralität sowie Systemfähigkeit zu untersuchen.[75]

75 Vgl. Abdullah/Hübner, 2005: 18

Die Verbreitung der Menschheit und somit auch die Ursprünge kultureller Entwicklung lassen sich an drei Orten der Welt festmachen. Neben der aus unbekannten Gründen früh untergegangenen Kultur der Maya in Südamerika lassen sich China und Europa als Kulturzentren nennen, die noch heute existieren.[76]

76 Vgl. ebd.

China kann eine bis in die Neuzeit kohärente Entwicklungsgeschichte vorweisen und verfügt dadurch über visuelle Kommunikationsformen, die sich im Laufe der Jahrhunderte kaum verändert haben. Die Geschichte Europas dagegen war von Eroberungen und Kulturbrüchen geprägt, die zu zwangsläufigem Kulturaustausch führten und die europäische Kulturentwicklung vorantrieben.[77]

77 Vgl. ebd.

24

Von den Anfängen der Bildzeichenentwicklung in der Urzeit über die Erfindung der Hieroglyphen der Ägypter über die Verwendung von Wappen und der Entwicklung des Buchdrucks bis hin zur Neuzeit sollen im Folgenden alle entscheidenden Entwicklungsschritte kurz beleuchtet werden.[78]

78 Vgl. ebd.

2.6 GESCHICHTE DER BILDZEICHEN

DIE URZEIT

Die ersten überlieferten Bildzeichen sind steinzeitliche Höhlenmalereien aus der Zeit von ca. 30.000 v. Chr. Diese bestehen aus bildhaften Darstellungen von Jagdszenen und Ritualen, ihre genaue Bedeutung ist allerdings bis heute nicht eindeutig geklärt. So besteht die Vermutung, dass die Höhlenmalereien der geistigen Verarbeitung von Erlebtem dienten und nicht der Nachrichtenvermittlung.[79]

79 Vgl. ebd.

DIE ANTIKE

80 Vgl. www.mein-altaegypten.de, Stand: 14.02.2018

Der Einsatz der Bildzeichen der Ägypter, der Hieroglyphen, um ca. 4.000 v. Chr.[80] folgt bereits einem System. Durch den systematischen Gebrauch gleicher Zeichen konnten neue Nachrichten kombiniert werden. Wenn neben einer Reihung von Zeichen das Zeichen für Frau abgebildet wurde, standen sie für einen weiblichen Namen. Somit dient diese ikonische Abbildung als Symbol und kann auf die Grundeigenschaften eines Piktogramms untersucht werden:

»1. Ist die Abbildung als Zeichen ernannt, also vom Empfänger eindeutig als Zeichen zu erkennen?

2. Wird die Abbildung rein formal als Zeichen wahrgenommen, steht also die Bedeutung durch abstrakte Stilisierung und nicht die Abbildung selbst im Vordergrund der Nachricht?«[81]

81 Vgl. Abdullah/Hübner, 2005: 19

Die Hieroglyphen könnten in diesem Fall fast als die ersten Piktogramme gelten, würde ihnen nicht der Anspruch auf Kulturneutralität und Zeichenhaftigkeit fehlen.[82] Außerdem stehen die Hieroglyphen für Laute, Buchstaben oder Wörter und nicht für komplexe Sachverhalte wie Piktogramme.[83]

82 Vgl. ebd.

83 Vgl. https://www.wasistwas. de/details-geschichte/hierogly phen-die-schrift-der-alten-ae gypter.html, Stand: 21.02.2018

DAS MITTELALTER

Mit den Aufkommen von Wappen entsteht im 12. Jahrhundert eine neue Art von Bildzeichen. Zusätzlich zum Familiengeschlecht bestimmen sie auch die damit einhergehenden »Besitzansprüche und Ländereien«. Durch ihren repräsentativen Charakter ist die Anmutung von Wappen deutlich »detailtreuer und ausformulierter« als bei Piktogrammen.[84]

84 Vgl. Abdullah/Hübner, 2005: 19

DIE NEUZEIT

Die Neuzeit bringt mit der Erfindung des Buchdrucks auch die Verwendung von Vignetten mit sich. Diese Bildzeichen können, »übertragen auf die damaligen Verhältnisse«, den Anforderungen an Piktogramme allgemein gerecht werden. In Bezug auf ihre äußerlichen Anforderungen und der Möglichkeit der Systematisierung weichen Vignetten jedoch offenkundig noch von Piktogrammen ab.[85]

85 Vgl. ebd.: 20

DIE ANFÄNGE

Seit 1909 wurden Verkehrszeichen immer weiter international standardisiert. Dies ist eine Reaktionen auf die Entwicklung und internationale Verbreitung von Automobilen und der damit verbundenen Ausdehnung des Straßennetzes, das internationale Regelungen erfordert.[86] Nach einer zunächst europaweiten Vereinheitlichung unterzeichnen 1971 die meisten südamerikanischen Länder sowie Iran, Thailand, die Philippinen, Südkorea und Ghana das »Zusatzabkommen zur Konvention über Verkehrszeichen«. In diesem Zuge wird beispielsweise das deutsche Halt-Zeichen durch das international verwendete Stopp-Schild abgelöst. Es gibt jedoch auch heute noch Unterschiede in den Verkehrszeichen der Länder. Die USA setzt beispielsweise im Straßenverkehr generell nicht auf Piktogramme, sondern auf die Darstellung von Ge- und Verboten durch Worte.[87]

Ab den 1920er Jahren entwickelt der Soziologe und Pilosoph Otto Neurath aus Wien zusammen mit dem Grafiker Gert Arntz das Bildsystem ISOTYPE (= international system of typographic picture education), ein System aus Sachbildern und Bildstatistiken, die mithilfe einfacher Bilder und Symbole komplexe Sachverhalte erklären und dadurch der gesamten Bevölkerung zugänglich gemacht werden sollen.[88] So soll auch den Menschen außerhalb des Bildungsbürgertums Zugang zur Bildung verschafft und ihnen dadurch die Möglichkeit gegeben werden, von den neuen Einsichten der Wissenschaft und dem Potenzial der Industrie zu profitieren.[89] Zusammen mit den Grafikern August Tschinkel und Erwin Benrath erarbeitet Otto Neurath ein Drei-Phasen-Modell, in dem ein Piktogramm erfasst wird:

»1. Der erste Blick: Die wichtigsten Eigenschaften eines Objekts werden wahrgenommen.
2. Der zweite Blick: Die weniger wichtigen Eigenschaften eines Objekts werden wahrgenommen.
3. Der dritte Blick: Zusätzliche Details werden wahrgenommen.«[90]

DIE OLYMPISCHEN SPIELE

Die ersten olympischen Piktogramme sind auf die Olympischen Sommerspiele 1936 in Berlin zurückzuführen. Als Impulsgeber für unser allgemeines Piktogrammverständnis heute stehen jedoch die Piktogramme für die Olympischen Spiele 1964 in Tokio mit ihrer geometrischen, systematisierten Abstraktion.[91] Als Musterbeispiel und Ursprung von Piktogrammen gilt aber besonders das Piktogrammsystem von Otl Aicher, das der deutsche Gestalter für die Olympischen Spiele 1972 in München entwirft. Seine Kombination von Linien und Flächen innerhalb eines Rasters, das horizontale, vertikale und diagonale Linien erlaubt, übertrifft alle zuvor entwickelten Olympischen Piktogrammsysteme.[92]

DIE KOMMERZIALISIERUNG

Die Vorteile einer schnellen Kommunikation mithilfe von Piktogrammen weckt auch das Interesse von Unternehmen. Insbesondere in Unternehmen mit inter-

86 Vgl. ebd.

87 Vgl. http://planer-motorshow.
gmeuropearchive.info/shows/
insignia/downloads/opel/ch/pdf/
CH_DE_Insignia_Kamera_-_
Lupe_2.pdf,
Stand: 14.02.2018

88 Vgl. Switzer, 2017: 1

89 Vgl. Annink/Bruinsma, 2008: 60

90 Vgl. Abdullah/Hübner, 2005: 20

91 Vgl. ebd.: 21

92 Vgl. Annink/Bruinsma,
2008: 176; Vgl. Abdullah/
Hübner, 2005: 21

93 Vgl. ebd.

94 Vgl. https://www.iso.org/
about-us.html, Stand: 21.02.2018

95 Vgl. https://www.seton.de/
schilder-nach-iso-7010/#iso7010,
Stand: 21.02.2018

nationaler Reichweite und dementsprechend internationaler Verständigung und Verantwortung steigt die Nachfrage nach Piktogrammen. Unternehmen, die im Vetrieb, der Herstellung oder der Verwertung von Gefahrengütern oder technischen Geräten tätig sind, bieten Orientierung, informieren oder warnen seitdem unter Zuhilfenahme von Piktogrammen.[93] 1946 wird die ISO (International Organization for Standardization) in London gegründet, die unter anderem eine Vereinheitlichung von Sicherheitszeichen anstrebt. Mittlerweile sind 161 Länder in der ISO vertreten. Die ISO hat bereits 22.047 Internationale Standards und ähnliche Dokumente veröffentlicht, die fast jede Industrie, von Technologie, Lebensmittelsicherheit, Landwirtschaft bis zur Gesundheitspflege, abdecken.[94] Darunter sind Gestaltungsgrundlagen für Sicherheitszeichen (Rettungs-, Brandschutz-, Gebots-, Verbots-, Warnzeichen), die die Nutzung einheitlicher Formen, Farben und Symbole in der ganzen Welt gewährleisten sollen.[95]

2.7 KULTURBEGRIFFE

Um ein interkulturell verständliches Piktogrammsystem entwickeln zu können, müssen zunächst einige Begrifflichkeiten näher definiert werden.

KULTUR

Der Begriff »Kultur« hat seinen Ursprung im lateinischen Wort »cultura«, als Substantiv des Wortes »colere«, das für hegen, pflegen, urbar machen steht. Der Kulturbegriff bezeichnet also das vom Menschen Gemachte, gestaltend Hervorgebrachte gegenüber dem, was von Natur aus vorhanden ist. Der Kulturbegriff hat sich im Laufe der Zeit stark gewandelt und ausdifferenziert.[96] In seinem modernen Gebrauch ist »Kultur« nicht als starres, homogenes Gebilde oder in sich geschlossenes System zu verstehen.[97] Vielmehr wird »Kultur« als diskursives Konstrukt verstanden, das sich im steten Prozess befindet und fortlaufend angepasst und neu definiert werden muss.[98]

Eine bis heute gültige Definition von Kultur wurde 1982 von der UNESCO übereinstimmend veröffentlicht: »Kultur [kann] in ihrem weitesten Sinne als die Gesamtheit der einzigartigen geistigen, materiellen, intellektuellen und emotionalen Aspekte angesehen werden [...], die eine Gesellschaft oder eine soziale Gruppe kennzeichnen. Dies schließt nicht nur Kunst und Literatur ein, sondern auch Lebensformen, die Grundrechte des Menschen, Wertsysteme, Traditionen und Glaubensrichtungen[.]«[99]

INTERKULTURALITÄT

Das Wort »interkulturell« geht auf die lateinische Vorsilbe »inter« = »zwischen« zurück. Diese Vorstellung eines »Zwischenzustands« impliziert, dass die Interkultur als Ergebnis zweier sich überschneidender Kreise, den »Kulturen«, aufgefasst wird, also als ein Aufeinandertreffen zweier Kulturen, die sich trotz kultureller Unterschiede gegenseitig beeinflussen. Diese Auffassung von Interkulturalität missachtet dabei jedoch das zuvor dargestellte Kulturverständnis von einem prozesshaften, diskursiven Konstrukt. Dem modernen Kulturbegriff entsprechend ist daher Interkultur als das Zusammentreffen von Individuen, die aufgrund mangelnder Bekanntheit des jeweiligen Differenzspektrums Fremdheitserfahrungen machen, zu verstehen.[100]

INTERKULTURELLE KOMMUNIKATION

Interkulturelle Kommunikation ist also das Übersenden und Verstehen von Nachrichten zwischen Individuen unterschiedlicher Gesellschaften oder sozialer Gruppen, unabhängig davon, welche Lebensform, Traditionen, Glaubensrichtungen etc. ihnen vertraut sind.

96 Vgl. Cramer, 2015: 9–10

97 Vgl. Griep, 2005: 29

98 Vgl. Cramer, 2015: 9–10

99 Deutsche UNESCO-Kommission e. V., o. J.

100 Vgl. ebd.

28

INTEGRATION

Laut Duden bezeichnet der Begriff »Integration« die Verbindung einer Vielheit von einzelnen Personen oder Gruppen zu einer gesellschaftlichen und kulturellen Einheit.[101] Das Bundesamt für Migration und Flüchtlinge (BAMF) geht ein wenig konkreter auf den langfristigen Prozess der Integration ein. Ziel von diesem sei es, Zugewanderte in die deutsche Gesellschaft einzubeziehen und umfassende, gleichberechtigte Teilhabe in allen gesellschaftlichen Bereichen zu ermöglichen. Als Gegenleistung dafür müssten Zugewanderte die deutsche Sprache lernen, Verfassung und Gesetze kennen und diese respektieren und befolgen.[102]

101 Vgl. https://www.duden.de/rechtschreibung/Integration, Stand: 05.02.2018

102 Vgl. https://www.bamf.de/DE/Service/Left/Glossary/_function/glossar.html?lv3=1504494&lv2=5831826, Stand: 05.02.108

2.8 INTERKULTURELLE PIKTOGRAMMSYSTEME

Die aufgrund der kulturellen Dimension vielschichtige Wirkung von Formen und Farben macht deutlich, vor welcher Herausforderung Gestalter bei der Entwicklung von interkulturell verständlichen Piktogrammen stehen. Werden die in der »westlichen Welt« entwickelten und dort alltäglichen Piktogramme auch in anderen Regionen der Welt verstanden?

Fakt ist, der Massentourismus und die Internationalisierung der Industrie seit den 1960er Jahren haben dazu beigetragen, dass die Wertvorstellungen der »westlichen Welt« in alle fremden Kulturen getragen worden sind.[103]

Zu diesem Schluss kommt Will Baker in seiner weltweiten Befragung »global teenager«[104] von Jugendlichen nach der Bedeutung von Piktogrammen und auch Lynne Ciochetto in ihrer Arbeit »Toilet Signage as Effective Communication« über internationale Toilettenbeschriftungen.[105] In Süd-Ost-Asien finden sich daher trotz kultureller Unterschiede im traditionellen Kleidungsstil (Männer tragen hier traditionell kleidartige Gewänder und Frauen Hosen unter ihrem Sari) zum Beispiel Toilettenbeschriftungen, die an die Aicher'schen Piktogramme (Mann mit Hose, Frau mit kurzem Kleid) angelehnt sind. Je weiter sich die Piktogramme von öffentlichen Räumen entfernen, desto verspielter und illustrativer sehen sie aus, so Ciochettos Erkenntnis. Auch die Verwendung des abstrakten Zeichens WC (= water closet) ist trotz Sprachbarriere weltweit zu entdecken und wird interkulturell verstanden.[106] Es gebe laut Griep jedoch noch kein weltweit einheitliches System zur schnellen, kulturübergreifenden Informationsvermittlung.[107]

In Ansätzen bietet das System der internationalen Straßenverkehrszeichen, das seit 1971 eine immer größere weltweite Verbreitung bis in den afrikanischen, arabischen, asiatischen und südamerikanischen Raum erlangt, solch eine weltweite Einheitlichkeit.[108] Bei Verkehrszeichen handelt es sich um Symbole[109], deren gelernte Bedeutung (Kulturdimension) international weit verbreitet ist. Gleichzeitig gelten Verkehrszeichen als erstes und damit am längsten bestehendes Piktogrammsystem in der Geschichte der Piktogramme und besitzen folglich Vorbildcharakter für weitere Konzeptionen.[110] Zusätzlich sorgt die ISO (International Organization for Standardization) dafür, dass einheitliche Sicherheitszeichen in Industrie und Handel eine weltweite Verbreitung und Nutzung finden.[111] Die Verkehrs- und Sicherheitszeichen bieten die Möglichkeit, internationale Überschneidungen in der Wirkung von Bildzeichen ausfindig zu machen.

Auch unter den Emojis findet man Piktogramme, die denselben Gestaltungsprinzipien folgen wie Verkehrs- und Sicherheitszeichen. Emojis stehen auf allen

103 Vgl. Griep, 2005: 41

104 »In 1989, Will Baker, a professor of English at the University of California at Davis, and a teenaged photographer interviewed teenagers in twelve countries on five continents and wrote a report called ›The Global Teenager‹, Whole Earth Review, no. 65 (winter 1989): 2–37. Their findings, though statistically insignificant, are extremely interesting, suggesting that as billions of young people around the world begin to listen to the same music, watch the same movies, wear the same clothes and eat the same foods there is a global teenager emerging.« Vgl. Yip, 2004: 317

105 Vgl. ebd.: 38

106 Vgl. Ciochetto, 2003: 203

107 Vgl. Griep, 2005: 41

108 Vgl. http://planer-motorshow.gmeuropearchive.info/shows/insignia/downloads/opel/ch/pdf/CH_DE_Insignia_Kamera_-_Lupe_2.pdf, Stand: 14.02.2018

109 Symbole (griechisch = Sinnbild) sind Zeichen, die keinen formalen Bezug zu ihrem Bezeichneten vorweisen, sondern deren Bedeutung auf gelernten Konventionen beruht. (Vgl. Abdullah/Hübner, 2005: 14–15)

110 Vgl. Abdullah/Hübner, 2005: 20

111 Vgl. https://www.seton.de/schilder-nach-iso-7010/#iso7010, Stand: 21.02.2018

112 Vgl. www.facebook.com, www.whatsapp.com, Stand: 15.02.2018

113 Vgl. https://www.theguardian.com/technology/2016/oct/27/emoji-inventor-shigetaka-kurita-moma-new-york-text, Stand: 21.02.2018

114 »Tatsächlich haben viele Flüchtlinge ein Smartphone, wie Elisabeth Ramzews, die Leiterin des Sozialdiensts für Flüchtlinge in München bestätigt.«, http://www.sueddeutsche.de/panorama/vorurteile-warum-handys-fuer-fluechtlinge-kein-luxusartikel-sind-1.2603717, Stand: 21.02.2018

115 Vgl. 2.5 Piktogramme

Smartphone-Tastaturen und in den Chats der weltweit verbreiteten Messenger-Dienste WhatsApp und Facebook standardmäßig zur Verfügung.[112] Dabei stammen Emojis, im Gegensatz zu den ursprünglich europäischen Verkehrs- und Sicherheitszeichensystemen, von dem japanischen Erfinder Shigetaka Kurita[113] und haben von dort aus auf der ganzen Welt Einzug in die digitalen Geräte gefunden, auch auf die Smartphones von Flüchtlingen.[114]

Es kann nicht davon ausgegangen werden, dass die Verkehrs- und Sicherheitszeichen sowie Smartphone-Piktogramme überall korrekt verstanden werden. Da diese jedoch zumindest in Grundzügen weltweit eingesetzt werden, ist davon auszugehen, dass Kenntnisse über die grundlegende Systematik wie der Einsatz von Farben und Formen international vorhanden sind. Auf diese bereits gelernten Zeichenbedeutungen kann zurückgegriffen werden, um noch unbekannte Piktogramme desselben Systems korrekt zu interpretieren.[115]

Abb. 4: Internationale Verkehrszeichen

Abb. 5: Internationale Sicherheitszeichen

FORMEN

Die Systematik der internationalen Verkehrs- und Sicherheitszeichen lässt die Ableitung einiger allgemeingültiger Bedeutungen für Formen zu.

Das Dreieck deutet im internationalen Gebrauch auf eine Gefahr hin oder warnt vor etwas. Kreisförmige Schilder kommunizieren Gebote oder Verbote. Gebots-, Richt-, Hinweis- oder Rettungszeichen verfügen über eine rechteckige Form. Quadratische Schilder werden als Rettungs- oder Brandschutzzeichen genutzt.[116] Es lassen sich also folgende Formbedeutungen festhalten:

Dreieck = Gefahr, Achtung, Warnung
Kreis = Verbot, Gebot, Hinweis
Rechteck = Hinweis, Rettung, Erste Hilfe
Quadrat = Rettung, Brandschutz

Die eindeutige Interpretation der Verkehrs- und Sicherheitszeichen ist nur in Kombination mit ihrer Farbigkeit möglich. Die achteckige Form des Stopp-Schilds in Kombination mit der Farbe Rot ist beispielsweise weltweit verbreitet.[117] Deshalb

116 Vgl. Abdullah/Hübner, 2005: 35; Vgl. Christian, 2017: 100

117 Vgl. http://www.wdrmaus.de/filme/sachgeschichten/stoppschild.php5, Stand: 15.02.2018

soll zunächst auf die Bedeutung der einzelnen Farben im Straßenverkehr eingegangen werden, um dann einen tabellarischen Überblick über die Bedeutung der
Formen in Kombination mit Farben zu geben.

FARBEN

Wie im Abschnitt »Wirkung von Farben« schon deutlich wurde, haben Farben in
verschiedenen Kulturen unterschiedliche Bedeutungen. Mit der Ausweitung des
Verkehrs wurden auch die Farbbedeutungen der Verkehrszeichen von Europa aus
in die Welt getragen.[118]

118 Vgl. Griep, 2005: 44

So sind Ampelanlagen zu einem weltweit einheitlichen Zeichensystem geworden
und die Farben Grün und Rot stehen dementsprechend überall auf der Welt konsistent für »gut, erlaubt« beziehungsweise für »schlecht, verboten«.[119]

119 Vgl. Walbaum, 2018: 46

Bei der Beschilderung durch Verkehrs- oder Sicherheitszeichen wird Rot als Er-
kennungsfarbe für Verbotszeichen eingesetzt. Oft verfügen die Verbotszeichen
über einen roten Rand und die verbotene Tätigkeit wird durch einen von links
oben nach rechts unten verlaufenden, roten Balken durchstrichen. Rot als Warn-
farbe lässt sich dabei auf die natürliche Gefahr von Feuer zurückführen, welche
die menschliche Aufmerksamkeit erhöht und den Körper in Alarmbereitschaft ver-
setzt. So findet sie auch bei Brandschutzzeichen ihren Einsatz.[120]

120 Vgl. Heimann/Schütz, 2017: 295

Die Farbe Grün findet neben dem Einsatz im Verkehr auch bei der Beschilderung
von Sicherheitszeichen Verwendung. Hier steht grün z. B. für Rettungszeichen wie
Notausgangsschilder, die auf den rettenden Weg ins Freie weisen.[121]

121 Vgl. ebd.: 297

Blaue Verkehrs- oder Sicherheitsschilder warnen nicht, sondern geben Hinweise, beispielsweise auf Fuß- oder Radwege, oder vermitteln Gebote, zum Beispiel,
dass zum Arbeiten ein Helm getragen werden muss.[122]

122 Vgl. ebd.: 288

Die Farbe Gelb wird im Straßenverkehr beispielsweise bei Vorfahrtsstraßenschil-
dern eingesetzt oder findet als Lichtsignal bei Ampelanlagen Verwendung.[123] Auf
internationalen Sicherheitszeichen wird die Farbe Gelb in Kombination mit Schwarz
auf Warnschildern eingesetzt, um auf giftige, explosive oder radioaktive Stoffe hin-
zuweisen.[124] Die Farbe Gelb könnte also für »Warnung«, »Vorsicht« stehen.

123 Vgl. http://www.fuehrer
schein24.net/strassenverkehrs
ordnung-stvo/verkehrszei
chen-schilder, Stand: 15.02.2018

124 Vgl. Heimann/Schütz, 2017: 284

Grundsätzlich lassen sich folgende Farbwirkungen aufgrund der international
verbreiteten Verkehrszeichen ableiten:

Rot = schlecht, Verbot, Gebot
Grün = gut, Erlaubnis, Gefahrlosigkeit, Rettung, Erste Hilfe
Blau = Hinweis, Gebot
Gelb = Warnung, Vorsicht

Es folgt eine tabellarische Darstellung der Kombinationsmöglichkeiten von Formen und Farbe und deren abzuleitende internationale Bedeutung, die eine
Grundlage für die Entwicklung eines eigenen Piktogrammsystems bieten kann:

BEDEUTUNG VON FARBEN UND FORMEN
IN STRASSENVERKEHRS- UND SICHERHEITSZEICHEN

	QUADRAT Rettungs- oder Brandschutzzeichen	RECHTECK Rettungs- Hinweis-, oder Zusatzzeichen	KREIS Verbots- oder Gebotszeichen	DREIECK Warnzeichen
ROT			●	▼
GELB				▲
GRÜN	■	▬		
BLAU	■	■	●	

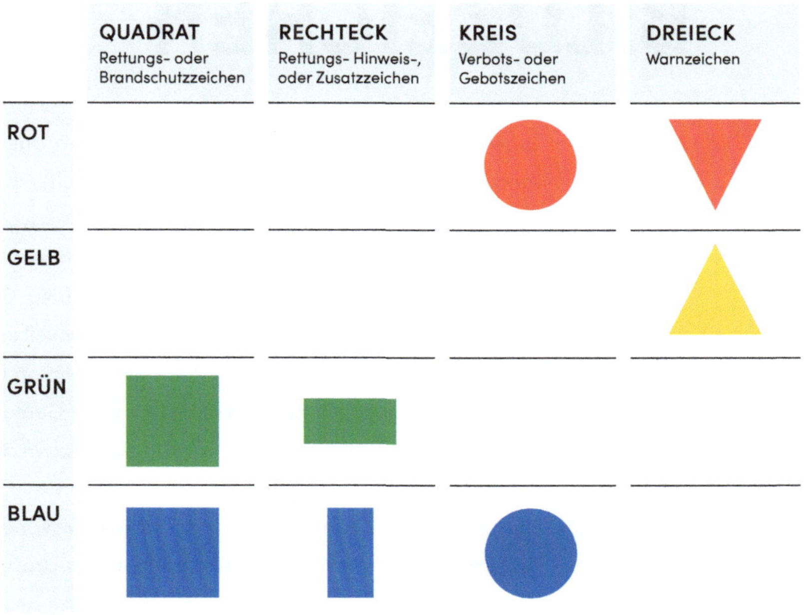

Abb. 6: Bedeutung von Farben und Formen in Straßenverkehrs- und Sicherheitszeichen
Quelle: Abdullah, Rayan/Hübner, Roger: Piktogramme und Icons, Pflicht oder Kür? Mainz: Verlag Hermann Schmidt, 2005: 35

33

2.9 KULTURSPEZIFISCHE BILDZEICHEN

Um ein Piktogrammsystem entwickeln zu können, das von Geflüchteten in Deutschland verstanden wird, ist es ratsam, sich mit kulturspezifischen Bildzeichen dieser Menschen zu beschäftigen. Nur so können Missverständnisse und grobe Fehler verhindert werden. Ein Großteil der Geflüchteten kommt aus dem arabischen Raum wie Syrien, Afghanistan, Irak oder Nordafrika. Generell kommt der Hauptanteil aus Ländern, in denen die Mehrheit der Bevölkerung dem islamischen Glauben angehört.[125] Auch wenn der Islam eine Religion und keine Kultur ist, so nährt und gestaltet doch die Religion die Kultur einer Gemeinschaft mit, in der sie gelebt wird.[126] Deshalb soll ein kurzer Exkurs in die Zeichen des Islam gegeben werden.

Die Sprache des Islam, dem mehr als 600 Millionen Menschen angehören, ist Arabisch. Der Koran ist dementsprechend in arabischer Sprache geschrieben und nur das Studium des Korans in der Sprache des Propheten Mohammeds sei von Bedeutung. Durch Übersetzungen in eine andere Sprache verlören die Worte Gottes laut Koran ihre Bedeutung.[127]

Aus dem Wunsch, den Koran in der ihm gebührenden Schönheit niederzuschreiben, entstand um 700 die arabische Kalligrafie. Darunter werden kunstvolle Zierschriften gefasst, die auf den von rechts nach links geschriebenen und gelesenen arabischen Schriftzeichen basieren.[128] Einige Auslegungen des Korans verbieten figürliche Darstellungen, sodass die Schriftzeichen zu kalligrafischen Kunstwerken wurden, die als Dekorationselemente, sogenannte Kalligramme, eingesetzt wurden.[129]

Das wichtigste Symbol neben den arabischen Schriftzeichen ist die Hilal, die Mondsichel, die für den Islam steht. Sie weist auf den Mondkalender hin, nach dem die Muslime ihre Religion leben.[130] Der Fastenmonat Ramadan ist beispielsweise der neunte Monat im Mondkalender.[131] Als roter Halbmond wird die Mondsichel als Erkennungszeichen für die medizinische Ambulanz oder Erste Hilfe, als Äquivalent zum roten Kreuz, eingesetzt.[132] Sonst wird die Mondsichel meist in grüner Farbe abgebildet, da Grün die Farbe des Islam und des Propheten ist. Außerdem steht sie für das Paradies sowie für Fruchtbarkeit und Vegetation in der trockenen, arabischen Landschaft.[133]

34

125 Vgl. https://www.n-tv.de/politik/Woher-kommen-all-die-Fluechtlinge-article15691606.html, Stand: 24.02.2018

126 Vgl. http://www.kulturaustausch.de/index.php?id=5&tx_amkulturaustausch_pi1%5Bview%5D=ARTICLE&tx_amkulturaustausch_pi1%5Bauid%5D=521&cHash=b5ba68e13b534ea913c14ea3c246c135, Stand: 24.02.2018

127 Vgl. http://www.chj.de/geschichte-der-arabischen-sprache/, Stand: 24.02.2018

128 Vgl. Weiss, 1999: 101

129 Vgl. Griep, 2005: 37

130 Vgl. https://www.focus.de/wissen/mensch/religion/islam/islamlexikon/hilal_aid_12281.html, Stand: 24.02.2018

131 Vgl. http://www.islam.de/3550.php, Stand: 24.02.2018

132 Vgl. https://www.focus.de/wissen/mensch/religion/islam/islamlexikon/hilal_aid_12281.html, Stand: 24.02.2018

133 Vgl. https://www.islaminstitut.de/2005/farben-und-farbsymbolik/, Stand: 24.02.2018

Abb. 7: Arabische Kalligrafie

Abb. 8: Mondsichel Hilal

WEITERE FARBBEDEUTUNGEN SIND:

Blau ist die Farbe des Himmels und des Wassers und gleichzeitig die Farbe der Unergründlichkeit und Unendlichkeit. Des Weiteren steht sie für Unglück, aber auch für die Abwendung von Unheil.[134]

134 Vgl. https://www.islam institut.de/2005/far ben-und-farbsymbolik/, Stand: 24.02.2018

135 Vgl. ebd.

Die Farbe Gelb ist eher negativ konnotiert und gilt als Symbol der Schwäche, der Feigheit, des Neides und des Verrats.[135]

Rot ist die Farbe des Blutes und damit auch des Lebens und der Gewalt, des Leidens und der Gefahr.[136]

136 Vgl. ebd.

Die Farbe des Steins der Kaaba und des ihn umhüllenden Tuchs (Kiswa) im Innenhof der Heiligen Moschee in Mekka, dem höchsten islamischen Heiligtum, ist Schwarz. Gleichzeitig ist Schwarz aber auch negativ behaftet und steht für Finsternis, Fluch, Hölle, Rache oder Aufruhr. So wird auch teilweise vermieden das Wort »schwarz« auszusprechen. Schwarz ist im Islam jedoch nicht die Farbe der Trauer, für Trauer stehen eher dunkelblau und weiß.[137]

137 Vgl. ebd.

Weiß ist die Farbe des Todes. So werden Leichname in weiße Tücher gehüllt, z. B. in das Pilgergewand des Toten, das er in Mekka getragen hat. Weiß wird aber auch als Einheit aller Farben und als Farbe für Göttlichkeit angesehen. So soll der Körper des Engels Gabriel, der Mohammed die Offenbarung Gottes überbracht haben soll, nach Überlieferungen weiß mit grünen Flügeln gewesen sein.[138]

138 Vgl. ebd.

Die islamischen Farbsymboliken weisen keine Assoziationen auf, die komplett konträr sind zu den bereits als international verständlich erklärten Farbbedeutungen von Verkehrs- und Sicherheitsschildern. So steht Rot auch im Islam für Negatives (»schlecht«) und Grün für Positives (»gut«). Als allgemein verständliches, grafisches Symbol lässt sich der rote Halbmond für die medizinische Versorgung festhalten.

Weitere Symbole des Islam sind Gegenstände wie die Gebetskette (Misbaha) oder Worte wie die 99 Namen für ihren Gott Allah.[139] Da es sich hierbei nicht um grafische Symbole handelt, soll an dieser Stelle nicht weiter darauf eingegangen werden. Andere Symbole wie die Hand der Fatima, die vor dem bösen Blick schützen soll, haben einen begrenzten regionalen Bezug und sind somit nicht als allgemeinverständlich für alle Muslime vorauszusetzen.[140]

139 Vgl. https://www.reli gionen-entdecken.de/lexi kon/g/gebetskette-im-islam, Stand: 24.02.2018

140 Vgl. http://www.handderfati ma.de/hamsa/, Stand: 24.02.2018

3.1 FLÜCHTLINGSSITUATION

ZAHLEN ZUM ASYL

Im Jahr 2015 erreichte Deutschland eine regelrechte Flüchtlingswelle. Doch woher kamen diese globalen Fluchtbewegungen und wodurch wurde Deutschland zu einem so zahlreich angesteuerten Ziel? Die umfangreichen Fluchtbewegungen der letzten Jahrzehnte nach Ende des Kalten Krieges sind meist eine Folge von Krieg, Bürgerkrieg oder Staatszerfall in vielen Teilen der Welt gewesen. Mitte 2015 registrierte die UN mit 20,2 Millionen Flüchtlingen fast den Höchststand seit einem Vierteljahrhundert (1992: 20,5 Mio.). Deutschland wurde im selben Jahr zum wichtigsten europäischen Ziel für Asylsuchende. Die Gründe dafür sind zahlreich.[141]

Unter anderem verfügte Deutschland bereits seit Längerem über umfangreiche, migrantische Herkunftsgemeinschaften, die für Menschen, die vor Krieg, Bürgerkrieg oder den Auswirkungen autoritärer Systeme auswichen, zentrale Anlaufstellen boten. Migrantische Netzwerke erhöhen erfahrungsgemäß die Wahrscheinlichkeit für weitere Migration.[142]

Des Weiteren bot Deutschland in den Jahren ab 2010 eine günstige Situation von Wirtschaft und Arbeitsmarkt, positive Zukunftserwartungen in der Politik, Wirtschaft und Gesellschaft und somit gute Voraussetzungen für Flüchtlinge, in Deutschland anerkannt zu werden.[143]

Durch die Weltwirtschaftskrise waren Grenzstaaten wie Italien und Griechenland sowie klassische Asylländer wie Frankreich und England finanziell nicht in der Lage oder weniger bereit, Flüchtlingen Schutz zu gewähren.[144]

ASYLBEWERBER 2016 NACH ALTER UND GESCHLECHT
Antragsteller auf Asyl in Deutschland (Erstanträge) in absoluten Zahlen.

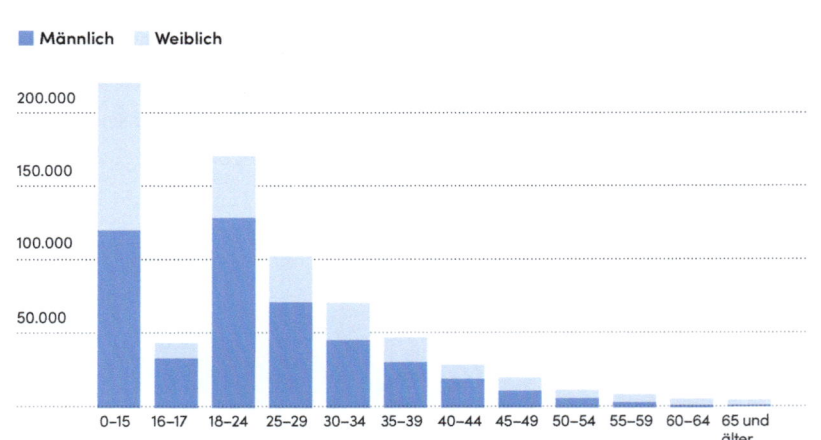

Abb. 9: Asylbewerber 2016 nach Alter und Geschlecht
Stand: April 2017, Quelle: Bundesamt für Migration und Flüchtlinge/Jahresbericht Daten

141 Vgl. http://www.bpb.de/ge sellschaft/migration/kurzdos siers/224849/fluchtziel-deutsch land?p=0, Stand: 03.03.2018

142 Vgl. ebd.

143 Vgl. ebd.

144 Vgl. ebd.

36

145 Dabei ist zu berücksichtigen, dass zwischen der Ankunft Asylsuchender und der Antragstellung oft Wochen oder Monate liegen und die Zahl der Antragsteller nicht mit der Zahl der tatsächlich in Deutschland angekommenen und registrierten Asylsuchenden gleichzusetzen ist.

146 Vgl. http://www.bpb.de/gesellschaft/migration/kurzdossiers/217388/fluechtlingszahlen-weltweit, Stand: 03.03.2018

147 Vgl. http://www.bpb.de/gesellschaft/migration/flucht/218788/zahlen-zu-asyl-in-deutschland#Abschiebungen, Stand: 14.09.2018

Im Jahr 2016 erreichten die gestellten Asylanträge in Deutschland somit ihren aktuellen Höchststand von 745.545 Erst- und Folgeanträgen.[145] Die Zahl der Erst- und Folgeanträge im Jahr 2017 lag bei 222.683 (Registrierungen: 186.644), im Januar 2018 waren es 15.077 (Registrierungen: 12.285). Damit sind die Zahlen rückläufig, ein Rückgang der weltweiten Fluchtbewegungen ist aufgrund andauernder Konflikte allerdings nicht in Sicht.[146]

Die meisten Geflüchteten kommen aus den Herkunftsländern Syrien, Irak, Afghanistan, Nigeria und Iran. Dabei sind nahezu alle Altersgruppen vertreten, die Mehrheit der Menschen ist jedoch jünger als 30 Jahre. Die größte Gruppe bilden Kinder und Jugendliche unter 15 Jahren. Insgesamt sind mehr Männer als Frauen unter den Flüchtlingen.[147]

ASYLBEWERBER NACH HERKUNFTSLÄNDERN

Antragsteller auf Asyl in Deutschland (Erstanträge nach den Top-10-Herkunftsländern für das Jahr 2018 in absoluten Zahlen)

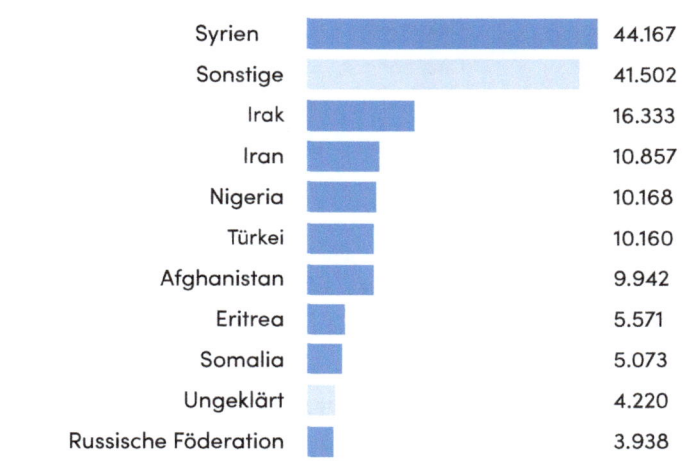

Syrien	44.167
Sonstige	41.502
Irak	16.333
Iran	10.857
Nigeria	10.168
Türkei	10.160
Afghanistan	9.942
Eritrea	5.571
Somalia	5.073
Ungeklärt	4.220
Russische Föderation	3.938

Abb. 10: Asylbewerber nach Herkunftsländern
Stand: August 2019, Quelle: Bundesamt für Migration und Flüchtlinge/Aktuelle Zahlen Daten

37

148 Die Studie GeFam erfasst erwachsene Flüchtlinge mit gültigen Bildungsangaben, die zwischen 2013 und Januar 2016 nach Deutschland eingereist sind. (Vgl. https://www.bmbf.de/de/erste-ergebnisse-aus-studie-gefluechtete-familien-4698.html, Stand: 03.03.2018)

149 Beispielsweise Hochschulabschlüsse, Meisterprüfungen oder Technikausbildungen (Vgl. ebd.)

150 Vgl. https://www.bmbf.de/de/erste-ergebnisse-aus-studie-gefluechtete-familien-4698.html, Stand: 03.03.2018

151 Vgl. https://www.tagesspiegel.de/wissen/bildungsstand-von-fluechtlingen-fast-zwei-drittel-haben-einen-schulabschluss/20261304.html, Stand: 07.03.2018

64 % der Geflüchteten verfügen bei der Ankunft in Deutschland über einen Schulabschluss, 20 % über einen Hochschul- oder beruflichen Bildungsabschluss. Dies belegt die Studie »Geflüchtete Familien« (GeFam).[148] Im Detail haben hierbei 40 % der Personen eine weiterführende Schule besucht und von diesen haben 35 % einen entsprechenden Schulabschluss erworben. 13 % der Befragten haben ein höheres Bildungsniveau im tertiären Bereich[149] erlangt, 11 % verfügen über eine Bildung auf Grundschulniveau und weitere 11 % haben keine Schule in ihrem Heimatland besucht.[150] Der Anteil der Analphabeten ist mit 8 % relativ gering, sollte jedoch nicht unbeachtet gelassen werden.[151]

3.2 ASYLVERFAHREN

1. ANKUNFT UND REGISTRIERUNG

Bei Ankunft in Deutschland müssen Geflüchtete sich registrieren lassen und Angaben über ihre Person machen. Name, Herkunftsland, Geburtsdatum, Religion, Sprache und Volkszugehörigkeit müssen angegeben werden. Des Weiteren wird von ihnen ein Foto gemacht und es werden Fingerabdrücke genommen. Kinder unter 14 Jahren müssen dabei keine Fingerabdrücke abgeben. Nach der Registrierung erhalten die Personen einen Ankunftsnachweis und der Asylantrag wird im Ankunftszentrum gestellt. Oder sie kommen zuerst in einer Aufnahmeeinrichtung unter, erhalten dort ihren Ankunftsnachweis und werden über einen Termin zur persönlichen Stellung ihres Asylantrages informiert.[152]

152 Vgl. Bundesamt für Migration und Flüchtlinge: Broschüre: Informationen zum Asylverfahren. Ihre Rechte und Pflichten. http://www.bamf.de/SharedDocs/Anlagen/DE/Publikationen/Broschueren/begleitbroschuere-asylfilm.html: 3, Stand: 07.03.2018

2. PERSÖNLICHE ANTRAGSTELLUNG

Zur persönlichen Antragstellung müssen der Ankunftsnachweis und alle wichtigen Dokumente und Urkunden, die die Antragsteller besitzen, mitgebracht werden. Dies können beispielsweise Geburtsurkunde und Pass, aber auch Reiseunterlagen und Beweise für die Fluchtgründe in Form von Fotos sein.

Es werden Fragen zu Personalien, dem Wohnort, zur Schul- und Ausbildung, zu Sprachkenntnissen und zum Reiseweg gestellt. Außerdem wird erfragt, ob sich bereits Familienangehörige in Deutschland befinden, wo diese wohnen und ob sie sich im Asylverfahren befinden oder befunden haben.

Nach der Stellung des Asylantrages erhalten die Antragsteller ihre Aufenthaltsgestattung. Diese haben sie immer bei sich zu tragen.[153]

153 Vgl. ebd.: 4

3. DUBLIN-VERFAHREN

Bevor das Asylverfahren aufgenommen wird, muss zunächst festgestellt werden, ob Deutschland oder ein anderer europäischer Staat für die Prüfung des Asylantrages zuständig ist. Diese Prüfung nennt man Dublin-Verfahren. Dabei können Geflüchtete nicht selbst entscheiden, welcher Staat ihren Asylantrag prüft. Es wird geklärt, wann und wo die Personen in die EU eingereist sind, ob es Familienangehörige in einem anderen Mitgliedstaat gibt und ob sie in der Vergangenheit bereits einen Asylantrag in einem anderen EU-Mitgliedstaat gestellt haben. Die Antragsteller haben das Recht, Gründe zu nennen, warum sie nicht in diesen Staat zurückkehren können. Wenn das Bundesamt entscheidet, dass ein anderer Staat zuständig ist, muss eine Rückkehr der Betroffenen in diesen Staat erfolgen, um den Antrag dort zu prüfen. Diese können gegen die Entscheidung des Bundesamtes klagen. Dabei müssen sie die Fristen in dem ihnen zugesendeten Schreiben einhalten. Im besten Fall sollten sie für diese Klage einen Anwalt hinzuziehen.[154]

154 Vgl. ebd.: 5

4. PERSÖNLICHE ANHÖRUNG

Wenn Deutschland für die Bearbeitung des Asylantrags zuständig ist, erfolgt die Anhörung beim Bundesamt. Die Anhörung zu den individuellen Fluchtgründen erfolgt entweder direkt nach der Antragstellung im Ankunftszentrum oder den Antragstellern wird später schriftlich ein Termin zur persönlichen Anhörung mitgeteilt. Diesen müssen sie unbedingt persönlich wahrnehmen.

Bei der Anhörung werden die Personen zu ihren Fluchtgründen befragt. Dabei sind die Mitarbeiter mit den Verhältnissen in den Herkunftsländern vertraut. Ein Dolmetscher übersetzt alles Gesagte. Außerdem darf eine Vertrauensperson als Beistand mitgebracht werden. Die Geflüchteten erhalten ausreichend Zeit zu schildern, warum sie aus ihrem Herkunftsland ausgereist sind und warum keine Rückkehr in dieses Land möglich ist.

Dabei müssen sie die Wahrheit sagen und dürfen nur das berichten, was sie wirklich persönlich erlebt haben, sonst könnte dies den Antrag gefährden.

Die gesamte Anhörung wird in einem Protokoll aufgenommen und mündlich rückübersetzt. Der Antragsteller kann das Protokoll korrigieren oder ergänzen. Dieses erhält er direkt im Anschluss an die Anhörung oder später per Post.

Wenn aus persönlichen Gründen erforderlich, kann die Anhörung durch eine Person des gleichen Geschlechts durchgeführt werden. Das Gleiche gilt für den Dolmetscher.

155 Vgl. ebd.: 6

Für die Anhörung bestimmter Personengruppen gibt es speziell geschulte Mitarbeiter. Diese stehen Opfern geschlechtsspezifischer Gewalt, von Folter oder Menschenhandel sowie traumatisierten Menschen und unbegleiteten Minderjährigen zur Seite. Betroffene sollten dies direkt bei der Antragstellung mitteilen.[155]

39

5. AUSGANG DES ASYLVERFAHRENS

Die Entscheidung des Bundesamtes wird schriftlich mitgeteilt, die Mitteilung ergeht jeweils an den Rechtsbeistand. Wenn die Antragsteller mit der Entscheidung nicht einverstanden sind, haben sie das Recht zu klagen.[156]

156 Vgl. ebd.: 10

Bei einem positiven Bescheid wird zwischen den unterschiedlichen Schutzformen Flüchtlingsschutz, Asylberechtigung, subsidiärer Schutz oder Abschiebungsverbot unterschieden, bei einem negativen Bescheid zwischen einer einfachen Ablehnung und der Ablehnung als »offensichtlich unbegründet«.[157]

157 Vgl. http://www.bamf.de/DE/Fluechtlingsschutz/AblaufAsylv/Entscheidung/entscheidung-node.html, Stand: 27.02.2018

Damit keine unwahrheitsgemäße Wiedergabe der gesetzlichen Begriffsdefinitionen erfolgt, werden diese wortgleich im Anhang unter 6.3 Auszug Asylgesetz (Seite 137) wiedergegeben.

NACH DER ANERKENNUNG

Schon während des Asylverfahrens, aber besonders nach dessen positiven Ausgang, stehen Geflüchtete in regem Kontakt mit Behörden wie der Ausländerbehörde, dem Sozialamt und dem Jobcenter. Um einen besseren Einblick in die Arbeit dieser Behörden zu bekommen, sollen einige Sachverhalte erläutert werden, die es im Zuge des Asylverfahrens nach einer positiven Anerkennung zu klären gibt.

SOZIALLEISTUNGEN

Nach Stellung des Asylantrags haben Geflüchtete Anspruch auf Asylbewerberleistungen, bis der Antrag entschieden ist. Um den »notwendigen Bedarf« zu decken, werden Flüchtlinge in den Erstaufnahmeeinrichtungen mit Essen, Trinken, einem Schlafplatz und Gebrauchsgegenständen wie Bettwäsche, Hygieneartikeln, Besteck und Kleidung versorgt. Zusätzlich erhalten sie eine Bargeldsumme »zur Deckung persönlicher Bedürfnisse des täglichen Lebens«, das sogenannte »Taschengeld« in Höhe von 143 € im Monat.[158]

Nach Verlassen der Erstaufnahmeeinrichtung haben Asylbewerber Anspruch auf Leistungen zwischen 287 € und 359 € im Monat, angelehnt an Hartz-IV-Regelsätze und inklusive »Taschengeld«. Die Höhe der Leistungen ist abhängig von der Lebenssituation bzw. davon, ob es sich um eine alleinstehende Person oder um einen geteilten Haushalt handelt. Erziehungsberechtigte erhalten für ihre Kinder einen nach Alter gestaffelten Betrag, der beispielsweise bei 84 € im Monat für ein Kind bis zum vollendeten sechsten Lebensjahr liegt.[159]
Die Kosten für die Unterkunft oder später die Privatwohnung übernimmt das Amt direkt. Dabei darf die Wohnung maximal so teuer sein wie die Hartz-IV-Mietobergrenze zulässt. Dies ist je nach örtlichen Mietpreisen ein unterschiedlicher Betrag.[160]

AUFENTHALTSVERLÄNGERUNG

Personen, die eine Asylberechtigung oder Flüchtlingsschutz nach Genfer Flüchtlingskonvention erhalten haben, kann nach drei Jahren unter bestimmten Voraussetzungen eine Niederlassungserlaubnis erteilt werden.[161] Dafür muss der Lebensunterhalt gesichert sein (zu 80 %), ausreichende Sprachkenntnisse (Sprachniveau C1) vorhanden, genügend Wohnraum zur Verfügung stehen und es dürfen keine Straftaten begangen worden sein.[162]

Bei Flüchtlingen mit subsidiärem Schutz ist die Dauer der Aufenthaltserlaubnis auf ein Jahr begrenzt, kann aber für jeweils zwei Jahre verlängert werden. Eine unbefristete Niederlassungserlaubnis[163] können sie erhalten, wenn sie seit fünf Jahren in Deutschland sind, ein gesichertes Einkommen nachweisen können, über ausreichend Wohnraum verfügen, fünf Jahre in die Rentenversicherung eingezahlt haben, mindestens das Sprachniveau B2 erreicht haben und keine Straftaten begangen haben.[164]

158 Vgl. https://www.n-tv.de/politik/Welche-Leistungen-erhalten-Asylbewerber-article15724966.html, Stand: 10.04.2018

159 Vgl. http://www.spiegel.de/politik/deutschland/fluechtlinge-in-deutschland-antworten-zum-taschengeld-a-1048432.html, Stand: 07.03.2018

160 Vgl. http://www.spiegel.de/politik/deutschland/fluechtlinge-in-deutschland-antworten-zum-taschengeld-a-1048432.html, Stand: 27.02.2018

161 Vgl. http://www.bamf.de/DE/Fluechtlingsschutz/AblaufAsylv/AusgangVerfahren/Erteilung VerlaengerungAT/erteilung-verlaengerung-at-node.html, Stand: 27.02.2018

162 Vgl. https://fhf-rt.de/2017/11/wer-bleiben-will-muss-bueffeln/#more-7771, Stand: 07.03.2018

163 »Die Niederlassungserlaubnis ist unbefristet. Mit ihr darf man in Deutschland arbeiten. Um eine Niederlassungserlaubnis zu erhalten, muss man in der Regel seit fünf Jahren eine Aufenthaltserlaubnis besitzen und weitere Voraussetzungen erfüllen. Wer eine Niederlassungserlaubnis beantragen möchte, muss zum Beispiel seinen Lebensunterhalt und den seiner Familienangehörigen eigenständig sichern, über ausreichende Deutschkenntnisse verfügen und darf keine Vorstrafen haben. Unter Umständen kann eine Niederlassungserlaubnis auch ohne zeitliche Voraussetzungen erteilt werden, etwa für hochqualifizierte Zuwanderer.« http://www.bamf.de/DE/Willkommen/Aufenthalt/WichtigeInformationen/wichtigeinformationen-node.html, Stand: 07.03.2018

164 Vgl. ebd.

165 Vgl. http://www.bamf.de/DE/
Fluechtlingsschutz/AblaufAsylv/
AusgangVerfahren/Erteilung
VerlaengerungAT/erteilung-ver
laengerung-at-node.html,
Stand: 07.03.2018

166 Vgl. http://www.bpb.de/ge
sellschaft/migration/kurzdos
siers/265045/integrationskurse,
Stand: 07.03.2018

167 Vgl. ebd.

168 Vgl. ebd.

169 Vgl. ebd.

170 Asylbewerber mit »unklarer
Bleibeperspektive« kommen aus
Ländern ohne hohe Anerken-
nungsquote oder sicheren
Herkunftsländern, Vgl. ebd.

171 Vgl. http://www.bpb.de/
gesellschaft/migration/kurzdos
siers/265045/integrationskurse,
Stand: 07.03.2018

172 Vgl. ebd.

173 Vgl. http://www.bpb.de/ler
nen/grafstat/projekt-integra
tion/134602/info-05-03-foerdern-
und-fordern, Stand: 07.03.2018

Wenn ein nationales Abschiebungsverbot festgestellt wurde, können die Betroffenen unter bestimmten Bedingungen eine Aufenthaltserlaubnis für mindestens ein Jahr erhalten. Diese kann wiederholt verlängert werden. Für das Erhalten einer Niederlassungserlaubnis gilt dasselbe wie für subsidiär Schutzberechtigte.[165]

INTEGRATIONSKURS

Seit 2015 ist die Teilnahme an einem Integrationskurs gesetzlich verankert. Sie soll Zugewanderten Sprache, Rechtsordnung, Kultur und Geschichte Deutschlands soweit vermitteln, dass ein selbstständiges Leben im Alltag in Deutschland für sie möglich ist. Die Teilnahme am Integrationskurs ist in der Regel kostenlos.[166]

Der Integrationskurs besteht aus einem Sprachkurs und einem Orientierungskurs. Der Sprachkurs umfasst 600 Stunden mit Unterrichtseinheiten (UE) von jeweils 45 Minuten. Das Ziel des Sprachkurses ist, den Teilnehmern das Sprachniveau B1 zu vermitteln, welches dazu befähigt, Gespräche über vertraute Themen zu führen und eine einfache Sprache zu verstehen. Das Sprachniveau wird mit dem Abschlusstest »Deutsch-Test für Zuwanderer« abgefragt.[167]

Der Orientierungskurs mit weiteren 100 UE gibt Einblicke in die deutsche Geschichte, Rechtsordnung und Kultur. Am Ende des Kurses steht der Abschlusstest »Leben in Deutschland« mit 33 Multiple-Choice-Fragen. Ein Bestehen dieses Abschlusstests ist die Voraussetzung für eine spätere mögliche Einbürgerung.[168]

Die Kurse werden von Volkshochschulen, Sprachschulen, Trägern der Wohlfahrtspflege (z. B. AWO, Caritas, Diakonie) sowie kommunalen Einrichtungen und Initiativgruppen angeboten.
Teilnahmeberechtigt sind Neuzuwanderer mit dauerhaftem Aufenthaltstitel und ohne ausreichende Deutschkenntnisse, die nicht in Deutschland zur Schule gehen und bei denen Integrationsbedarf besteht. Eine Verpflichtung zur Teilnahme besteht bei Neuzuwanderern aus Drittstaaten, die nicht über einfache Deutschkenntnisse verfügen.[169]

Seit Herbst 2015 dürfen auch Asylsuchende und Geduldete mit »guter Bleibeperspektive« an Integrationskursen teilnehmen. Diese Regelung war eine Reaktion auf den deutlichen Anstieg der Fluchtzuwanderung. Auch für Asylbewerber »mit unklarer Bleibeperspektive«[170] werden seitdem Erstorientierungskurse mit 300 UE angeboten.[171]

Im Jahr 2016 nahmen mit 300.000 Personen mit Abstand die meisten Zuwanderer an Integrationskursen teil. Auch ein Anstieg der Teilnahmeverpflichtung für mehr als die Hälfte der Kursteilnehmenden war in dem Jahr zu verzeichnen.[172] Die Integrationskurse sind Ausdruck des Grundsatzes »Fordern und Fördern« der deutschen Integrationspolitik.[173]

WOHNRAUM

Nach der Unterbringung in einer Aufnahmeeinrichtung ist der Umzug in eine eigene Wohnung möglich. Dies ist von der persönlichen Situation der Geflüchteten abhängig und von Bundesland zu Bundesland unterschiedlich. Das Sozialamt legt die Höhe der erlaubten Miete fest und der Mietvertrag muss zunächst beim Sozialamt vorgelegt werden, bevor eine Unterschrift getätigt werden darf. Ein Wohnungswechsel muss beim BAMF und der Ausländerbehörde innerhalb von zwei Wochen gemeldet werden, sonst können eventuell wichtige Briefe nicht ankommen und eventuelle Strafzahlungen fällig werden.[174]

Seit dem 1. Januar 2016 gibt es eine Wohnsitzregelung, diese soll eine gleichmäßige Verteilung der Flüchtlinge im Bundesgebiet gewährleisten. Flüchtlinge, die Transferleistungen beziehen, müssen drei Jahre lang in dem Bundesland leben, in das sie als Schutzsuchende verteilt wurden. In diesem Zeitraum können Landesbehörden ihnen einen bestimmten Wohnort innerhalb des Landes zuweisen oder den Zuzug für bestimmte Orte untersagen (behördliche Wohnsitzauflage). Dabei müssen die Entscheidungen der Landesbehörden stets integrationspolitisch begründbar sein (z. B. bessere Möglichkleiten der Wohnraumversorgung, für den Erwerb von Deutschkenntnissen oder für die Integration in Ausbildungs- und Arbeitsmarkt). Ausnahmen gelten bei sozialversicherungspflichtiger Beschäftigung[175], Studium oder Ausbildung. In diesem Fall dürfen Geflüchtete auch schon vor dem Ablauf von drei Jahren ihren Wohnort wechseln, wenn Arbeit, Studium oder Ausbildung dies verlangt.[176]

Asylsuchende und Geduldete stehen drei Monate lang unter einer sogenannten Residenzpflicht, das heißt sie dürfen in diesem Zeitraum die Stadt, in der sie wohnen, nicht verlassen.[177]

ARBEIT

Asylbewerber, die einen positiven Bescheid erhalten haben (Asylberechtigung, Flüchtlingsschutz, subsidiärer Schutz) erhalten uneingeschränkten Zugang zum Arbeitsmarkt. Bei einem Abschiebungsverbot (bei sogenannten »geduldeten« Personen) entscheidet die Ausländerbehörde im Einzelfall, ob eine Genehmigung zur Ausübung einer Beschäftigung erteilt wird. Personen, die nur über eine Aufenthaltsgestattung verfügen, befinden sich noch im Asylverfahren und sind bis zur Entscheidung über ihren Asylantrag berechtigt, in Deutschland zu leben und unter bestimmten Bedingungen auch zu arbeiten. Für Geduldete und Asylbewerber aus sicheren Herkunftsländern gilt seit Oktober 2015 ein Arbeitsverbot, wenn sie ihren Asylantrag nach dem 31. August 2015 gestellt haben. Darüber hinaus gibt es noch zahlreiche weitere Zusatzregelungen für Einzelfälle, auf die an dieser Stelle nicht weiter eingegangen werden soll.[178]

174 Vgl. https://www.bundes regierung.de/Content/DE/Ar tikel/2014/10/2014-10-29-ver besserungen-fuer-asylbe werber-beschlossen.html, Stand: 07.03.2018

175 Voraussetzungen für eine sozialversicherungspflichtige Beschäftigung sind: mind. 15 Wochenarbeitsstunden und ein Einkommen von mind. 712 €, dies entspricht dem monatlichen Durchschnittsbedarf gemäß Sozialgesetzbuch, Vgl. https://www.bundesregierung.de/Content/DE/Artikel/2016/05/2015-05-25-wohnsitz.html, Stand: 07.03.2018

176 Vgl. ebd.

177 Vgl. https://www.bundes regierung.de/Content/DE/Ar tikel/2014/10/2014-10-29-ver besserungen-fuer-asylbe werber-beschlossen.html, Stand: 07.03.2018

178 Vgl. http://www.bamf. de/DE/Infothek/Fragen Antworten/ZugangArbeit Fluechtlinge/zugang-ar beit-fluechtlinge-node.html, Stand: 07.03.2018

FAMILIENNACHZUG

Bei Asyl oder Flüchtlingsschutz kann innerhalb von drei Monaten ein Familiennachzug beim Auswärtigen Amt beantragt werden. Bei subsidiärem Schutz können erst nach zwei Jahren Familienangehörige unter erleichterten Bedingungen nachgeholt werden. Zu erfüllende Voraussetzungen sind dabei, dass ausreichender Wohnraum für die Familienmitglieder zur Verfügung steht, dass der Lebensunterhalt für Familienangehörige gesichert ist und dass kein Ausweisungsgrund vorliegt. Für subsidiär Schutzberechtigte, deren Aufenthaltserlaubnis nach dem 17. März 2016 erteilt worden ist, ist der Familiennachzug bis zum 31. Juli 2018 ausgesetzt.[179] Ab August 2018 sollen dann laut Koalitionsvertrag 1.000 Menschen pro Monat zu ihren bereits in Deutschland lebenden Familienangehörigen ziehen dürfen.[180]

179 Vgl. http://www.bamf.de/DE/ Fluechtlingsschutz/Familiena sylFamiliennachzug/familiena syl-familiennachzug-node.html, Stand: 07.03.2018

180 Vgl. https://www.zdf. de/nachrichten/heute/fami liennachzug-spd-und-uni on-einigen-sich-100.html, Stand: 07.03.2018

3.3 FLÜCHTLINGSARBEIT

SERVICE DESIGN

Um ermitteln zu können, welche Probleme durch ein Piktogrammsystem in der Kommunikation mit Geflüchteten gelöst werden können, gilt es zunächst, Kommunikationsprobleme in der Flüchtlingsarbeit zu ermitteln. Fragen, wo Sprachbarrieren bestehen, wo es oft zu Verständnisproblemen und Missverständnissen kommt und welche Maßnahmen bereits zum Lösen dieser Probleme ergriffen wurden, werden mit Methoden aus dem Service Design beantwortet.

Diesen Begriff definiert Stefan Moritz, Service Designer und Autor des Buches »Practical Access to an evolving field«, folgendermaßen:

»Service Design hilft bei der Innovation (Schaffung neuer) oder der Verbesserung (bestehender) Dienstleistungen, um sie nützlicher, nutzbarer und begehrenswerter für die Kunden und effizienter und effektiver für Organisationen zu machen. Es ist ein neues ganzheitliches, multidisziplinäres und integratives Feld.«[181]

Service Designer greifen dafür auf einen Werkzeugkoffer an Methoden zurück, um direkte Einblicke (»Insights«) in die Dienstleistungen zu gewinnen. Zu diesem Zweck werden Kundeninterviews (»Customer Interviews«) und Beobachtungen (»Observation«, »Shadowing«) durchgeführt sowie Profile und Personas der Zielgruppen erstellt und daraus Prototypen entwickelt und getestet.[182]

Da es sich bei der Arbeit mit Geflüchteten auch um Dienstleistungen der Ämter, Behörden und Hilfsorganisationen handelt, bietet es sich an, auch für diese Arbeit auf die bewährten Service Design-Methoden zurückzugreifen. Deshalb wurden entsprechende Orte besucht und gesichtet, wie die Außenstelle des Bundesamtes für Migration und Flüchtlinge (BAMF) in Münster, die Ausländerbehörde Münster, das Sozialamt Münster und das Jobcenter in [Musterstadt]. Es wurden Interviews mit Geflüchteten und Mitarbeitern, die in der Flüchtlingsarbeit tätig sind, geführt und auf Grundlage dessen Customer Journeys und Profile erstellt. Die Ergebnisse dieser Nachforschungen werden hier zusammenfassend dargestellt.

OBSERVATION

AUSLÄNDERBEHÖRDE

Die Ausländerbehörde Münster befindet sich am größten Kreisverkehr in Münster. Beim Betreten des Gebäudes geht man direkt auf den Empfang zu, zur Linken führt ein Flur zur Ausländerbehörde, zur Rechten zum Jobcenter. Außerhalb des Gebäudes wird nicht genau deutlich, ob der Eingang auch für die Ausländerbehörde gilt, da außen auf einem Schild in erster Linie das Jobcenter angekündigt wird.

181 »Service Design helps to innovate (create new) or improve (existing) services to make them more useful, usable, desirable for clients and efficient as well as effective for organisations. It is a new holistic , multi-disciplinary, integrative field.« – Stefan Moritz 2005, vgl. Stickdorn/Schneider, 2011: 31

182 Vgl. Hageborn: MSD Service Design Training-Day 1/2

44

Vom Empfang aus wird man zu einem weiteren Infobüro geleitet, das detailliertere Auskunft geben kann, dort befindet sich auch der Wartebereich. Die Gebäudebeschilderung erfolgt auf Deutsch und wird teilweise durch zusätzlich auf Papier ausgedruckte Hinweise auf Deutsch, Englisch oder Arabisch unterstützt. Des Weiteren weisen Sicherheitszeichen nach ISO-Norm auf Fluchtwege, Feuerlöscher sowie auf Verbote wie »Rauchen verboten«, »Handys verboten«, »Hunde verboten«, »offene Getränke verboten« hin. Die in westlichen Ländern typischen Piktogramme für »Mann« in Hosen und »Frau« im Kleid weisen auf die Toiletten hin.

Ein wiederkehrendes Thema ist außerdem die Betätigung des Türdrückers, der zur Öffnung der Türen genutzt werden soll.

JOBCENTER

Über den gemeinsamen Eingang mit der Ausländerbehörde erreicht man zur rechten Seite das Treppenhaus des Jobcenters. Die Beschilderung ist ebenfalls auf Deutsch und Piktogramme werden nur für Sicherheitshinweise und Toilettenbeschilderung sowie für Hinweise auf die Türdrücker eingesetzt.

JOBCENTER GESCHÄFTSSTELLE KASERNE – FACHSTELLE GEFLÜCHTETE

Das Gelände der Kaserne ist frei zugänglich. Ein Lageplan informiert beim Betreten des Hofs über die unterschiedlichen Funktionen der Gebäude. Das Jobcenter befindet sich im Gebäude 7. Der Eingang befindet sich auf der Rückseite des Gebäudes, worauf ein schriftliches Schild auf Deutsch und Englisch in Kombination mit einem Pfeil hinweist. Vom Eingang aus kommt der Besucher direkt in einen Wartebereich mit Sitzmöglichkeiten, Infomaterial, Spielzeug für die Kinder, einem unscheinbaren Automaten zum Ziehen von Wartenummern, dem dazugehörigen Bildschirm, über den die Nummern aufgerufen werden, und einen unauffälligen Briefkasten für Post.

Viele Menschen warten, die Stimmung ist erschöpft und genervt. Auf den Stühlen schlafen zwei Kinder, die mit ihren Eltern vor Ort sind. An zwei Tischen füllen zwei junge Männer Unterlagen aus. Eine junge Frau weiß nicht, ob sie ihre Post in den Briefkasten werfen kann, da sie keine Wartenummer mehr bekommen hat. Denn der Automat für Wartenummern ist innerhalb der Mittagspause der Angestellten außer Betrieb. Toiletten und Wickelräume sind mit einheitlichen, aus dem Internet ausgedruckten Piktogrammen beschildert.

SOZIALAMT

Das Sozialamt befindet sich in direkter Nähe der Ausländerbehörde in Münster. Auch beim Betreten des Sozialamts ist der Empfang nicht zu übersehen, der die Besucher entsprechend ihrer jeweiligen Anliegen weiterleitet. Die Beschilderung und der Einsatz von Piktogrammen ist vergleichbar mit der in der Ausländerbehörde und im Sozialamt.

BAMF

Die Außenstelle des BAMF befindet sich in Münster auf dem Gelände der York-Kaserne, zusammen mit der Unterkunft für Asylsuchende. Das Gelände ist komplett mit Zaun und Mauer vor Fremden geschützt, sodass man sich an einem Tor wiederfindet, an dem man sich zwischen der BAMF-Außenstelle links und der Unterkunft, rechts von einem Zaun gelegen, entscheidet. Links vom Zaun ist der Bund zuständig, rechts vom Zaun das Land NRW beziehungsweise die Bezirksregierung Arnsberg. Um das BAMF besuchen zu wollen, muss man sich zunächst an der Pforte anmelden, seinen Ausweis vorlegen und einen Besucherausweis beantragen. Von dort aus wird man zielgerichtet über das Gelände der Kaserne zum BAMF geschickt. Dort dürfen Besucher nur den Eingangsbereich betreten mit Wartebereich, Stellplatz für Kinderwagen und einer Auswahl an Flyern in einem Prospektständer. Diese sind in verschiedenen Sprachen vorhanden. In erster Linie in Deutsch, Englisch, Arabisch und Französisch. Die vorhandenen Piktogramme wurden im Internet zusammengesucht und ausgedruckt und beschreiben die Begriffe »Wartebereich«, »Parkplatz für Kinderwagen«, »Fotografieren verboten« und »Rauchen verboten«. Einer der Mitarbeiter der BAMF-Außenstelle in Münster erklärt, dass er ein einheitliches, professionelles Piktogrammsystem begrüßenswert fände, auch wenn der Kontakt zu Geflüchteten gering und nur in Begleitung von Dolmetschern erfolgt. Fotografieren ist also nicht erlaubt, so bleibt einem Besucher nichts anderes übrig, als nach dem Stellen einiger Fragen wieder den Rückweg anzutreten.

Der Zutritt der Unterkunft für Asylsuchende ist ebenfalls durch eine Pforte gesichert, Besuchern wird hier kein Zutritt gestattet.

ERSTAUFNAHMEEINRICHTUNG

Da keine Möglichkeit bestand, die Erstaufnahmeeinrichtung in Münster zu besuchen, jedoch das Angebot vorhanden war, die Erstaufnahmeeinrichtung (EAE) Overhammshof in Essen Fischlaken zu besuchen, wurde diese Gelegenheit genutzt, um einen Einblick in eine EAE zu bekommen.

Abb. 11: Erstaufnahmeeinrichtung Overhammshof Essen Fischlaken

Abb. 12: Erstaufnahmeeinrichtung Overhammshof Essen Fischlaken 02

Die EAE Overhammshof befindet sich stadtauswärts im Grünen, umgeben von Landschaftsschutzgebieten, am Rande von Essen in Fischlaken. Nachdem das Gelände zuvor unter anderem von einem Molkereibetrieb genutzt wurde, wurden 2015 alle Gebäude abgerissen und ein speziell auf die Anforderungen einer Erstaufnahmeeinrichtung von Geflüchteten abgestimmter Gebäudekomplex gebaut. Dieser bietet 800 Personen Schutz und vereint Wohnen, Versorgung, Kinderbetreuung, sozialarbeiterische Betreuung, Registrierung und das BAMF auf einem Gelände.

Für die Betreuung und Sicherheit ist dabei das Unternehmen European Homecare zuständig. Medizinische Versorgung und Röntgenuntersuchungen werden durch Ärzte vor Ort durchgeführt. Betreiber ist das Land NRW beziehungsweise die Bezirksregierung Düsseldorf. Die Stadt Essen verfügt dabei über einen Vertrag mit dem Land und ist für die Durchführung der Registrierung der Geflüchteten zuständig. Bevor die Flüchtlinge in die EAE kommen, müssen sie seit einiger Zeit zuerst in die Landeserstaufnahme (LEA) nach Bochum, um sich dort zu melden. Von dort werden sie dann auf die Bundesländer verteilt. Auch die Flüchtlinge, die später in der Kaserne in Münster unterkommen, werden zunächst in die LEA nach Bochum geschickt. Nach der Anmeldung am Empfang werde ich durch die Security zu Herrn [Mustermann]s Büro begleitet, mit dem ein Termin vereinbart war. Bei einer Führung durch die Registrierung werden die verschiedenen Gebäudekomplexe erklärt. Die Anlage besteht aus 16 Häusern, dem Gebäude für behördliche Angelegenheiten (Erstinformation durch European Homecare, medizinische Untersuchungen und Röntgenaufnahmen durch Ärzte vor Ort, Registrierung durch die Stadt Essen, Anhörung der Asylanträge durch das BAMF sowie Gebets- und Waschraum), ein Gebäude mit der Kantine für Bewohner und der Kantine für Angestellte, ein Haus für die Sozialberatung durch Pro Asyl und als Aufenthaltsort für die Bewohner, ein Haus für Kita und Kinderbetreuung sowie zehn Häuser als Unterkünfte für verschiedene Gruppen (Frauenhaus, Männerhaus, Familienhaus, Quarantäne-Haus). Es gibt einen Lageplan, der einen Überblick über das Gelände bietet, und ein Piktogrammsystem, das die wichtigsten Räume wie Toiletten- und Wickelräume beschildert und beim Bau des Gebäudes mitgedacht wurde. Außerdem befinden sich Sicherheitszeichen nach DIN EN ISO-Norm auf dem Gelände.

Wenn die Geflüchteten an der EAE Overhammshof ankommen, müssen sie sich zunächst an der Pforte bei der Security anmelden. Von da aus geht es dann durch große Glasschiebetüren in das Hauptgebäude zum Empfang durch European Homecare. Hier sitzen immer mehrere Mitarbeiter mit verschiedenen Sprachkenntnissen, um die Geflüchteten zu unterstützen. Der Empfang ähnelt einer Hotelrezeption, man gibt seine persönlichen Daten an und bekommt dann ein entsprechendes Zimmer zugeteilt.

Bei der ersten Ankunft lassen sich die Mitarbeiter von European Homecare von den Bewohnern die Hausregeln unterschreiben, erklären kurz den Lageplan und die Vorgehensweisen auf der sogenannten »Flowchart« (1. Aufnahme/Erfassung EHC (Haus 1), 2. Gesundheitscheck, 3. Registrierung – Erfassung, 4. Verteilung – Aushändigung Dokumente, 5. Röntgen, 6. BAMF-Antragstellung, 7. BAMF-Anhörung, Betreuung EHC (Haus 7)) und geben den Bewohnern entsprechende Handouts mit, die mithilfe selbstgewählter Piktogramme veranschaulicht werden.

Vom Eingangsbereich erreicht man durch eine Tür auf der linken Seite die Räumlichkeiten zur medizinischen Untersuchung, auf der rechten Seite zur Röntgenuntersuchung. Geradeaus links geht es nach draußen in den Innenhof, von dem es dann zu den Unterkünften, dem BAMF (mit eigenem Eingang und Security), und der Kantine etc. geht. Geradeaus rechts weist ein selbst ausgesuchtes und ausgedrucktes Piktogramm auf die »Registrierung« hin, die sich in den folgenden Räumlichkeiten befindet.

Geflüchtete machen bei der Registrierung zunächst an einem Schalter ihre persönlichen Angaben, dann bekommen sie eine Wartenummer und werden mittels Bildschirm in den nächsten Raum aufgerufen. Dort erhalten sie ein Informationsblatt in ihrer Landessprache, das sie unterschreiben müssen, ein biometrisches Passfoto wird gemacht, Fingerabdrücke werden genommen und ihre Körpergröße wird gemessen. Jeder Verfahrensschritt wird auf der Flowchart der jeweiligen Person abgezeichnet, damit sie und die Mitarbeiter wissen, an welchem Punkt des Verfahrens sie sich gerade befinden.

CONSUMER JOURNEYS – ANERKENNUNG, ABSCHIEBUNGSVERBOT, ABLEHNUNG

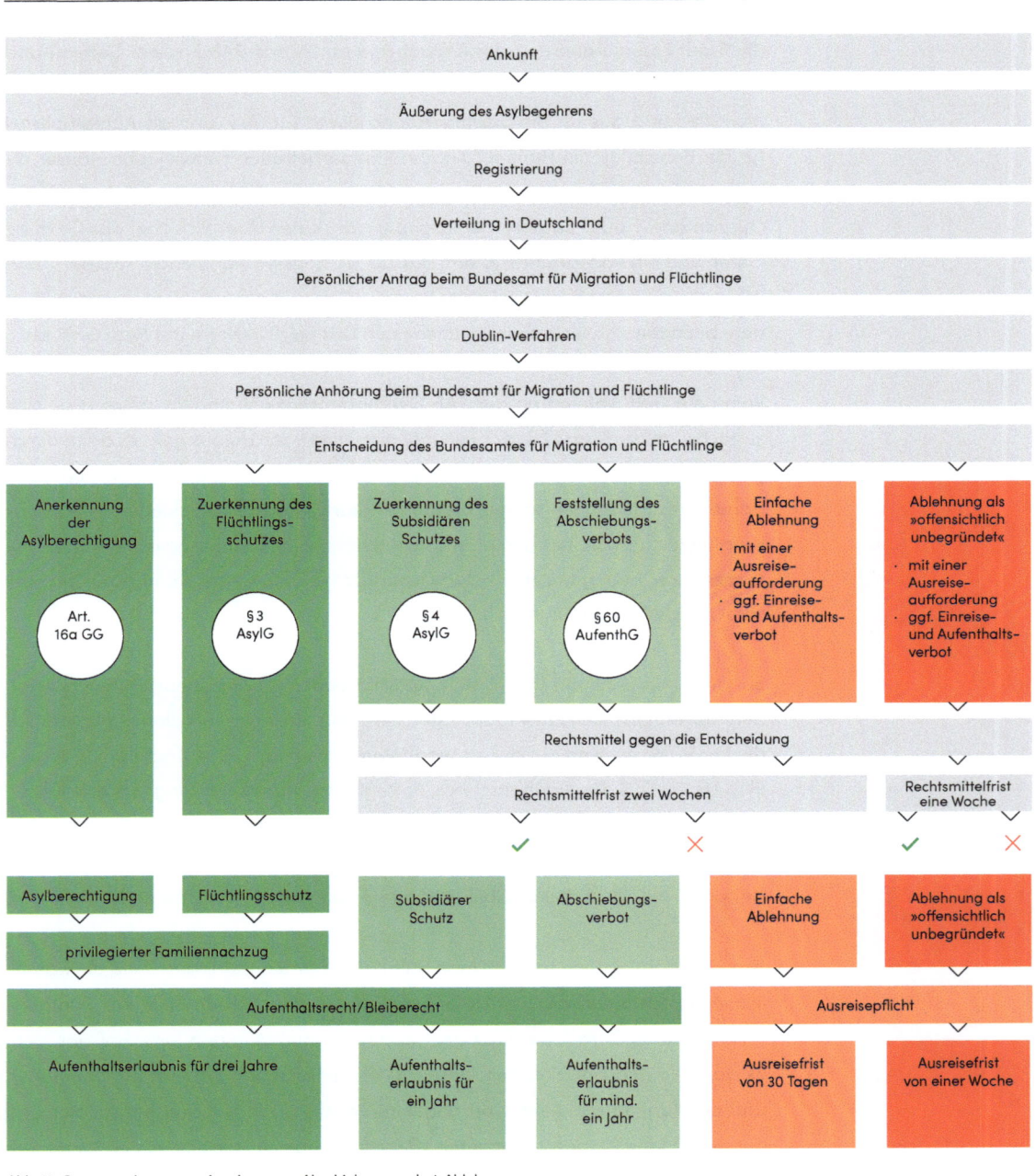

Abb. 13: Consumer Journeys – Anerkennung, Abschiebungsverbot, Ablehnung
Quelle: Bundesamt für Migration und Flüchtlinge und Bundeszentrale für politische Bildung

CONSUMER JOURNEY – ANERKENNUNG

Ausland	Plan nach Deutschland zu gehen
	⇩
Bund	Ankunft in Deutschland
	⇩
	Äußerung des Asylbegehrens
	⇩
Land/Stadt/	Registrierung
Hilfsorganisationen	⇩
	Erstverteilung und Unterbringung
	⇩
	Persönliche Anhörung
BAMF +	⇩
Unterstützung durch	Persönliche Antragstellung
Hilfsorganisationen	⇩
	Anerkennung Asylantrag
	⇩
	Vorsprache bei Ausländerbehörde
Ausländerbehörde +	⇩
Unterstützung durch	Familiennachzug
Hilfsorganisationen	⇩
	Sozialleistungen
	⇩
	Umzug
	⇩
Sozialamt/	Integrationskurspflicht
Hilfsorganisationen	⇩
	Integrations-/Sprachkurs
	⇩
	Leistungszahlungen
Jobcenter	⇩
	Job/Studium/Ausbildung
	⇩
Ausländerbehörde	Aufenthaltsverlängerung

Abb. 14: Consumer Journey – Anerkennung
Quelle: Bundesamt für Migration und Flüchtlinge und Bundeszentrale für politische Bildung

CUSTOMER INTERVIEWS

Im Rahmen von Interviews und Fragebögen wurden drei Interessengruppen befragt: Ehrenamtliche / Beschäftigte in Hilfsorganisationen, Angestellte in der Flüchtlingsarbeit und Geflüchtete.

EHRENAMTLICHE / BESCHÄFTIGTE IN HILFSORGANISATIONEN

In der ehrenamtlichen Arbeit haben sich die Arbeitsverhältnisse laut der Befragten etwas entspannt, da der große Flüchtlingsansturm aus dem Jahr 2015 vorüber ist. Es gibt jedoch immer noch viel zu tun, besonders in der Integrationsarbeit. Anfangs erfolgte die Kommunikation zwischen Geflüchteten und Ehrenamtlichen meist auf Englisch, auf anderen Fremdsprachen oder mithilfe von Händen und Füßen. Mittlerweile können die meisten Geflüchteten schon Deutsch sprechen, so Karina Meyer, Gründungsmitglied »Projekt Ankommen« in Dortmund.

Einen Bedarf an Bildzeichen sehen die Befragten besonders in der Orientierung in Behörden, da diese sehr oft von den Geflüchteten besucht werden müssen und die Beschilderung dort meist nur in deutscher Sprache erfolgt.

Auch die Visualisierung von Rechten und Pflichten der Geflüchteten mithilfe von Piktogrammen sehen sie als hilfreich an. Genauso wichtig wäre das Darstellen von Abläufen und Systemen in Deutschland (z. B. Bildungs- und Arbeitssystem, Asylprozess, Sozialsystem), die für den Neuankömmling fremd und schwierig zu durchschauen sind. Außerdem wird angemerkt, dass viele Geflüchtete bestimmte Sachverhalte und Prozesse, die bei Terminen besprochen wurden, doch nicht richtig verstanden haben. Diese müssen dann im Nachhinein noch einmal von den Ehrenämtlern, die sie begleitet haben, erklärt werden.

Für die Vermittlung von Informationen haben sich Flyer bewährt, die von den ehrenamtlichen Organisationen größtenteils selbst entwickelt und gestaltet und dann von den Geflüchteten selbst in ihre Landessprachen übersetzt werden.

ANGESTELLTE

Auch Angestellte in der Flüchtlingsarbeit, die zum Beispiel in der Ausländerbehörde, im Sozialamt, im Jobcenter oder in der Studienintegration tätig sind, wurden in Interviews zu ihren Erfahrungen befragt. Durch eine schnellere Bearbeitung der Asylverfahren durch das BAMF und den Familiennachzug können die Geflüchteten nach ihrer Anerkennung immer noch wenig Deutsch.

Oft wird dann auf Hilfsmittel zur Übersetzung zurückgegriffen. Wenn im Alltagsgeschäft keine Dolmetscher zur Verfügung stehen, können Übersetzungs-Apps, Skype-Dolmetscher oder Wörterbücher zur Unterstützung hinzugezogen werden. Oft helfen auch Bekannte oder Verwandte der Geflüchteten sowie Personen in der unmittelbaren Umgebung beim Übersetzen.

Des Weiteren gaben alle an, dass sich die bewusste Verwendung von einfacher Sprache in korrekter Grammatik als hilfreich in der Kommunikation mit Geflüchteten erwiesen hat. Auch Informationsmaterialien wie Flyer, Broschüren und Plakate haben sich bewährt, um anhand dieser bestimmte Sachverhalte zu erklären oder diese den Kunden als Zusatzinformation im Nachgang zur Verfügung zu stellen.

Jedoch haben Geflüchtete immer wieder Probleme mit der Bürokratie, beispielsweise mit dem Asyl-, Sozial-, Finanz-, Bildungs- und Schulsystem. Dabei spielen Anliegen wie Anforderungen, Rechte und Pflichten sowie Maßnahmen zur Verbesserung der Bleibeperspektive eine grundlegende Rolle. Auch der Aufbau und die Gliederung von Behörden, Abläufe und die nächsten Schritte in den Bürokratieprozessen müssten transparenter gestaltet werden, damit sie von Geflüchteten verstanden werden.

Ein großes Anliegen der Befragten ist dabei, den Briefkontakt für die Geflüchteten zu vereinfachen. Bisher werden Briefe in vereinfachter Sprache auf Deutsch verschickt, seltener auch in andere Sprachen übersetzt. Piktogramme werden bisher nicht eingesetzt. Jedoch werden dabei nicht alphabetisierte Kunden und Personen, die eine seltene Fremdsprache sprechen, komplett ausgeschlossen. Meist müssen die Briefe von Ehrenamtlichen übersetzt und erklärt werden. Häufig werden Einladungen, Termine, Daten, Uhrzeiten sowie Anforderungen und Aufforderungen im Briefverkehr nicht verstanden und deshalb nicht Folge geleistet.

Für die räumliche Orientierung wurde bisher auf schriftliche Beschilderung auf Deutsch oder auf zusammengewürfelte Piktogramme aus dem Internet gesetzt. Das Sozialamt Münster hat daher ein Piktogrammsystem entwickeln lassen, das die Kommunikation von Haus- und Verhaltensregeln sowie die Raumbeschilderung übernimmt. So wolle man dem Schilderwald in den Einrichtungen in Münster ein Ende setzen. Geflüchtete wurden jedoch nicht in den Entwicklungsprozess miteinbezogen. Eine Notwendigkeit in Behörden für ein interkulturelles Beschilderungssystem mit Piktogrammen sieht Armin Kortemeier (Koordinator Sozialdienst für Flüchtlinge, Sozialamt Münster) nicht, da jede Behörde über einen Empfang im Eingangsbereich verfügt.

Anderer Meinung ist jedoch Ole Willms (Sachbearbeiter in der Ausländerbehörde des Ordnungsamtes Oldenburg), der ein neues Beschilderungssystem mit Piktogrammen für die Ausländerbehörde Oldenburg sehr begrüßen würde. Mit einer passenden, übersichtlichen Beschilderung der Räume würden Geflüchtete viel besser ihren zuständigen Sachbearbeiter finden. Auch für die Kommunikation von Sachverhalten rund um das Asylverfahren, wie die verschiedenen Ausweise, Entscheidungen des BAMF, Unterschiede der Aufenthaltstitel mit entsprechender Dauer der Aufenthaltserlaubnis etc. würde er sich eine Visualisierung mit Piktogrammen wünschen.

Auch eine Migrationsbeauftragte des Jobcenters [Musterstadt] sieht großes Potenzial einer sprachunabhängigen, interkulturellen Kommunikation durch Piktogramme für ihre tägliche Arbeit. So bietet sie regelmäßig Infoveranstaltungen zum Thema »Leben in [Musterstadt]« und »Wegweiser – neu im Jobcenter« für Geflüchtete und andere Migranten an, bei denen sie eine visuelle Unterstützung durch Piktogramme dringend benötigt.

GEFLÜCHTETE

Bei der Befragung von Geflüchteten wurde deutlich, dass sie in den Aufnahmeeinrichtungen nur teilweise mit Piktogrammen in Kontakt kamen und noch seltener mit Infomaterialien wie Flyern oder Broschüren, die Abläufe in der deutschen Bürokratie erklären. So war dem im Jahr 2015 nach Deutschland geflohenen Syrer Mohamad Ismail über zwei Jahre nach seiner Anerkennung als Flüchtling nicht bewusst, über welchen Aufenthaltsstatus er verfügt. Zur Erklärung des Asylverfahrens wäre ein einfaches Schaubild mit Piktogrammen hilfreich für ihn gewesen, so Mohamad Ismail.

Benötigte Informationen bekam er meist durch Verwandte, Bekannte und Freunde, die schon länger in Deutschland lebten. Besonders bei der Wohnungssuche hätte er sich bessere Unterstützung gewünscht, da diese sich für ihn besonders schwierig gestaltete und er viele Absagen von den Vermietern erhielt. Die Verständigung lief anfangs meist auf Englisch, später dann immer mehr auf Deutsch. Für die persönliche Anhörung beim BAMF und einige andere Termine standen Dolmetscher zur Verfügung.

Insgesamt lässt sich schließen, dass das vorhandene Infomaterial nicht immer bei den Betroffenen anzukommen scheint. Auch gehen Beschäftigte in der Flüchtlingsarbeit scheinbar davon aus, dass Informationen, Prozesse und Entscheidungen besser von den Geflüchteten verstanden werden, als es tatsächlich der Fall ist.

BEISPIEL-PROFILE DER INTERVIEWTEN

EHRENAMTLICHE/BESCHÄFTIGTE IN HILFSORGANISATIONEN

KARINA MEYER

Gründungsmitglied,
Beisitzerin Projekt
Ankommen e. V., Dortmund,
ehrenamtliche Arbeit
(Stand 2018)

*»Bei uns im Büro werden
keine Bildzeichen zur
Orientierung benötigt, aber
ich könnte mir das gut bei
öffentlichen Gebäuden und
Behörden vorstellen.«*

TÄTIGKEITEN
· Aufgaben: Ansprechpartnerin der Sportgruppe, Pressesprecherin, Verantwortliche für Förderanträge, Preisgelder

EINSTELLUNG
· Es sind viele Freundschaften entstanden und viele Geflüchtete sind selbst im Verein aktiv

VERHALTEN
· Sie macht die Arbeit ehrenamtlich, sodass sie eigentlich immer erreichbar ist. Die Arbeit »quetscht« sie sich in den übrigen Alltag als Beamtin und Mutter, für kompliziertere Aufgaben (z. B. Förderanträge) muss sie sich Zeit »frei schaufeln«, z. B. abends

BEDÜRFNISSE/WÜNSCHE/PROBLEME
· Bildzeichen zur Orientierung im Gebäude von Behörden wären hilfreich
· Eine Visualisierung durch Bildzeichen oder einen »Erklärfilm« über die Rechte der Geflüchteten, wie der Anspruch auf einen Dolmetscher, wäre sinnvoll
· Früher wurde mit Händen und Füßen oder auf Englisch kommuniziert, bei Sprechstunden waren Dolmetscher dabei, heute können sich die meisten Beteiligten ganz gut auf Deutsch verständigen

· Bei Bedarf an Flyern werden diese selbst entworfen und von Geflüchteten aus Syrien und dem Irak übersetzt

GEFÜHLE
· Die ehrenamtliche Arbeit ist ihr wichtig, sodass sie dafür auf Freizeit verzichtet
· Viele Geflüchtete sind Freunde geworden

ZU VISUALISIERENDE BEGRIFFE
· Respekt
· Asyl
· Familie(nzusammenführung)
· Wohnung(ssuche)
· Deutsch lernen
· Geld

Abb. 15: Karina Meyer

MOHAMAD ISMAIL, 26

Maschinenbau-Student
aus Aleppo, Syrien

· Anerkannter Flüchtling
  seit 2015 in Deutschland
· Fluchtgrund: er wollte
  nicht zur Armee gehen
· seine Mutter, seine
  Schwester, ein Bruder
  wohnen ebenfalls in D.

*»Ein Schaubild über den
Asylprozess wäre gut gewesen, mir hat niemand etwas
erklärt.«*

TÄTIGKEITEN

· Besucht den Sprachkurs der Ruhr-Universität
  in Bochum (RUB), damit er seine Deutsch-
  kenntnisse verbessern kann
· Nutzt viele Angebote für Flüchtlinge, wie
  Kennlerncafés, gemeinsame Kochabende etc.
· Dadurch kann er neue Leute kennenlernen
  und sein Deutsch verbessern
· Macht außerdem gerade seinen deutschen
  Führerschein

EINSTELLUNG

· Sehr pragmatisch eingestellt, tut genau das,
  was von ihm verlangt wird, ohne dies zu
  hinterfragen
· Nahm beispielsweise an vielen Veranstaltun-
  gen des International Office teil, da er wuss-
  te, das dies seine Chancen auf ein Stipendi-
  um erhöhen würde
· Er will arbeiten gehen, weil er weiß, dass er
  dann eine bessere Bleibeperspektive hat
· Den Kontakt zur RUB pflegt er, weil er vorhat,
  in Zukunft dort seinen Master zu machen

VERHALTEN

· Versteht nur ikonische Zeichen sicher, zusätzliche Beschriftungen machen es noch
  leichter für ihn

BEDÜRFNISSE/WÜNSCHE/PROBLEME

· Englische Beschriftungen hätten am Anfang
  geholfen, sich zurecht zu finden
· Hätte sich gewünscht, das ihm jemand das
  Asylverfahren und den Aufenthaltsstatus erklärt, ein einfaches Schaubild wäre da hilfreich gewesen
· Er war noch nie an einem Flughafen und kennt
  deshalb die dort üblichen Piktogramme nicht
· Er vermutet, dass Geflüchtete Flughafen-
  und Bahnhofspiktogramme nicht verstehen

GEFÜHLE

· Hatte mit Vorurteilen zu kämpfen, insbesondere bei seiner Ankunft in Mecklenburg-Vor-
  pommern
· Die Menschen dort waren nicht auf den An-
  sturm der Flüchtlingswelle vorbereitet und es
  gab viele ältere Menschen, die kaum Englisch sprachen
· Besonders die Wohnungssuche war sehr
  schwer, da viele Vermieter nicht an Flüchtlinge vermieten wollten

ZU VISUALISIERENDE BEGRIFFE

· Drücken und Ziehen bei Türen
· Hilfe
· Essen
· Schaubild vom Asylverfahren

Abb. 16: Mohamad Ismail

AMER ALHARES, 25

aus Damaskus, Syrien

· Anerkannter Flüchtling
  seit 2016 in Deutschland
· wohnt in Herne, NRW
· Fluchtgrund: er wollte
  nicht zur Armee gehen
· sein Vetter wohnt eben-
  falls in Deutschland

TÄTIGKEITEN

· Macht aktuell eine Maßnahme für das
  Schreiben von Bewerbungen
· Hat ein B2-Niveau in Deutsch, wartet auf C1-
  Niveau-Kurs

EINSTELLUNG

· Moralische Unterstützung ist ihm sehr wichtig

VERHALTEN

· Verständigung auf Englisch zu Beginn oder
  mit Dolmetscher

BEDÜRFNISSE/WÜNSCHE/PROBLEME

· Kannte Asylverfahren nicht
· Medien haben ihm gezeigt, dass Flüchtlinge
  in Deutschland willkommen sind
· Niemand hat ihm beim Asylverfahren gehol-
  fen, er hatte keine Infobroschüren, Flyer oder
  andere Informationen
· In Erstunterkunft gab es Bildzeichen zur Ori-
  entierung, nicht alle wurden verstanden
  (z. B. »Vögel nicht füttern«)
· Zeichen für »Verboten« und »Erlaubt« sind
  bekannt, genauso wie »Warten«, »roter
  Halbmond«, »Waage« für Gericht
· Versteht: Dreieck = Achtung, Kreis = Gegenteil
· Rot = verboten, grün = erlaubt
· Paragraphen-Zeichen nicht verständlich

GEFÜHLE

· Alles war schwer
· Seine Familie vermisst ihn
· Er war nur zu 50 % in Deutschland willkommen,
  50 % haben ihn nicht willkommen geheißen

Abb. 17: Amer Alhares

PROBES

Beim Interview der Personengruppe Geflüchtete wurden beispielhafte Piktogramme vorgelegt und deren Verständnis erfragt. Auffällig war dabei, dass die Interviewten noch nie an einem Flughafen waren und daher die in der westlichen Welt selbstverständlich und alltäglich eingesetzten Piktogramme an Flughäfen somit teilweise völlig neu und unbekannt für die Befragten waren. Auch einige Piktogramme, die häufig an europäischen Bahnhöfen verwendet werden, waren den Interviewten nicht bekannt. Dabei konnten die Bedeutungen ikonischer Zeichen häufig aufgrund ihrer Ähnlichkeit zum Bezeichneten abgeleitet werden, Symbolzeichen hingegen waren häufig unbekannt, so beispielsweise das Symbol für Treffpunkt, das vier Pfeile zeigt, die auf einen in der Mitte liegenden Kreis weisen.

Auch eher komplexe Piktogramme, die indexikalische Pfeile mit ikonischen Zeichen kombinierten (z. B. Piktogramm »Erstverteilung auf die Bundesländer«), wurden aufgrund ihrer Uneindeutigkeit (es ist unklar, wohin die Pfeile weisen) teilweise missverstanden.

Abb. 18: Piktogramm
»Erstverteilung auf
die Bundesländer«

Abstrakte Symbole, die zunächst für nicht interkulturell verständlich gehalten wurden wie z. B. das Symbol für WLAN wurden ohne Probleme erkannt, da diese im eigenen Kulturraum und durch die weltweite Nutzung von Smartphones allgemein bekannt waren.

VERSTANDENE SYMBOLE

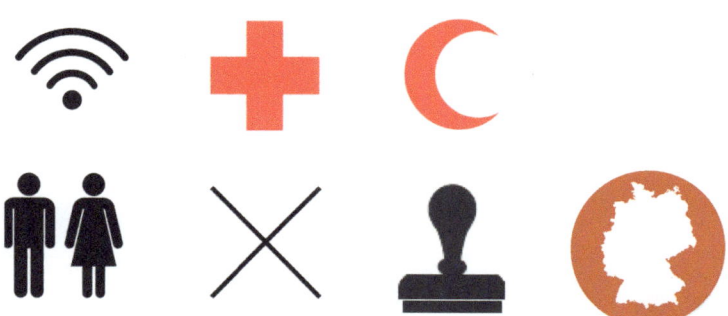

Abb. 19: Verstandene Symbole

3.4 ANALYSE BESTEHENDER PIKTOGRAMMSYSTEME

PIKTOGRAMM-SYSTEM v	ANALYSEKRITERIEN >			
	Zeichenart	Zeichen-charakter	Kultur-neutralität	Achtung von Tabus
ICOON for refugees	🟡	🔴	🔴	🟡
First Aid	🟡	🟢	🟢	🟡
Sozialamt Münster	🟡	🟡	🟡	🟢
Deutsches Rotes Kreuz	🟡	🔴	🟡	🔴
MedGuide	🟡	🟡	🟡	🟢
Apotheken Umschau	🟡	🟡	🟡	🟢
Bundes-zahnärzte-kammer	🟢	🟡	🟡	🟢
bpb	🟡	🟢	🟡	🟢
BAMF	🟡	🟡	🟡	🟢

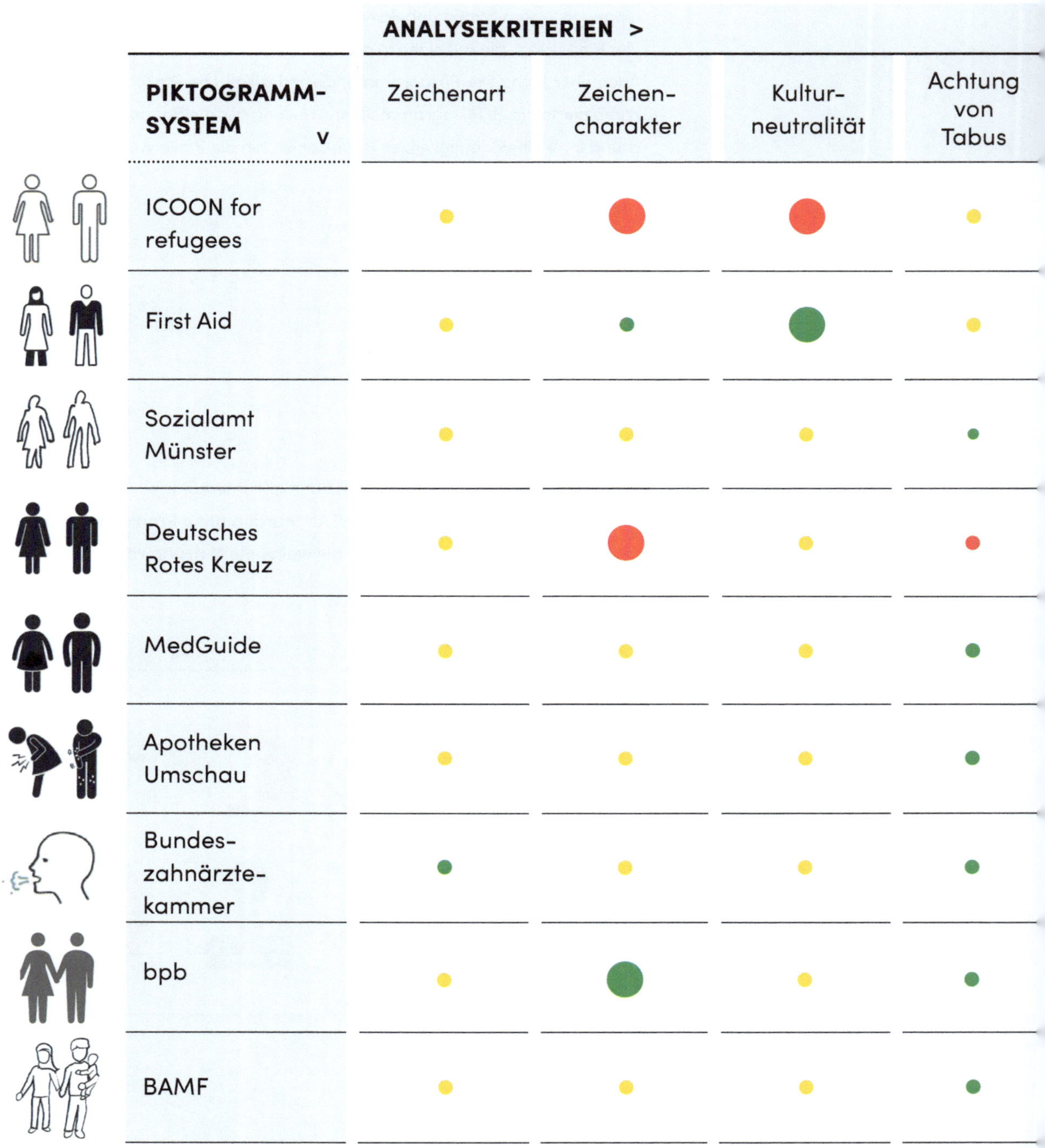

Abb. 20: Analyse bestehender Piktogrammsysteme

Bildungs-neutralität	Lesbarkeit	Einheitliche Gestaltungs-regeln	Farbigkeit	Gesamte Kausalkette	Zeichen-klarheit

ANALYSEERGEBNISSE

ZEICHENART

· Durch ihren visuellen Bezug sind ikonische Zeichen besonders gut und im Gegensatz zu Symbolen gleichzeitig unabhängig von Kultur und Bildungsstand zu verstehen.

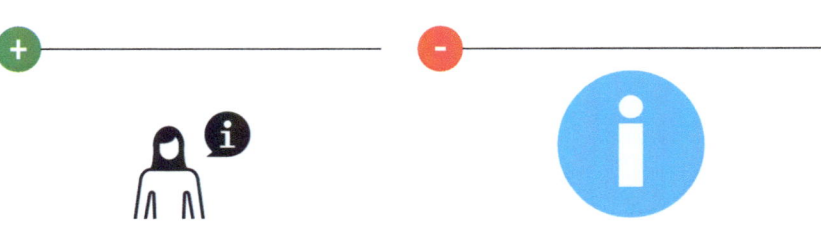

Abb. 21: Piktogramme »Information«

Symbolzeichen (i) in Kombination mit ikonischen Zeichen (Frau) verbessern das Verständnis, noch verständlicher sind reine Ikons.

Symbolzeichen (i) müssen gelernt werden. Es kann also nicht von einer allgemeinen Verständlichkeit ausgegangen werden.

Ikonische Zeichen sind als Piktogramme besonders gut verständlich, da ihre Bedeutung mittels einer Ähnlichkeitsbeziehung gestiftet wird.[183] Der optische Bezug muss dabei eindeutig sichtbar sein. Wird ein Ikon mit einer anderen Zeichenart, z. B. einem Index-Zeichen oder einem Symbol kombiniert, kann es trotz größerer Komplexität unter Umständen sogar verständlicher werden.

183 Vgl. Kapitel 2.4 Semiotik

Index-Zeichen kommen in den analysierten Piktogrammsystemen nur in Kombination mit anderen Zeichenarten innerhalb eines Piktogramms vor. So verfügen Index-Zeichen grundsätzlich über eine sehr gute und eindeutige Verständlichkeit, da sie in einem direkten kausalen Bezug zu ihrem Bezeichneten stehen. Das heißt, ein Schild mit einem Pfeil, das allein in einem Raum steht, weist zunächst sehr zuverlässig die Richtung an. In Kombination mit weiteren Zeichenarten innerhalb eines Piktogramms scheint die Eindeutigkeit jedoch unter Umständen eingeschränkt zu werden. Beim Piktogramm »Erstverteilung auf die Bundesländer« vom Bundesamt für Migration und Flüchtlinge beispielsweise werden indexikalische Pfeile kombiniert mit dem ikonischen Zeichen der Silhouette Deutschlands. Dabei verliert das Piktogramm an Eindeutigkeit, da der Betrachter nicht genau weiß, worauf genau die Pfeile hinweisen. So könnte es sich dabei um die vier Himmelsrichtungen handeln oder aber um bestimmte Städte oder nur beliebige Verteilrichtungen. Noch problematischer ist eine Kombination mit Symbolzeichen, zum Beispiel im Piktogramm »Treffpunkt« des Deutschen Roten Kreuzes. Da nicht davon ausgegangen werden kann, dass das Symbol »Punkt« als räumliche Verortung verstanden wird, wird es auch in Kombination mit vier auf den Punkt weisenden Pfeilen nicht verständlicher. Somit kann dadurch gegebenenfalls das gesamte Piktogramm nicht entschlüsselt werden.

58

Abb. 22: Piktogramm
»Erstverteilung auf
die Bundesländer«

Abb. 23: Piktogramm
»Treffpunkt«

Symbolzeichen sind aufgrund ihrer gelernten Bedeutung grundsätzlich nicht allgemein verständlich. Im bisherigen Verlauf dieser Arbeit wurde schon deutlich, wie wenige Symbole weltweit bekannt und somit interkulturell verständlich sind. Daher ist der Einsatz von Symbolen als Piktogramm generell fraglich. Wenn auf sie zurückgegriffen wird, sollte im Voraus ihre internationale Verständlichkeit überprüft werden. Wenn ein Symbol mit einem Index-Pfeil innerhalb eines Piktogramms kombiniert wird, steigert dies nicht die Verständlichkeit des Piktogramms. In Verbindung mit einem Ikon kann die Eindeutigkeit des Piktogramms unter Umständen gesteigert werden.

Grundsätzlich ist festzuhalten: Je mehr Zeichenkombinationen sich innerhalb eines Piktogramms finden und je komplexer das Piktogramm dadurch wird, desto geringer wird die Zeichenklarheit aufgrund dieser Vielschichtigkeit.

ZEICHENCHARAKTER

· Ein angemessener Abstraktionsgrad zeichnet sich durch die Reduktion auf das Wesentliche aus, ohne auf wichtige Details zu verzichten.

Abb. 24: Piktogramme
»Dokument«

Trotz abstrakter Darstellung durch Verzicht auf Details, lässt sich erkennen, dass es sich um ein Formular handelt

Durch einen zu hohen Abstraktionsgrad ist der visuelle Bezug zum Bezeichneten nicht mehr gegeben

Aufgrund der Analyse des Zeichencharakters kann festgestellt werden, dass einige Piktogrammsysteme über keinen einheitlichen Abstraktionsgrad verfügen. Dies führt dazu, dass sie keine visuelle Einheit bilden und ihre Erkennbarkeit als Teil des Systems nicht gewährleistet ist. Dadurch fallen Systeme wie das der Bundeszentrale für politische Bildung durch ihre grafische Konsistenz in der Abstraktion und ihren angemessenen Ikonizitätsgrad auf, was zur Reduktion auf das Wesentliche beiträgt und wodurch die Bedeutung der Piktogramme auf den Punkt gebracht wird.
Negativ hingegen macht sich ein zu hoher Abstraktionsgrad bemerkbar, durch den eine visuelle Nähe zum Bezeichneten nicht mehr gegeben ist. Ein Beispiel da-

für ist das Piktogramm »Geschirrrückgabe« des DRK, das den Rückgabeort so abstrakt durch ein abgerundetes Rechteck darstellt, sodass die Verständlichkeit des Piktogramms darunter leidet. Diese Darstellung von Räumen durch ein Rechteck tauchen in diesem System immer wieder auf und sorgen für Missverständnisse.

Im Gegensatz dazu kann aber auch ein zu hoher Ikonizitätsgrad mit einer Fülle an Details die Eindeutigkeit eines Piktogramms negativ beeinflussen. So gleichen die Piktogramme von »ICOON for refugees« eher Illustrationen und erhöhen durch ihre vielen Details und ihre Vielschichtigkeit das Potenzial für Missinterpretationen. Die Botschaft wird nicht präzisiert.

Abb. 25: Piktogramm »Geschirrrückgabe«   Abb. 26: Piktogramm aus »ICOON for refugees«

KULTURNEUTRALITÄT
· Piktogramme sind kulturneutral, wenn sie von Menschen unterschiedlicher Gesellschaften oder sozialer Gruppen und unabhängig von ihrer Lebensform, Tradition oder Glaubensrichtung verstanden werden können.

60

Abb. 27: Piktogramme »Frau«

Einbezug kulturell unterschiedlicher Kleidung: Das Ikon kann als Frau mit langen Haaren oder mit Kopftuch gelesen werden

Rückgriff auf stereotype Bekleidung von Frauen mit kurzem Kleid

Nur der Verzicht auf Symbole beziehungsweise der ausschließliche Einsatz von international verständlichen Symbolen gewährleistet eine vollständige Kulturneutralität der Piktogramme.

Zum Einsatz von Symbolen zählt dabei auch die Sprache, die kulturabhängig ist. Die Verwendung von ausgewählten Sprachen schließt dabei Gruppen aus, die diese Sprachen nicht verstehen. Jedoch ist gegebenenfalls nur durch Ergänzung von Sprache ein eindeutiges Verständnis der Sachverhalte, die durch die Piktogramme dargestellt werden, möglich.

Englisch ist die am meisten gesprochene Fremdsprache der Geflüchteten. Jedoch ergab eine Studie des BAMF, dass ca. 60 % der Geflüchteten gar nicht oder

184 Vgl. https://www.bamf.de/
SharedDocs/Anlagen/DE/Pub
likationen/Forschungsberichte/
fb30-iab-bamf-soep-befra
gung-gefluechtete-2016.
pdf?__blob=publicationFile,
Stand: 07.03.2018

schlecht Englisch sprechen. Die Zahl der Personen, die angaben, Englisch lesen zu können, lag dabei etwas höher.[184] Es kann somit nicht davon ausgegangen werden, dass durch den Einsatz der Weltsprache Englisch auch eine Kulturneutralität gewährleistet ist. Gegebenenfalls muss also beim Einsatz von Schrift zur Ergänzung der Piktogramme eine Vielzahl verschiedener Sprachen abgedeckt werden. Auf Schriftzeichen, die nicht als Ergänzung, sondern innerhalb der Piktogramme selbst Verwendung finden, sollte verzichtet werden (z. B. Einsatz des Buchstabens »i« für »Information«). Sprache kann die Piktogramme höchstens unterstützen.

Ein Positivbeispiel für das Erreichen von Kulturneutralität bildet das Piktogramm für »Frau« aus dem »First Aid Kit for refugees«. Es bezieht die kulturell unterschiedlichen Kleidungsstücke von Frauen mit in die Gestaltung ein und schafft somit ein Frauen-Piktogramm, das weniger stereotyp ist. Dieses kann als Frau mit offenen, langen Haaren gelesen werden oder als Frau mit Kopftuch und vermittelt somit Respekt und Akzeptanz von unterschiedlichen Kulturen und Religionen.

Abb. 28: Piktogramm »Frau«
aus »First Aid Kit for refugees«

ACHTUNG VON TABUS

· Keine Darstellung von Anstößigkeiten

Abb. 29: Piktogramme
»Toilettengang«

Relativ tabufreie Darstellung des Toilettengangs

Gegebenenfalls anstößige Darstellung einer
Durchfallerkrankung

185 Vgl. Kapitel 2.5 Piktogramme, Grunprinzipien,
3. Achtung von Tabus

186 Vgl. https://www.du
den.de/rechtschreibung/
Tabu#b2-Bedeutung-2,
Stand: 07.03.2018

Otl Aicher führt das Piktogramm-Kriterium 3 »Achtung von Tabus« nicht genauer aus.[185] Die Frage ist also, was als Tabu gilt, d. h. als »ungeschriebenes Gesetz, das aufgrund bestimmter Anschauungen innerhalb einer Gesellschaft verbietet, bestimmte Dinge zu tun«[186]. Da es sich in diesem Fall nicht um eine eingrenzbare Gesellschaft, sondern um unterschiedliche kulturelle Gruppen handelt, bestehen unterschiedliche Ansichten, was ein Tabu ist.

Aus subjektiver Sicht könnte die Darstellung von Fäkalien und Erbrochenem ein Tabu darstellen, besonders in weniger aufgeklärten Gesellschaftsgruppen.

Die Visualisierung verschiedener Krankheitssymptome beim Arztbesuch sowie von Verhaltensregeln beim Toilettenbesuch erfordern jedoch unter Umständen eine Darstellung von Fäkalien und Erbrochenem. Es sollte dabei jedoch immer eine möglichst wenig anstößige Darstellung angestrebt werden. Dies lösen »First Aid« und »ICOON for refugees« weniger gut, die Apotheken Umschau besser.

Abb. 30: Piktogramm aus »ICOON for refugees«   Abb. 31: Piktogramm aus »First Aid«   Abb. 32: Piktogramm aus »Apotheken Umschau«

BILDUNGSNEUTRALITÄT

· Symbole, dazu zählen auch Schriftzeichen, müssen erst gelernt werden, bevor sie verständlich sind.
· Eine bildungsneutrale Gestaltung erfordert deshalb einen Verzicht auf Symbole.

————————————————————————

Abb. 33: Piktogramm »Klage«
Abb. 34: Piktogramm »Gesetz«

Darstellung des Begriffs Klage mithilfe eines ikonischen Zeichens, das im Gerichtssaal Verwendung findet

Darstellung des Begriffs Gesetz durch Gesetzbuch mit Paragraphenzeichen, welches sich im Nutzertest als nicht allgemeinverständlich erwiesen hat

Um das Kriterium der Bildungsneutralität erfüllen zu können, müssen ähnliche Voraussetzungen wie bei der Kulturneutralität erfüllt sein. So sollten für eine bildungsneutrale Kommunikation in erster Linie ikonische und indexikalische Zeichen genutzt und auf Symbole weitestgehend verzichtet werden. Symbole, die Einsatz finden, sollten dabei über alle Bildungsschichten hinweg verständlich sein. Auch der Verzicht auf Schrift und die damit einhergehende Berücksichtigung von Analphabeten fördert Bildungsneutralität. Ebenso sorgt der Einsatz von gelernten Farbsymboliken für Klarheit.

LESBARKEIT

· Eine angemessene Größe und Strichstärke sowie geringe Komplexität erleichtern die Lesbarkeit.

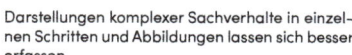

Abb. 35: Piktogramm »Heizen«
Abb. 36: Piktogramm »Blutdruck messen«

Darstellungen komplexer Sachverhalte in einzelnen Schritten und Abbildungen lassen sich besser erfassen

Darstellung komplexer Vorgänge in einem Piktogramm lässt Einzelelemente sehr klein werden

Für eine gute Lesbarkeit sind besonders eine angemessene Größe der Piktogramme und eine passende Strichstärke ausschlaggebend. Auch eine Kombination aus zu vielen Einzelelementen und der Versuch, komplexe Vorgänge in einem Piktogramm darzustellen, kann dazu führen, dass Einzelelemente sehr klein und abstrakt werden. Darunter leidet das Verständnis der abgebildeten Zusammenhänge.

Das Piktogrammsystem MedGuide bietet dafür mehrere Negativbeispiele bei der Darstellung von medizinischen Untersuchungen. Dabei ähneln Zettel und Stift der Ärztin aufgrund ihrer kleinen, abstrakten Abbildung eher asiatischen Essstäbchen. Auch das Deutsche Rote Kreuz kombiniert viele verschiedene Einzelelemente und Zeichenarten (Symbol, Ikon, Index) in einem Piktogramm, wodurch die Komplexität steigt, die Abbildungen immer kleiner und unübersichtlicher werden (z. B. Piktogramm zur Benutzung der Toilettenspülung).

Abb. 37: DRK: Piktogramm zur Benutzung der Toilettenspülung

Um bei der Anwendung eine gute Lesbarkeit der Piktogramme zu gewährleisten, ist es sinnvoll, eine Anleitung zur Größe und Qualität beim Einsatz des Piktogramms (z. B. beim Einfügen innerhalb eines Dokuments oder beim Ausdruck als Schild), zum vorgesehenen Einsatzort und zur Positionierung bei der Anbringung mitzureichen.

So könnte beispielsweise eine Unterscheidung vorgenommen werden zwischen Piktogrammen, die sich besonders für den Einsatz in Gesprächssituationen und für den Einsatz im Raum (als Schild oder Gesamtplakat) eignen. Es könnten Kombinationsmöglichkeiten von Piktogrammen, ähnlich einer Syntax[187], vorgeschlagen

63

187 Syntax ist die Kombination elementarer Zeichen zu zusammengesetzten Zeichen (Vgl. https://www.lernhelfer. de/schuelerlexikon/deutsch/ar tikel/syntax, Stand: 10.04.2018)

oder vorgegeben werden, sodass z. B. Piktogramme von Personen mit Piktogrammen für Gegenstände und Pfeildarstellungen zusammengestellt werden können. Zur Visualisierung der Regeln könnten entsprechende Vorlagen mitgeliefert werden, um eine gut lesbare Nutzung der Piktogramme sicherstellen zu können.

EINHEITLICHKEIT DER GESTALTUNGSREGELN

· Durch den Einsatz einheitlicher Gestaltungsmerkmale wird die Systemhaftigkeit eines Piktogrammsystems sichtbar.

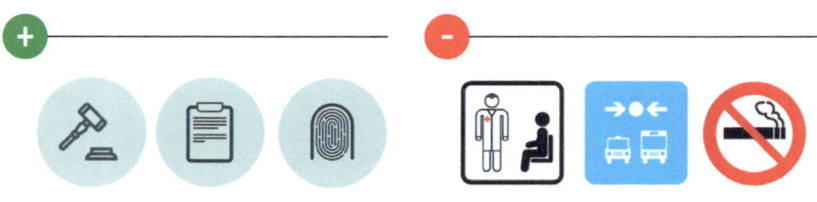

Abb. 38: Piktogrammsystem bpb
Abb. 39: Piktogrammsystem DRK

Piktogrammsystem bpb:
Reduktion auf zwei Linienstärken, einheitliche Formqualitäten, rundes Hintergrundelement

Piktogrammsystem DRK: beliebige Kombination unterschiedlichster Gestaltungselemente bilden ein Sammelsurium

Bei der Entwicklung von Piktogrammen gilt es, bestimmte, einheitliche Gestaltungsregeln festzulegen, auf deren Grundlage alle Piktogramme gestaltet werden. Dazu gehören die Gestaltungsmerkmale der Formdimension, Formqualität, Formfüllung, Formbegrenzung, Formverwirklichung und die Rasterbasiertheit. Bei der Piktogrammanalyse wurde deutlich, dass fast keines der Piktogrammsysteme über einheitliche Gestaltungsregeln verfügt.

Eine Ausnahme bilden dabei die Piktogramme der Bundeszentrale für politische Bildung (bpb), die als Einzige über eine sichtbare, grafische Konsistenz verfügen. Eine einheitliche Formdimension zeigt sich durch den konsequenten Einsatz von zwei Konturstärken, einer dickeren Außenkontur und einer ungefähr halb so starken Kontur für Details.
Die einheitlich abgerundeten Ecken und Rundungen, die aus ganzen oder halben Kreisen bestehen, bringen eine einheitliche Formqualität mit sich.
Bei der Darstellung von Personen wird stets mit Füllformen gearbeitet, die einen Kontrast zu den Leerformen der Gegenstände bilden. Größtenteils geschlossene Formbegrenzungen, eine einheitliche, konstruierte Formverwirklichung und ein Kreis als gleichbleibendes Hintergrundelement schaffen ein stimmiges Gesamtbild.
Auch ein zugrunde liegendes Raster ist ablesbar, das eine mittige Ausrichtung im Kreis und den ausschließlichen Einsatz von Geraden, Senkrechten und Diagonalen gewährleistet.

Im Gegensatz dazu bildet das Piktogrammsystem des Deutschen Roten Kreuzes (DRK) ein Negativbeispiel für grafische Konsistenz. Verschiedene Stile, Abstraktionsgrade, Strichstärken, Füllformen, Leerformen werden kombiniert und bilden ein Gemenge aus Gestaltungselementen. Dadurch kann der Betrachter keine Systemzugehörigkeit erkennen und das Piktogrammsystem büßt an Verständlichkeit ein.

FARBIGKEIT

· Ein einheitlicher Einsatz von Farben und entsprechend ihrer Farbsymbolik fördert das Verständnis der Piktogramme.
· Grün als »richtig« und Rot als »falsch« kann dabei als international bekannt vorausgesetzt werden.

Abb. 40: Piktogramme »positiv – negativ«

bpb: Grün (positiv) und Rot (negativ) werden ihrer Bedeutung entsprechend eingesetzt

BAMF: Farben werden nicht entsprechend ihrer Bedeutung eingesetzt, Positives wird hier rot und nicht grün abgebildet

Ein einheitlicher und ihrer Farbsymbolik entsprechender Einsatz von Farben fördert das Verständnis und die Eindeutigkeit der Piktogramme. Zur Visualisierung von Verhaltensregeln, Geboten und Verboten kann dabei auf die Farbbedeutungen von Grün für »gut, positiv, erlaubt« und Rot für »falsch, negativ, verboten« zurückgegriffen werden. Diese können als international bekannt vorausgesetzt werden, da sie weltweit im Straßenverkehr Einsatz finden.

Als positives Beispiel für die Verwendung von Farben lässt sich das Piktogrammsystem der Bundeszentrale für politische Bildung anführen, welches die Farbsymboliken von Rot und Grün gezielt einsetzt, um positive und negative Entscheidungen im Asylverfahren deutlich zu machen. Dabei wird auf die natürliche Farbgebung der dargestellten Gegenstände verzichtet. Die Farben haben somit immer einen Symbolwert, der vom Rezipienten interpretiert wird.

Einige der analysierten Piktogrammsysteme zum Thema Gesundheit nutzen die Farbe Rot einerseits zum Kenntlichmachen von Verboten oder Verneinungen und setzen Rot andererseits für die natürliche Farbgebung von Gegenständen (z. B. Blut, Niere) ein. Diese Doppeldeutigkeit der Farbe Rot sorgt für Uneindeutigkeit.

Abb. 41: Piktogramm
»Blutung« aus
»Apotheken Umschau«

Abb. 42: Piktogramm
»Schlecht hören« aus
»Apotheken Umschau«

Neben der Nutzung von Rot und Grün bietet es sich an, auf die Farbe Schwarz als Piktogrammfarbe zurückzugreifen, da diese durch ihren hohen Kontrast eine gute Lesbarkeit ermöglicht und als weltweit vorherrschende Schriftfarbe ein gewohntes Bild mit sich bringt. Dies hat zur Folge, dass sie eine gewisse Neutralität ausstrahlt und der Betrachter die Farbgebung zunächst nicht infrage stellt und interpretiert.

DARSTELLUNG DER GESAMTEN KAUSALKETTE

· Erst durch die Darstellung der gesamten Kausalkette werden Sachverhalte deutlich.

Abb. 43: Piktogramm »Mülleimer«
Abb. 44: Piktogramm »Trinkwasser«

Mülleimer-Piktogramm zeigt die vollständige Kausalkette des Wegwerfens

Piktogramm »Trinkwasser« zeigt nicht den Trinkvorgang selbst

Mithilfe von Kausalketten können Ursache-Wirkungs-Zusammenhänge beschrieben werden. Beim Darstellen von Verhaltensweisen und Handlungsanweisungen durch Piktogramme ist es sinnvoll, die gesamte Kausalkette darzustellen, damit Sachverhalte deutlich und verständlich werden.

Ein typisches Negativbeispiel bietet die Gestaltung des Piktogramms »Trinkwasser«, in dem ein Glas unter einem Wasserhahn dargestellt wird, in das Leitungswasser hineinfließt. Lediglich das Befüllen des Glases wird gezeigt, nicht jedoch der Trinkvorgang und damit die Trinkbarkeit des Wassers. Es fehlen mehrere ikonische Zusatzeinheiten, wodurch ein Informationsdefizit entsteht.

Als Positivbeispiel lässt sich hingegen das Mülleimer-Piktogramm nennen, das den Vorgang der Müllentsorgung durch eine Person, die etwas in den Mülleimer wirft, darstellt. Der gesamte Kausalzusammenhang wird sichtbar und das Piktogramm ist somit selbsterklärend.

ZEICHENKLARHEIT

Nur wenn Zeichen eindeutig sind, können sie korrekt interpretiert werden. Diese Eindeutigkeit nennt man auch Zeichenklarheit. Zeichenklarheit ist dann vorhanden, wenn folgende Aspekte gegeben sind: visueller Bezug zum Bezeichneten, einheitlicher Zeichencharakter, Kultur- und Bildungsneutralität, gute Lesbarkeit, einheitliche Gestaltungsregeln, Darstellung der gesamten Kausalkette etc. Nur wenn alle diese Aspekte in der Gestaltung beachtet wurden, können Zeichen eindeutig kommunizieren. Keines der bestehenden Piktogrammsysteme konnte alle aufgestellten Kriterien erfüllen. Dementsprechend kann auch keinem der Systeme eine durchgehende Zeichenklarheit zugesprochen werden.

HANDLUNGSEMPFEHLUNGEN FÜR
INTERKULTURELLE PIKTOGRAMMSYSTEME

· Verwendung von ikonischen Zeichen und Vermeidung komplexer Zeichenkombinationen
· Reduktion (Abstraktion) auf das Wesentliche
· Verzicht auf den Einsatz von Sprache innerhalb der Piktogramme
· Ausschließliche Verwendung von international etablierten Symbolen → Nutzertest
· Berücksichtigung kulturell unterschiedlicher Kleidung von Mann und Frau
· Keine Darstellung von Tabus (z. B. Fäkalien)
· Anleitung zum Einsatz der Piktogramme → Verwendungszweck, Kombinationen
· Erkennbare, grafische Konsistenz, die auf einheitlichem Raster basiert
· Einsatz gelernter Farbsymboliken
· Darstellung der gesamten Kausalkette bei Handlungsanweisungen

4.1 BEDARF

BEDARFSDEFINITION

Im Rahmen der durchgeführten Interviews wurde deutlich, dass der Bereich Migration im Jobcenter große Optimierungspotenziale bietet und sich deshalb besonders als Anknüpfungspunkt für diese Arbeit eignet. Durch den persönlichen Kontakt zur Migrationsbeauftragten des Jobcenters [Musterstadt] konnten zahlreiche Problemfelder ermittelt werden, die sich mithilfe eines interkulturellen Piktogrammsystems bearbeiten und lösen lassen. Folgende Problemfelder lassen sich erkennen: das Verstehen von Präsentationen bei Informationsveranstaltungen sowie das Verstehen von Einladungen und Aufforderungen im Briefverkehr. Weitere Problemfelder stellen der Aufbau und die Aufgabenverteilung sowie Abläufe und Prozesse im Jobcenter dar.

Die Migrationsbeauftragte ist im Jobcenter zuständig für alle Themen, die Migranten betreffen. So gibt sie im Rahmen von Informationsveranstaltungen »Neu im Jobcenter« und »Ihr Start ins Berufsleben« Auskunft über Aufbau und Aufgabengebiete des Jobcenters und leistet allgemeine Hilfestellung für Migranten in der Vortragsreihe »Leben in [Musterstadt]«. Des Weiteren organisiert sie Messen und knüpft Kontakte, um Migranten in den Arbeitsmarkt zu integrieren.

Einen Großteil der Migranten machen dabei Flüchtlinge aus, für die eine eigens eingerichtete »Fachstelle für Geflüchtete« in einer Kaserne neben den Flüchtlingsunterkünften zur Verfügung steht. Durch ein mittlerweile zügiger ablaufendes Asylverfahren des BAMF und durch die Möglichkeit des Familiennachzugs verfügen die Geflüchteten in dieser Fachstelle über besonders wenig Deutschkenntnisse.

Bei einem Besuch der Informationsveranstaltung »Neu im Jobcenter« in der Kaserne wurde schnell deutlich, dass trotz der Unterstützung einer Dolmetscherin ein großer Bedarf an Abbildungen besteht, welche die auf Deutsch gehaltene Präsentation visuell unterstützen. Analphabeten sowie Personen, die eine andere oder seltene Fremdsprache sprechen, können durch Piktogramme dabei unterstützt werden, die deutsche Präsentation auch ohne Sprachkenntnisse verfolgen zu können. Fast keiner der Teilnehmer spricht Deutsch, es handelt sich aber bei den Inhalten der Präsentation um komplexe und essenzielle, den Aufenthalt sichernde Informationen. Daher ist es umso wichtiger, die Inhalte in einer anschaulichen Form zu präsentieren.

Ein weiteres Problemfeld bildet der Briefverkehr, der den Interview-Ergebnissen zufolge in vielen Behörden zu Missverständnissen führt. So werden Einladungen und Aufforderungen häufig nicht verstanden und geforderte Unterlagen zu Terminen nicht mitgebracht. Auch während der Informationsveranstaltung werden oft Rückfragen zu Schriftstücken wie Anträgen und Bewilligungsbescheiden gestellt, die für die Teilnehmer nur sehr schwer zu verstehen sind.

Auch bei der Aufgabenverteilung, bei Vorgehensweisen sowie Abläufen in der Bürokratie und im Wartebereich des Jobcenters könnten Visualisierungen durch Piktogramme die tägliche Arbeit der Angestellten immens erleichtern, wenn wiederkehrende Rückfragen reduziert werden könnten. Durch erleichterte Abläufe und verkürzte Wartezeiten könnten die Kunden gleichzeitig von einer erheblichen Zeitersparnis profitieren.

HINTERGRUNDINFORMATIONEN ZUM JOBCENTER

Nach positivem Entscheid des Asylverfahrens haben Flüchtlinge dieselben Rechte und Pflichten wie deutsche Bürger, das Wahlrecht ausgenommen. Das heißt auch, dass sie bei Erwerbsfähigkeit ab sofort dem deutschen Arbeitsmarkt zur Verfügung stehen. Zeitgleich geht die Zuständigkeit für ihre finanzielle Unterstützung vom Sozialamt auf das Jobcenter über. Das heißt auch, dass die Geflüchteten ab dem Zeitpunkt der Anerkennung angehalten sind, sich in den Arbeitsmarkt zu integrieren, um weiterhin finanziell abgesichert zu sein. Zeitgleich wird mehr Verantwortung auf die Geflüchteten übertragen, da sie nun wie jeder andere Erwerbsfähige in Deutschland behandelt werden und weitestgehend auf sich allein gestellt sind.

Das Jobcenter teilt sich in zwei Aufgabenbereiche: Zum einen in den Bereich des Leistungssachbearbeiters, der Themen wie Lebensunterhalt, Wohnungskosten und Krankenversicherung umfasst und somit für alle finanziellen Themen zuständig ist; zum anderen in den Aufgabenbereich des Jobcoaches, der die Erwerbsfähigen bei ihrem Weg in den Arbeitsmarkt unterstützt und Themen wie Sprachkurse, Anerkennung von Zeugnissen, Aus- und Weiterbildung, Studium und Arbeit abdeckt.

4.2 CHANCEN & GRENZEN

TESTERGEBNISSE

Um fundierte Aussagen über das Verständnis der entwickelten Piktogramme treffen zu können, werden Fragebögen entwickelt, anhand derer die Piktogramme von der Zielgruppe »Geflüchtete« auf ihre Verständlichkeit getestet werden.
Neben den beiden Interviewpersonen Mohamad Ismail und Amer Alhares, die permanent für Rückfragen zum Piktogrammverständnis zur Verfügung stehen, testen zwölf weitere Geflüchtete die Piktogramme auf ihre Verständlichkeit.

Die erste Testgruppe bilden dabei die Teilnehmer der Informationsveranstaltung »Neu im Jobcenter« am 14. Mai 2018 in der Kaserne in [Musterstadt]. Die altersgemischte Gruppe aus sechs arabisch und einer persisch sprechenden geflüchteten Person entspricht dabei der direkten Zielgruppe der Piktogramme für das Jobcenter. Unter den sieben Testpersonen befinden sich fünf Männer und zwei Frauen.

Aufgrund der geringen bis gar nicht vorhandenen Deutschkenntnisse füllen die Teilnehmer die Fragebögen mit 31 Piktogrammen in ihrer Muttersprache aus. Diese werden von Bundesfreiwilligen und der anwesenden Dolmetscherin übersetzt.

Für das Testen weiterer 15 Piktogramme wird zu einem späteren Zeitpunkt eine weitere Testgruppe geflüchteter Jugendlicher aus einer Wohngruppe in Bergkamen befragt. Die Muttersprachen der vier männlichen Testpersonen im Alter von 15–18 Jahren sind Arabisch und Persisch. Dank ihrer bereits fortgeschrittenen Deutschkenntnisse ist es ihnen möglich, die Fragebögen auf Deutsch auszufüllen.

Insgesamt werden knapp sechzig Piktogramme getestet, von denen die 31 grundlegendsten Piktogramme von der größten Gruppe mit 13 Geflüchteten getestet werden.

Von diesen werden 19 der Piktogramme von mehr als der Hälfte der Personen richtig verstanden, weitere drei Piktogramme von mehr als der Hälfte der Personen verstanden oder zumindest mit ähnlichen Assoziationen verknüpft.[188] Bei der Auswertung werden die Piktogramme in verschiedene Verständniskategorien eingeteilt:

Abb. 45: Ausgefüllte Testfragebögen der Teilnehmer. Den Aufbau des Fragebogens finden Sie unter 6.8 Fragebogen Nutzertest

Abb. 46: Ausgefüllte Testfragebögen der Teilnehmer 02

188 Alle Testergebnisse finden Sie im Anhang unter 6.9 Ergebnisse Nutzertest

VERSTÄNDNISKATEGORIE 1

(13 Befragte, von mind. 50 % der Befragten verstanden)

- Frau
- Mann
- Mädchen
- Junge
- Schwangere
- Brief
- Uhr
- Pass/Ausweis
- Kalender
- Telefon
- Unterlagen/Papiere
- Bus
- Auto
- Fahrrad
- Haus
- Geld
- Schule/Lernen
- Rechts
- Links

VERSTÄNDNISKATEGORIE 2

(mind. 6 Befragte, von mind. 50 % der Befragten verstanden)

- Rollstuhlfahrer/Mensch mit Behinderung
- Warten
- Standort/Adresse
- Schlüssel
- Laufen
- Fernseher
- Radio
- Bildschirm
- Computer
- Brief in Briefkasten werfen
- Krankenhaus
- Heizung

VERSTÄNDNISKATEGORIE 3

(mind. 6 Befragte, von mind. 50 % der Befragten verstanden oder ähnlich assoziiert)

- Baby
- Mutter mit Baby/Kind
- Termin
- Dokument/Papier

- Checkliste
- Achtung/Wichtig/Pflicht

VERSTÄNDNISKATEGORIE 4
(mind. 2 Befragte, von 100 % verstanden)
- Beamter
- Arzt

VERSTÄNDNISKATEGORIE 5
(Sachverhalte, mind. 2 Befragte, von 100 % verstanden oder ähnlich assoziiert)
- Übersetzer/Dolmetscher
- Sprachkurs
- Person, die über Geld spricht/Leistungssachbearbeiter
- Person, die über Arbeit spricht/Jobcoach
- Müllabfuhr
- Schlüsselübergabe
- Familie

VERSTÄNDNISKATEGORIE 6
(nur im Kontext verständlich)
- Briefkasten
- Nummer ziehen
- Bürojob
- Handwerksberuf
- Sprechblase
- Sprechblase zwei Personen (Dialog)
- Recht
- Bezugspfeile
- Raumnummer

VERSTÄNDNISKATEGORIE 7
(nicht ohne Erklärvideo oder Infografik verständlich)
- Vorgehensweise des Wartenummer-Ziehens
- Briefe ohne Wartezeit in den Briefkasten werfen
- Umzug
- Aufbau Jobcenter (Leistungssachbearbeiter → Geld, Jobcoach → Arbeit)

Auffällig bei der Auswertung der Testergebnisse ist, dass ikonische Zeichen und indexikalische Richtungspfeile besonders gut erkannt werden. Mit einer höheren Geläufigkeit des Zeichens, einem angemessenen Abstraktionsgrad und fortgeschrittenen Deutschkenntnissen der Teilnehmer steigt die Verständlichkeit der Piktogramme. Auch gängige Symboliken wie das Euro-Zeichen, das rote Kreuz, der rote Halbmond oder das Warndreieck werden problemlos verstanden.

SCHLUSSFOLGERUNGEN

Je abstrakter die Begriffe und komplexer die Kombinationen der Piktogramme, desto größer ist der Assoziationsraum und dementsprechend uneindeutiger und schwieriger verständlich sind die Piktogramme für die Befragten.

Auf dieser Grundlage lässt sich eine Aussage darüber treffen, welche Begriffe sich als Piktogramme darstellen lassen und welche aufgrund ihrer schwierigen bis unmöglichen Darstellbarkeit ausgeschlossen werden müssen.

So lassen sich abstrakte Begriffe (z. B. Hilfe, Suche, Beratung, Internetlink) am schwierigsten beziehungsweise nicht ohne gelernte Symboliken darstellen.

Prozesse lassen sich durch die Kombination mehrerer Piktogramme erläutern, die mit Pfeilen miteinander in Bezug gesetzt werden (z. B. Brief in den Briefkasten werfen). Eine rein grafische Umsetzung kann bei umfangreichen Prozessen jedoch an ihre Grenzen stoßen, sodass sich in diesem Falle eine Umsetzung als Bewegtbild in Form eines Erklärvideos anbietet.

Abb. 47: Piktogramm »Brief in den Briefkasten werfen«

Tätigkeiten können durch Personen oder ihre Körperteile in Interaktion verdeutlicht werden (z. B. »Laufen«, »Schlüsselübergabe«).

Abb. 48: Piktogramm »Laufen«   Abb. 49: Piktogramm »Schlüsselübergabe«

Spezifikationen (»Arzt« = Person mit bestimmtem Beruf, »Krankenhaus« = Haus mit bestimmter Funktion) lassen sich durch Kombinationen von Personen oder Objekten und einem entsprechenden, allgemein bekannten Symbol (rotes Kreuz, roter Halbmond) darstellen.

73

Abb. 50: Piktogramm »Arzt«   Abb. 51: Piktogramm »Krankenhaus«

Zusammengesetzte Objekte (z. B. »Raumnummer«) können durch die Kombination dieser Objekte abgebildet werden. Am besten lassen sich einfache Personen oder Objekte (»Brief«, »Fahrrad«, »Frau«, »Mann«), also ikonische Zeichen mit visuellem Bezug zu ihrem Bezeichneten, abbilden und verstehen.

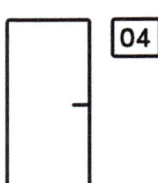

Abb. 52: Piktogramm   Abb. 53: Piktogramm »Brief«   Abb. 54: Piktogramm »Fahrrad«
»Raumnummer«

Abb. 55: Piktogramm »Frau«   Abb. 56: Piktogramm »Mann«

4.3 ENTWICKLUNG PIKTOGRAMMSYSTEM »SPRACHLOS«

VORGEHENSWEISE

Die Zusammenstellung der für das Jobcenter [Musterstadt] zu visualisierenden Begriffe erfolgt auf Grundlage der Interviewergebnisse sowie von beispielhaften Schriftstücken aus dem Briefverkehr und den Inhalten der Präsentationen »Leben in [Musterstadt]« und »Neu im Jobcenter«. Ergänzt wird die Liste durch Begriffe aus dem Vortrag und den Rückfragen während der besuchten Informationsveranstaltung. Die entstandene Begriffsliste wird daraufhin auf ihre Realisierbarkeit untersucht und nicht darstellbare Begriffe werden gestrichen.

Der Gestaltung geht eine Recherche über bestehende Piktogrammvisualisierungen der Begriffe voraus. Nur so kann auf bereits etablierte Piktogramme zurückgegriffen werden, um vertraute Sehgewohnheiten zu nutzen, die das Verständnis neuer Piktogramme erleichtern.

Darauf folgt die Entwicklung mehrerer erster Entwürfe, um mögliche Gestaltungsregeln zu erarbeiten, die sich auf alle Piktogramme des Systems anwenden lassen. Ziel dieses iterativen Prozesses ist es, ein konsistentes Gestaltungsraster und einheitliche Gestaltungsmittel zu entwickeln. Erste Testentwürfe der Piktogramme werden direkt mit der Zielgruppe auf ihre Verständlichkeit geprüft und gegebenenfalls angepasst. Dabei werden Piktogramme, die von zu wenigen Testpersonen korrekt entschlüsselt werden, aussortiert und zu abstrakte Darstellungen um veranschaulichende Details ergänzt.

Während dieses Prozesses bis hin zum finalen Piktogrammsystem, wie es auf den folgenden Seiten zu sehen ist, werden auf Basis des zuvor aufgestellten Kriterienkatalogs inhaltliche und formale Entscheidungen getroffen, die im Einzelnen anhand der Bewertungskriterien erläutert werden sollen.

Dabei wird zwischen zwei Arten von Piktogrammen unterschieden: Basispiktogramme, welche aufgrund ihrer Einfachheit in einem Bildzeichen dargestellt werden können, und additive Piktogramme, bei denen es einer Kombination mehrerer Bildzeichen bedarf. Die Basispiktogramme bilden dabei die einzelnen Wörter, die zusammen mit anderen Piktogrammen zu Sätzen einer Bildsprache kombiniert werden können.

BASISPIKTOGRAMME

Abb. 57: Basispiktogramme

Basispiktogramme können aufgrund ihrer Einfachheit in einem Bildzeichen dargestellt werden. Dazu zählen beispielsweise Piktogramme mit hohem visuellen Bezug zu ihrer Bedeutung (das Piktogramm für Fahrrad ist z. B. eindeutig als Fahrrad erkennbar). Auch Piktogramme, die durch einfache Symboliken verständlich sind, und Pfeile, welche allein durch ihr formales Aussehen auf eine Richtung verweisen, zählen zu den Basispiktogrammen. Sie bilden die einzelnen Wörter, die zusammen mit anderen Piktogrammen zu einer Syntax kombiniert werden können.

Bei den Basispiktogrammen handelt es sich nicht zwangsläufig nur um ikonische Zeichen, sondern auch um weniger komplexe symbolische oder indexikalische Zeichen oder Kombinationen aus diesen. Die Vielschichtigkeit eines zunächst scheinbar simplen Basispiktogramms soll im Einzelnen anhand des Piktogramms »Arzt« erläutert werden.

Abb. 58: Piktogramm »Arzt«

Auf den ersten Blick handelt es sich um ein ikonisches Zeichen, das eine Person in Arztkittel, -haube und mit einem Stethoskop zeigt. Bei dem abgebildeten roten Kreuz auf dem Arztkittel handelt es sich jedoch um ein Symbol für medizinische Hilfe, welches in einem kausalen Bezug zum Arzt steht. Durch ein Weglassen dieses Symbols würde das Piktogramm an Zeichenklarheit einbüßen. Das rote Kreuz ist essenziell zur korrekten Entschlüsselung seiner Bedeutung. Durch den kausalen Bezug von »Kittel« und »rotes Kreuz«-Symbol mit seiner hohen Zeichendichte[189] transportiert das Piktogramm nicht nur »Person mit Kittel«, sondern zugleich viele weitere Assoziationen. Da der Mensch in kausalen Zusammenhängen denkt,[190] verknüpft er das »rote Kreuz«-Symbol mit weiteren Begriffen und Bildern wie »Krankenhaus«, »Erste Hilfe-Koffer«, »Krankenwagen«, »Notfall« etc. Das Arztpiktogramm ist also eine Kombination aus Ikon, Index und Symbol. Dennoch wurde es in den Nutzertests sehr gut erkannt.

189 Ein Zeichen mit hoher Zeichendichte transportiert große Informations- und Assoziationsmengen. Vgl. https://www.grin.com/docu ment/166208, Stand: 07.07.2018

190 Vgl. Prof. Dr. Grabbe, 2018

ADDITIVE PIKTOGRAMME

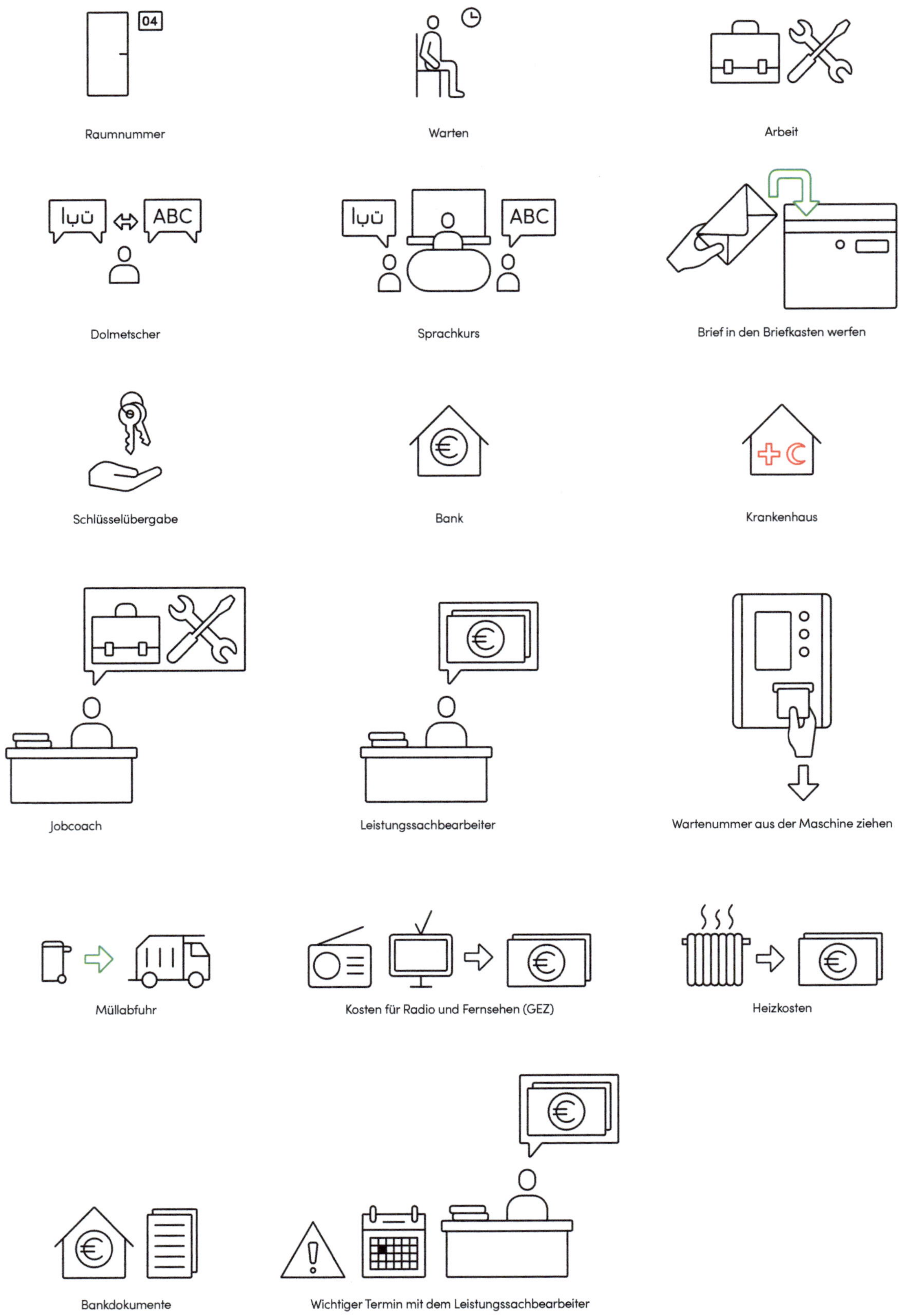

Raumnummer

Warten

Arbeit

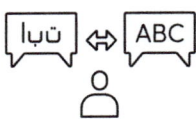
Dolmetscher

Sprachkurs

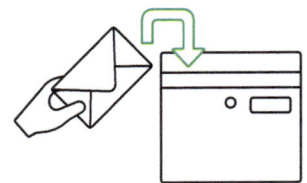
Brief in den Briefkasten werfen

Schlüsselübergabe

Bank

Krankenhaus

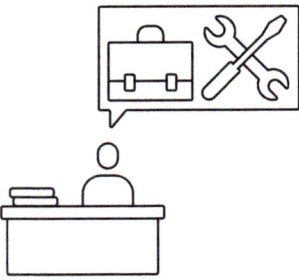
Jobcoach

Leistungssachbearbeiter

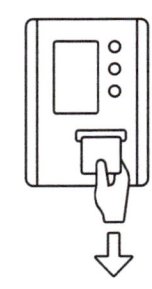
Wartenummer aus der Maschine ziehen

Müllabfuhr

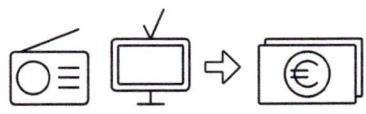
Kosten für Radio und Fernsehen (GEZ)

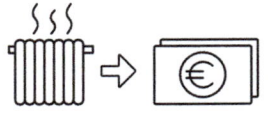
Heizkosten

Bankdokumente

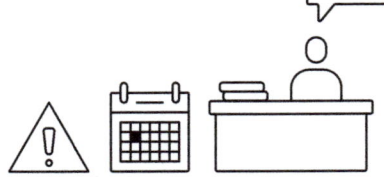
Wichtiger Termin mit dem Leistungssachbearbeiter

Abb. 59: Additive Piktogramme

Additive Piktogramme setzen sich aufgrund ihrer höheren Komplexität aus mehreren Elementen oder Basispiktogrammen zusammen. Durch Kombinationen lassen sich so auch komplexere Sachverhalte wie in einer Bildsprache darstellen. Das Piktogrammsystem »Sprachlos« bietet also eine Vielzahl an Möglichkeiten, die Bildzeichen zu Sätzen zu verknüpfen, und sich somit den Anforderungen der Nutzer individuell anzupassen.

Die additiven Piktogramme sind nicht nur eine Kombination mehrerer Piktogramme, sondern auch unterschiedlicher Zeichenarten. Die Piktogramm-Kombination für »Dolmetscher« vereint zum Beispiel Ikon, Index und Symbol in einem. Der abgebildete Oberkörper ist dabei ein Ikon für Mensch. Die Sprechblasen stellen einen kausalen Bezug zwischen der Person und zwei nicht sichtbaren anderen Personen her. Gleichzeitig sind die Sprechblasen auch Pfeile, die auf die Person zeigen, also eindeutige Indexzeichen. Verstärkt wird der kausale Zusammenhang zwischen den Sprechblasen durch den zusätzlichen Doppelpfeil, der den Austausch zwischen den beiden Sprechblasen verdeutlicht und für eine höhere Informationsdichte[191] sorgt. Als dritte Zeichenart werden in den Sprechblasen verschiedene Schriftzeichen als Symbole für unterschiedliche Sprachen eingesetzt. Ohne die Sprache lesen zu können, kann der Betrachter dennoch das Symbol so entschlüsseln, dass der Austausch zwischen zwei unterschiedlichen Sprachen gemeint ist.

191 Je eindeutiger die Information kommuniziert wird, desto höher ist die Informationsdichte.

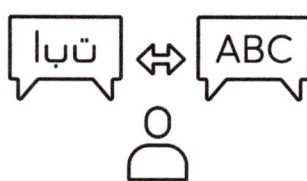

Abb. 60: Piktogramm
»Dolmetscher«

ENTSCHEIDUNGEN GEMÄSS KRITERIENKATALOG

ZEICHENART

Für eine besonders gute Verständlichkeit werden in erster Linie ikonische Zeichen entwickelt und komplexe Zeichenkombinationen innerhalb eines Piktogramms vermieden.

Um abstraktere Begriffe wie »Arzt« oder »Lernen« visualisieren zu können, muss dabei auf Symbole wie das rote Kreuz oder Buchstaben und Zahlen zurückgegriffen werden. Ein Einsatz der Symbole erfolgt jedoch nur zusammen mit einem das Verständnis steigernden Ikon. Außerdem werden nur international verständliche Symbole verwendet, die im Rahmen eines Nutzertests geprüft und verstanden wurden.

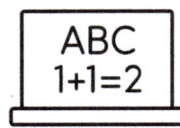

Abb. 61: Piktogramm »Arzt«   Abb. 62: Piktogramm »Lernen«

Schriftzeichen wie Zahlen oder Buchstaben kommen beispielsweise beim Piktogramm für »Lernen« zum Einsatz. Dabei bedarf es beim Rezipienten keiner Sprachkenntnisse, um die Buchstaben und Zahlen als solche zu erkennen.

Indexikalische Zeichen wie Pfeile werden als einzelne Basispiktogramme zur Verfügung gestellt und nicht in Kombination mit anderen Zeichen innerhalb eines Piktogramms eingesetzt.

Erst als additives Piktogramm werden sie als Wort eines Satzgefüges mit anderen Piktogrammen kombiniert, um komplexere Sachverhalte beschreiben zu können.

Abb. 63: Piktogramm »Müllabfuhr«

ZEICHENCHARAKTER/ABSTRAKTION

Das Piktogrammsystem »Sprachlos« verfügt über einen einheitlichen Zeichencharakter mit einer vereinfachten, zweidimensionalen Darstellung und einem konsistenten Abstraktionsgrad.

Piktogramme, die aus mehreren Elementen bestehen oder Tätigkeiten beschreiben, werden mit höherer Abstraktion durch Reduktion auf das Wesentliche abgebildet.

Im Gegensatz zum Piktogramm »Frau« und »Mann« erfolgt beim Darstellen einer Tätigkeit keine Unterscheidung der Geschlechter durch geschlechtsspezifische Merkmale wie Frisur oder Kleidung. Beim Piktogramm »Laufen« wird die dargestellte Person in den Fokus gerückt, unabhängig vom Geschlecht. Ein zu hoher Ikonizitätsgrad würde dazu führen, dass zusätzliche Details das Piktogramm unnotwendig komplex und kleinteilig und in Folge dessen schlechter lesbar machen würden.

   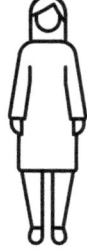   

Abb. 64: Piktogramm »Laufen«   Abb. 65: Piktogramm »Frau«   Abb. 66: Piktogramm »Mann«

KULTURNEUTRALITÄT

Es wird versucht, eine hohe Kulturneutralität durch den ausschließlichen Einsatz getesteter Symbole und von Buchstaben und Zahlen als Lettern, die nicht decodiert werden müssen, zu gewährleisten.

Eine Berücksichtigung kulturell unterschiedlicher Kleidung findet nach dem Vorbild des Piktogramms für »Frau« aus dem Piktogrammsystem »First Aid Kit for refugees« statt. Auch bei »Sprachlos« kann das Piktogramm als Frau mit Kopftuch oder mit Frisur gelesen, die Bekleidung als Gewand, Kleid oder langes Oberteil mit Hose gesehen werden. Die Darstellung von nicht stereotyp europäischer Kleidung vermittelt Respekt und Akzeptanz gegenüber anderen Lebensentwürfen, Traditionen und Glaubensrichtungen.

Abb. 67: Piktogramm »Frau« aus »First Aid Kit for refugees«   Abb. 68: Piktogramm »Frau« aus »Sprachlos«

ACHTUNG VON TABUS

Der Einsatzbereich des Piktogrammsystems im Jobcenter [Musterstadt] erfordert keine Visualisierungen von Tabuthemen wie beispielsweise die Darstellung von Krankheitssymptomen. Dementsprechend findet keine Darstellung von Themen statt, welche möglicherweise als anstößig bewertet werden könnten.

BILDUNGSNEUTRALITÄT

Damit die Bildungsneutralität von Piktogrammen gewährleistet wird, sollte auf Symbole, die erst gelernt werden müssen, verzichtet werden. Dazu zählen auch Schriftzeichen. Bei der Bebilderung abstrakterer Begriffe gelangt jede Gestaltung schnell an ihre Grenzen. Daher muss abgewogen werden, ob auf die Darstellung abstrakter Begriffe gänzlich verzichtet werden muss oder ob ein Kompromiss eingegangen werden kann. Beim entwickelten Piktogrammsystem werden als Kompromiss Schriftzeichen eingesetzt, sofern die inhaltliche Entschlüsselung dieser keine Sprachkenntnisse erfordern. Auch der Einsatz von bekannten Farbsymboliken begünstigt die bildungsneutrale Verständlichkeit von Piktogrammen. Daher wurden die Piktogramme in schwarzer Farbgebung konzipiert, was der weltweit gängigen Schriftfarbe entspricht. Die Farben Rot und Grün werden nur ihrer stark konnotierten Symbolik entsprechend eingesetzt.

LESBARKEIT

Eine angemessene Strichstärke und Größe sowie eine geringe Komplexität der Piktogramme erleichtern deren Lesbarkeit. Der Versuch, komplexere Vorgänge in einem Piktogramm darzustellen, lässt die einzelnen Elemente häufig klein und unkonkret wirken. Daher unterscheidet das Piktogrammsystem »Sprachlos« zwischen einfachen Basispiktogrammen und additiven Piktogrammen, die komplexere Sachverhalte in mehreren Piktogrammen bei gleichbleibender Größe der Einzelelemente verdeutlichen. Damit auch in der Anwendung eine gute Lesbarkeit gewährleistet ist, wird mit einem Design Manual eine Anleitung für den Anwender zur Verfügung gestellt. Diese gibt Regeln bezüglich Mindestgröße, Skalierung, Dateiformate und Farbkontraste vor, die beim Einsatz der Piktogramme beachtet werden sollten, um eine gute Lesbarkeit zu sichern. Es bietet darüber hinaus hilfreiche Anwendungsbeispiele für unterschiedliche Medien.

EINHEITLICHKEIT DER GESTALTUNGSREGELN

Nur durch den Einsatz einheitlicher Gestaltungsmerkmale wird die Systemhaftigkeit eines Piktogrammsystems sichtbar.[192] Das Piktogrammsystem »Sprachlos« verfügt über einheitliche formale Mittel wie Formdimension, Formqualität, Formfüllung, Formbegrenzung und Formverwirklichung. Die Piktogramme sind stets aus einer Konturlinie (Formdimension) geometrisch konstruiert (Formverwirklichung), die eine ungefüllte Fläche (Formfüllung) umschließt (Formbegrenzung). Dabei werden die Ecken jeweils um ein Pixel abgerundet: Die Rundungen betragen mehrheitlich 180°, also die Hälfte eines vollen Kreises (Formqualität). Des Weiteren basieren sie auf einem einheitlichen Raster von 4 × 4 Rastersegmenten, die in je 12 Rasterpunkte geteilt werden, um eine grafische Konsistenz zu sichern. Einer detaillierten Aufschlüsselung aller Gestaltungsregeln widmet sich das folgende Kapitel.

192 Vgl. Christian, 2017: 34, 47

82

FARBIGKEIT

Das Regelwerk zur Verwendung von Farben ist ebenfalls im Design Manual festgehalten. Die Piktogramme sind zunächst in schwarzer Farbe konzipiert, da dies die weltweit vorherrschende Schriftfarbe ist, mit der ein hoher Kontrast auf weißem Papier und dadurch eine gute Lesbarkeit einhergeht. Ferner bildet Schwarz auf Weiß ein gewohntes Schriftbild, bei der die Farbgebung nicht hinterfragt und interpretiert wird. Für den Einsatz der stark symbolbehafteten Farben Rot und Grün liefert das Design Manual Handlungsanweisungen, damit diese Farben nur ihrer Bedeutung entsprechend angewandt werden.

ZEICHENKLARHEIT

Um eine möglichst hohe Zeichenklahrheit zu erreichen, wurden alle Piktogramme mit Geflüchteten getestet und auf Grundlage der Testergebnisse sondiert und ausgewählt. In einem fortlaufenden Abwägungsprozess wurde überprüft, wie hoch die Erkennbarkeit eines Piktogramms sein muss, um in das System mitaufgenommen zu werden. Ziel ist, eine möglichst große Bandbreite an Piktogrammen für das Jobcenter [Musterstadt] realisieren zu können und die Menge an nicht eindeutig darstellbaren Piktogrammen zu reduzieren. Es wurde ein Mittelweg gefunden, indem komplexere Sachverhalte durch die Kombination einfacher Basispiktogramme dargestellt werden. Dabei wird auf die Kombination von größtenteils ikonischen Zeichen mit Indexpfeilen gesetzt. Eine hundertprozentige Zeichenklarheit für alle Geflüchteten unterschiedlichster Herkunft kann jedoch nicht abschließend garantiert werden. Dennoch wurden bei der Realisierung der Piktogramme möglichst viele Anforderungen an international verständliche Piktogramme berücksichtigt.

4.4 GESTALTUNG IM DETAIL

RASTER

Ein Piktogramm umschreibt annähernd vier quadratische Rastersegmente, die vom Orientierungsrahmen umfasst werden. Der Orientierungsrahmen bildet dabei die ungefähre Größe eines jeden Piktogramms. Die tatsächliche Größe ist abhängig vom Format des Piktogramms. Durch die blauen Linien werden alternative Größen für nicht quadratische Piktogramme dargestellt.

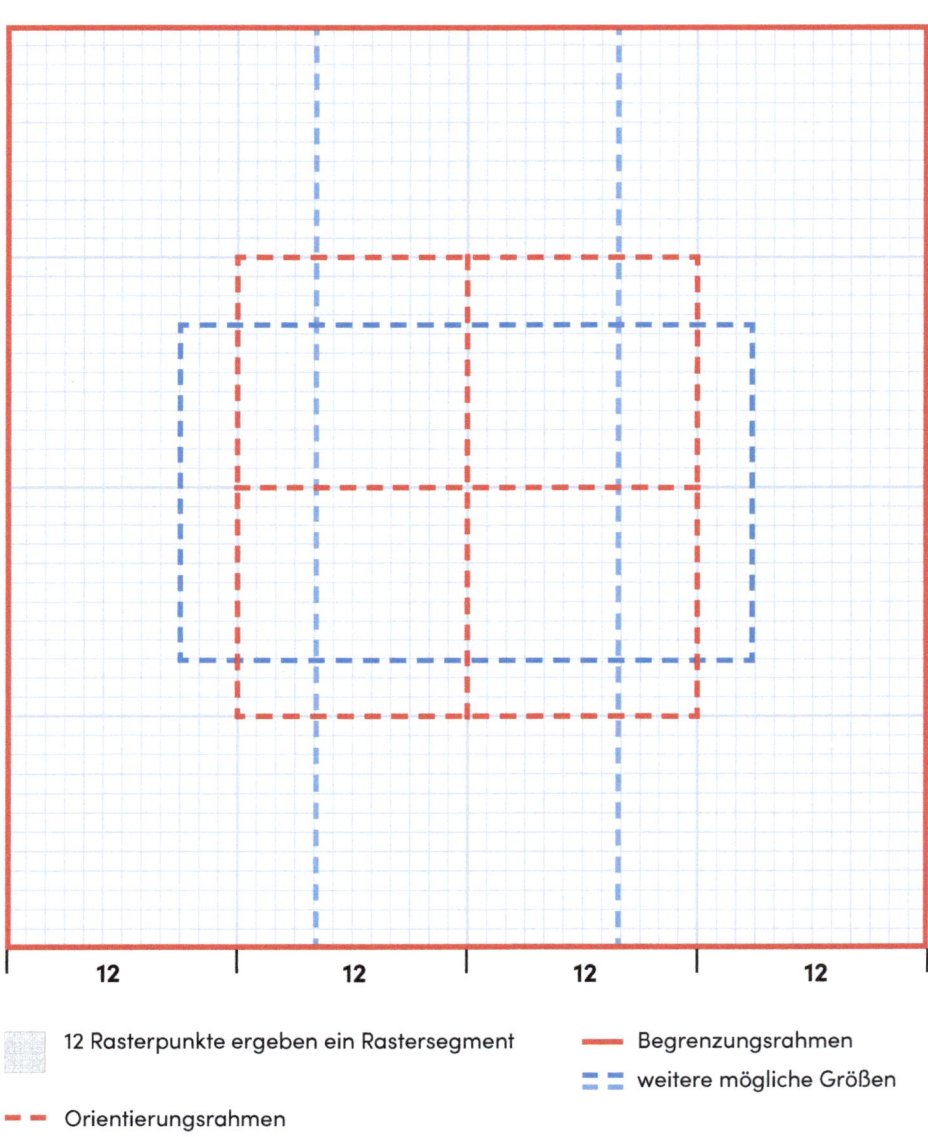

12   12   12   12

▧ 12 Rasterpunkte ergeben ein Rastersegment   ▬ Begrenzungsrahmen

                                                       ▬ ▬ weitere mögliche Größen

▬ ▬ Orientierungsrahmen

Abb. 69: Raster

ORIENTIERUNGSRAHMEN

Der Orientierungsrahmen umfasst in etwa die Größe eines jeden Piktogramms. Wie das Beispiel zeigt, kann die Form des Piktogramms durch ein rechteckiges Format vom Orientierungsrahmen abweichen. Jedes Piktogramm schließt dabei jedoch immer eine Fläche von ca. vier Rastersegmenten ein.

BEGRENZUNGSRAHMEN

Die maximale Abweichung vom Orientierungsrahmen gibt der Begrenzungs-rahmen an. Piktogramme, die ein extremes Hoch- oder Querformat benötigen, können diesen Raum bis zum Begrenzungsrahmen nutzen, niemals jedoch über ihn hinausgehen.

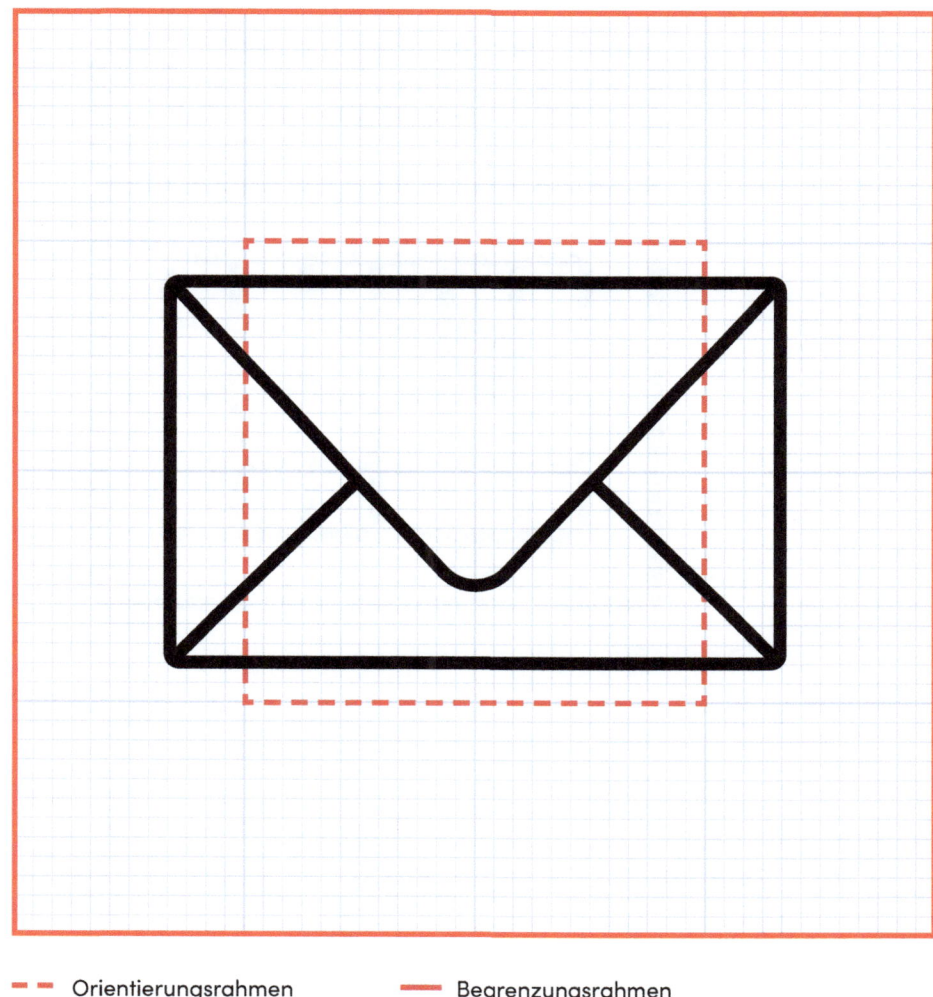

– – Orientierungsrahmen　　　——— Begrenzungsrahmen

Abb. 70: Orientierungsrahmen, Begrenzungsrahmen

KLEINSTE RASTEREINHEIT

Die kleinste Rastereinheit, die das schmalste Element eines jeden Piktogramms beschreibt, beträgt mindestens 2 × 2 Rasterpunkte. So kann gewährleistet werden, dass im Ausdruck und bei kleinerer Darstellung die Konturlinien nicht ineinander fließen.

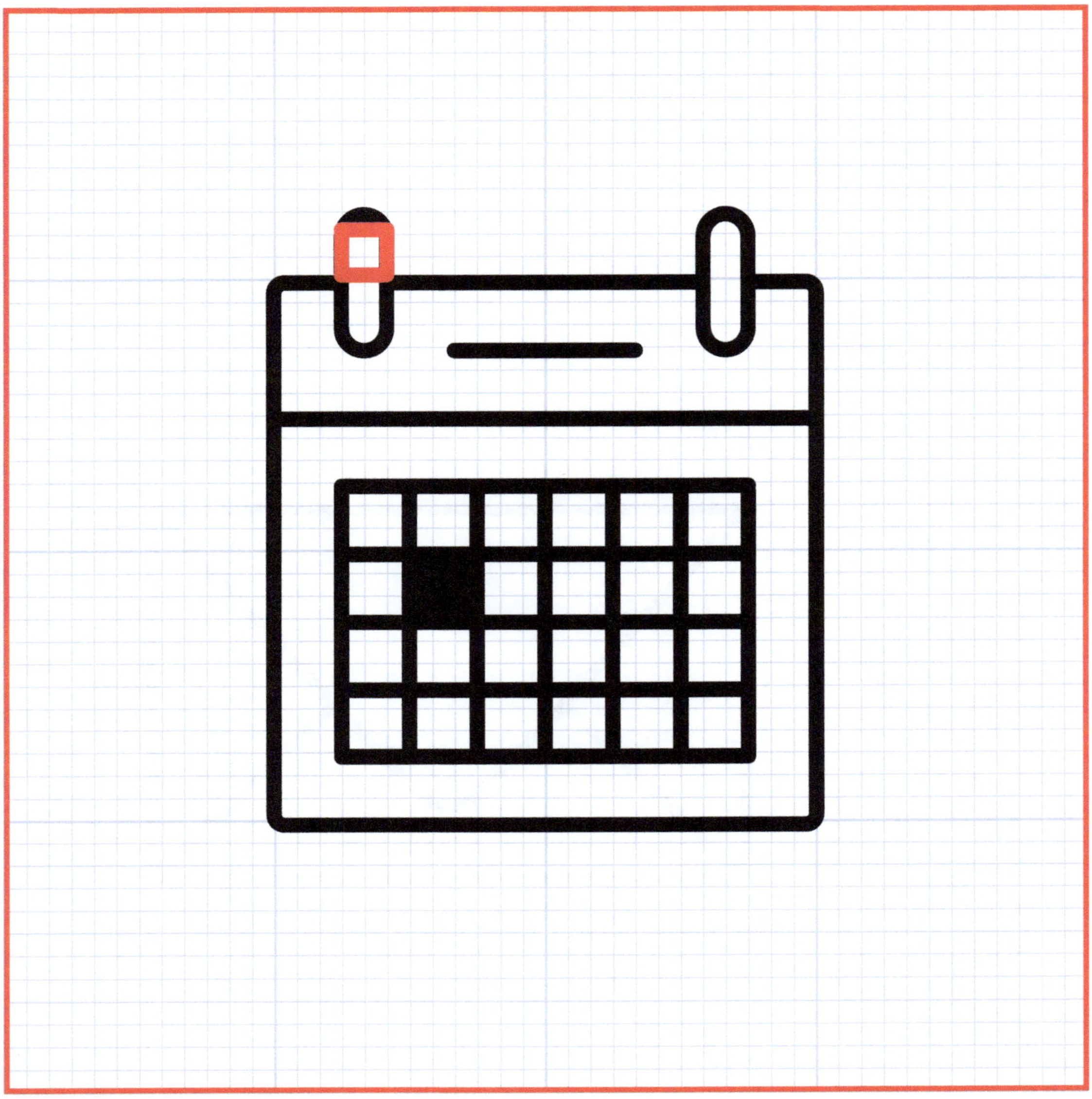

 Kleinste Rastereinheit

Abb. 71: Kleinste Rastereinheit

SCHUTZRAUM

Beim Einsatz der Piktogramme im Layout ist ein zusätzlicher Schutzraum zu beachten, der sich außerhalb des Begrenzungsrahmens befindet. Er gibt den Mindestabstand zum nächsten Piktogramm, Textfeld oder Bild an, der eingehalten werden muss. Dieser wird proportional zur Gesamtgröße des Piktogramms als die Hälfte eines Rastersegments definiert.

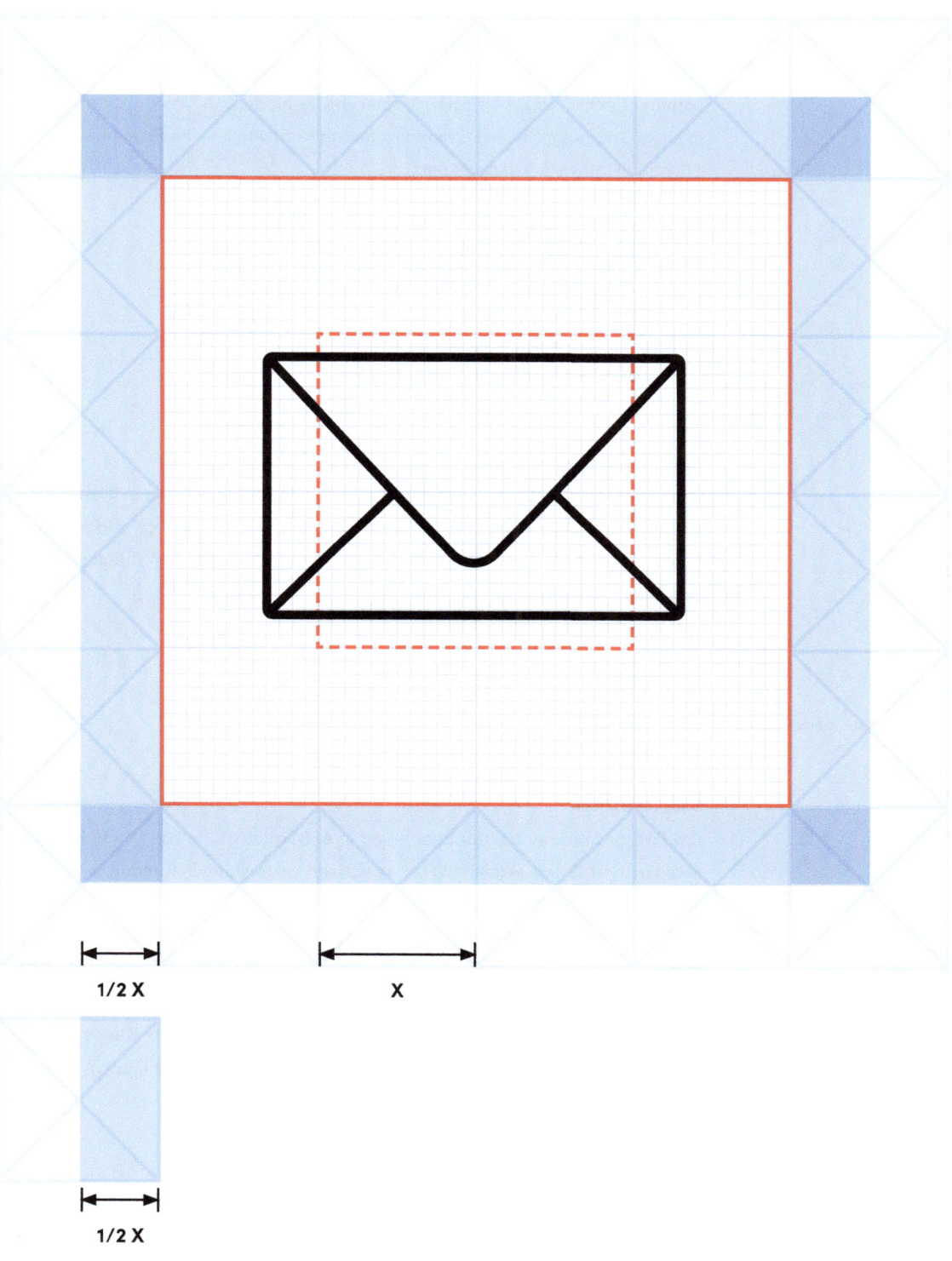

1/2 X   X

1/2 X

Abb. 72: Schutzraum

GRÖSSE

Um eine gute Lesbarkeit der Piktogramme zu gewährleisten, verfügen diese über eine stimmige Relation zwischen Kontur und Fläche. Außerdem sind sie nach einheitlichen formalen Mitteln wie Formdimension, Formverwirklichung, Formfüllung und Formqualität konzipiert, die ein stimmiges Gesamtbild ermöglichen und ein geschlossenes System aller Piktogramme sichtbar machen.

ORIGINALGRÖSSE

Die Kontur-Strichstärke ist so angelegt, dass die Zwischenräume innerhalb des Piktogramms gleichzeitig über eine angemessene Fläche verfügen, die ein Zusammenfließen der Linien bei Verkleinerung verhindert. Die Piktogramme wurden in einer Originalgröße des Orientierungsrahmens von 54 × 54 Pixeln bei 1,5 Punkt Konturstärke konstruiert.

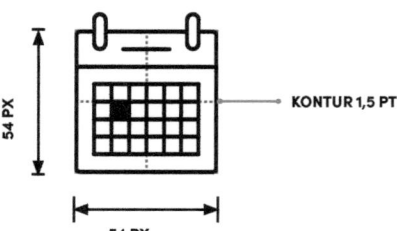

Abb. 73: Originalgröße

MINDESTGRÖSSE

Beim Einsatz der Piktogramme ist stets eine Mindestgröße des Orientierungsrahmens von 19 × 19 Pixeln einzuhalten, um eine Strichstärke von mindestens 0,5 Punkt zu gewährleisten und dadurch ein Wegbrechen der Konturlinien in Print- und Onlinemedien zu verhindern.

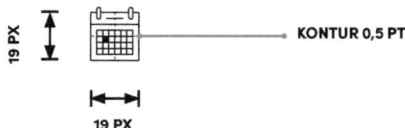

Abb. 74: Mindestgröße

SKALIERUNG

Die Piktogramme sind unter Beachtung ihrer Mindestgröße von 19 × 19 Pixeln beliebig in ihrer Größe skalierbar. Da es sich um Vektordateien handelt, sind bei der Vergrößerung nach oben keine Grenzen gesetzt.

KONTUREN MITSKALIEREN

Es ist jedoch darauf zu achten, dass das Verhältnis zwischen Kontur und Fläche stets gewahrt wird. Dafür muss die Konturlinie mitskaliert werden. Dies verhindert, dass Konturlinien wegbrechen oder Zwischenräume zusammenfließen.

PROPORTIONAL SKALIEREN

Damit die korrekten Proportionen der Piktogramme bestehen bleiben, müssen sie proportional skaliert werden. Dafür ist die Shift-Taste auf der Tastatur beim Auseinanderziehen oder Zusammenschieben gedrückt zu halten. So werden Verzerrungen vermieden.

FORMDIMENSION

Die Piktogramme bestehen alle aus einer Konturlinie. Diese Darstellung ermöglicht mehr Details als eine Füllform. Nur mithilfe einer Konturlinie lassen sich Unterteilungen vornehmen und Feinheiten innerhalb einer äußeren Form abbilden. Die Stärke der Kontur von 1,5 Pt. bei einer Originalgröße des Orientierungsrahmens von 54 × 54 Pixeln gewährleistet dabei eine stimmige Relation zwischen Kontur und Fläche und somit eine gute Lesbarkeit der Piktogramme in unterschiedlichen Größen.

FORMQUALITÄT

Die Ecken der Piktogramme werden stets um 1 Pixel abgerundet und verleihen ihnen dadurch eine organische, weichere Formgebung. Der Verzicht auf kantige Formen und der Einsatz zahlreicher Rundungen, die mehrheitlich mit 180° die Hälfte eines Kreises beschreiben, überträgt Wirkungen des Kreises wie Geborgenheit, Schutz und Zugehörigkeit auf das Gesamtbild des Piktogrammsystems. Dies sind beabsichtigte Assoziationen, um Geflüchtete im Jobcenter willkommen zu heißen und ihnen ein Gefühl von Sicherheit zu vermitteln.

89

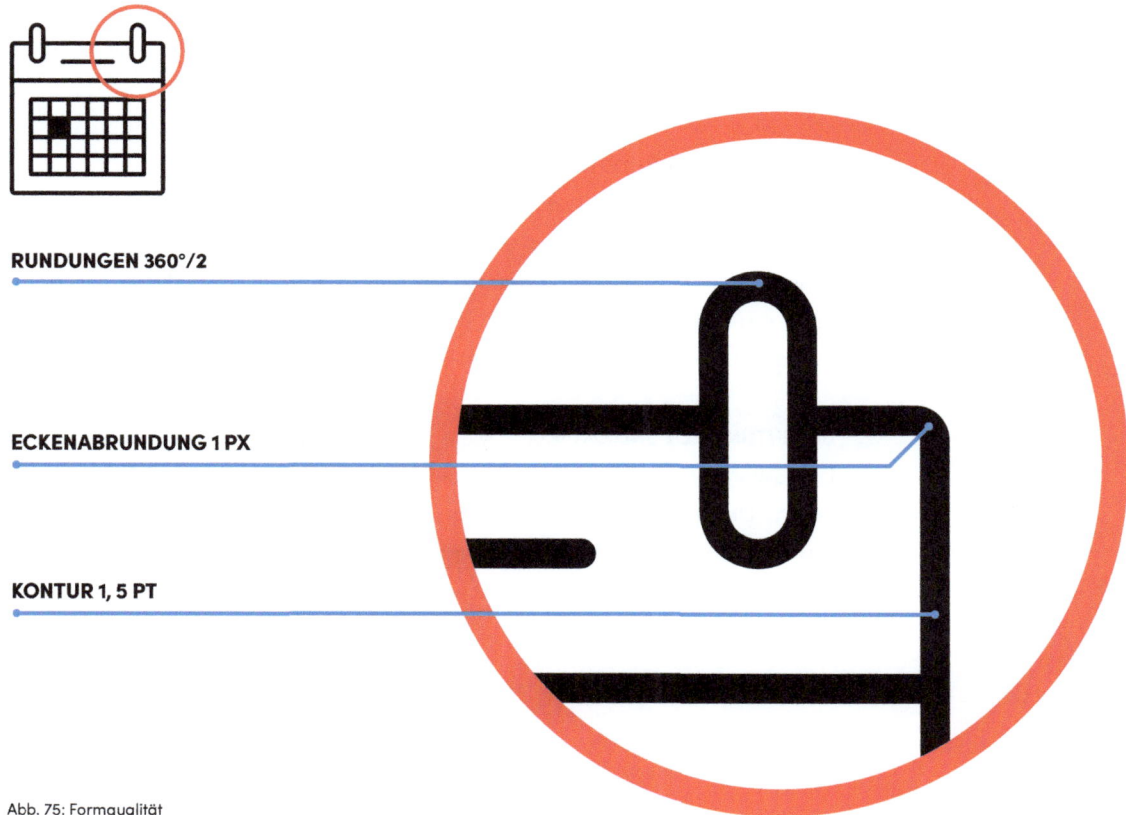

RUNDUNGEN 360°/2

ECKENABRUNDUNG 1 PX

KONTUR 1, 5 PT

Abb. 75: Formqualität

FORMFÜLLUNG

Mit der Verwendung einer Konturlinie geht der Einsatz einer leeren Füllform einher. Damit auch innerhalb der Außenkontur liegende Details gut sichtbar dargestellt werden können, wird auf das Hinzufügen von Füllfarben verzichtet. So wird eine gute Lesbarkeit und Verständlichkeit der Piktogramme zugesichert.

FORMBEGRENZUNG

Die Piktogramme arbeiten fast ausschließlich mit geschlossenen Formen (eine Ausnahme bildet das Fahrrad, das aufgrund seiner Beschaffenheit über eine offene Form verfügt). Neben der optischen Einheit, die das System dadurch bietet, vermittelt die geschlossene Form darüber hinaus Eindeutigkeit, Klarheit und Geschlossenheit, die dem Rezipienten ein Gefühl von Übersichtlichkeit und Zuverlässlichkeit suggerieren.[193]

193 Vgl. 2.2 Wirkung: Zusammenfassung zu den Wirkungen von Formen und Farben

FORMVERWIRKLICHUNG

Die geometrisch konstruierte Formverwirklichung der Piktogramme schafft eine Reduktion auf das Wesentliche und vermittelt dadurch Genauigkeit, Prägnanz und Eindeutigkeit. Die individuelle Handschrift der Gestalterin nimmt sich zugunsten einer Eindeutigkeit und Lesbarkeit zurück.

FARBEN

Farben haben stets einen Symbolcharakter, der kulturell unterschiedlich sein kann. Schwarz ist die weltweit vorherrschende Schriftfarbe, mit der ein hoher Kontrast auf weißem Papier und dadurch eine gute Lesbarkeit einhergeht. Schwarz auf Weiß bildet daher ein gewohntes Schriftbild, bei der die Farbgebung nicht hinterfragt wird.

EINSATZ VON UNBUNTEN FARBEN

Für die Anwendung der Piktogramme auf Informationsmaterialien sollte auf die Verwendung von Hintergrundfarben gänzlich verzichtet werden. Deshalb sollte stets ein weißer Hintergrund genutzt werden und nur in besonderen Fällen auf grau zurückgegriffen werden. Mit dem Ziel, eine bestmögliche und eindeutige Informationsvermittlung zu gewährleisten.

BEDEUTUNG ROT UND GRÜN

Die Farben Rot und Grün werden weltweit in der Straßenverkehrsbeschilderung eingesetzt. Daher stehen sie überall für Rot = Verbot, falsch und Grün = Erlaubnis, richtig. Die Farben sollten daher nur mit dem Bewusstsein ihrer Bedeutung gezielt für Verbote und Erlaubnisse verwendet werden.

Abb. 76: Farben Rot und Grün

KEIN UMFÄRBEN

Die Piktogramme werden in den Farben Schwarz und Weiß zur Verfügung gestellt. Aufgrund der symbolischen Wirkung, die Farben stets implizieren, sollte vom Einfärben der Piktogramme abgesehen werden. Nur so können unbeabsichtigte Farb-Assoziationen vermieden werden. Die Farbe Blau könnte beispielsweise als kühl oder männlich interpretiert werden.

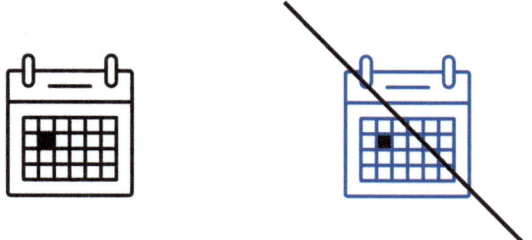

Abb. 77: Kein Umfärben

VERBOTS- UND ERLAUBNISBESCHILDERUNG

Rot und Grün eignen sich aufgrund ihrer Konnotation hervorragend für Verbots- und Erlaubnisbeschilderungen. Für Verbote werden sie von einem roten Kreis umrahmt und mit einer diagonalen Linie von links oben nach rechts unten (wie beim N von »No«) durchgestrichen. Für eine Erlaubnis wird ein grüner Kreis als Rahmen verwendet.

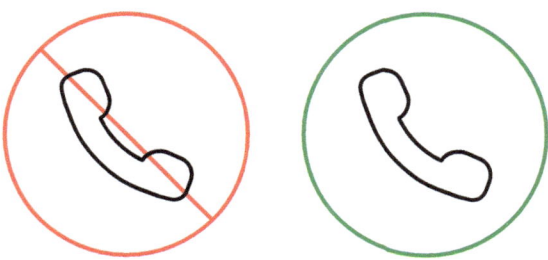

Abb. 78: Verbots- und Erlaubnisbeschilderung

91

AUSNAHME: SYMBOLE

Im Rahmen des Nutzertests wurde deutlich, dass die rote Farbgebung bei den Symbolen des roten Kreuzes und des roten Halbmonds zu einer deutlich erhöhten Verständlichkeit der Zeichen führen. Aus diesem Grunde sind diese Symbole für medizinische Versorgung stets als rote und nicht als schwarze Kontur zu verwenden, um eine erhöhte Verständlichkeit zu gewährleisten.

Abb. 79: Piktogramm »Arzt«   Abb. 80: Piktogramm »Krankenhaus«

TYPOGRAFIE

Für den Einsatz von Buchstaben und Zahlen in den Piktogrammen bedarf es einer Schriftart, die mit den Charakteristiken der Piktogramme korrespondiert. Diese sollte über ähnliche Strichstärken und Rundungen verfügen wie die Bildzeichen. Daher fiel die Wahl auf die Schriftart Sofia Pro Soft in den Schriftschnitten Light und Regular. Sie ist eine abgerundete Version der erfolgreichen Sofia Pro-Familie von Designer Olivier Gourvart des französischen Studios Mostardesign. Mit ihrer abgerundeten Kontur vermittelt die Sofia Pro Soft einen geometrischen, serifenlosen, freundlichen Charakter für Display-Anwendungen, Texte und Überschriften, Branding-, Beschilderungs-, Druck- und Webdesign-Projekte. Die Sofia Pro Soft eignet sich sehr gut in Kombination mit der Sofia Pro, welche Einsatz in den Fließtexten der verschiedenen Medien findet.[194]

194 https://www.myfonts.com/fonts/mostardesign/sofia-pro-soft/, Stand: 07.03.2018

ABCDEFGHIJKLMNOPQRSTUVWXYZ

abcdefghijklmnopqrstuvwxyz

0123456789   Sofia Pro Soft Regular

ABCDEFGHIJKLMNOPQRSTUVWXYZ

abcdefghijklmnopqrstuvwxyz

0123456789   Sofia Pro Soft Light

ABCDEFGHIJKLMNOPQRSTUVWXYZ

abcdefghijklmnopqrstuvwxyz

0123456789   Sofia Pro Regular

ABCDEFGHIJKLMNOPQRSTUVWXYZ

abcdefghijklmnopqrstuvwxyz

0123456789   Sofia Pro Medium

ABCDEFGHIJKLMNOPQRSTUVWXYZ

abcdefghijklmnopqrstuvwxyz

0123456789   Sofia Pro Bold

Abb. 81: Typografie Sofia Pro

ABCDEFG
HIJKLMNOP
QRSTUVWXYZ
0123456789

Sofia Pro Soft Light

ABCDEFG
HIJKLMNOP
QRSTUVWXYZ
0123456789

Sofia Pro Light

Für den Einsatz arabischer Schriftzeichen wurde die Schriftart Ara Alharbi Alhanoof im Schriftschnitt Regular gewählt. Sie unterstützt arabische, persische und lateinische Sprachen in kompaktem und gut konstruiertem typografischen Design. Die abgerundeten Konturen der Ara Alharbi Alhanoof ähneln denen der Sofia Pro Soft, was die beiden Schriftarten zu einer passenden, harmonischen Einheit macht.

يي و ه ن م ل ك ق ف غ ع ظ ط ض ص ش س ز ر ذ د خ ح ج ث ت ب ا
٠١٢٣٤٥٦٧٨٩

Ara Alharbi Alhanoof Regular

ز ر ذ د خ ح ج ث ت ب ا
غ ع ظ ط ض ص ش س
١٢.ي و ه ن م ل ك ق ف
٣٤٥٦٧٨٩

Ara Alharbi Alhanoof Regular

94

Abb. 82: Typografie Ara Alharbi Alhanoof

4.5 PIKTOGRAMMSYSTEM IN DER ANWENDUNG

Beim Einsatz der Piktogramme wird klar zwischen Anwendungen zur Informationsvermittlung im Jobcenter (Informationsplakate, Raumbeschilderung etc.) und Anwendungen zur Präsentation der Arbeit (Design Manual, Schriftliche Ausarbeitung, Ausstellung) differenziert, da sich diese zwei Anwendungsbereiche sowohl in ihrem Kommunikationsziel als auch in ihrer Zielgruppe unterscheiden.

Bei den Anwendungen zur Informationsvermittlung sind Geflüchtete im Jobcenter die Zielgruppe. Daher wird der Einsatz der Piktogramme in diesen Materialien zugunsten der Zeichenklarheit reglementiert. Alle Normen dazu können im Regelwerk (Design Manual) nachgelesen werden.

Für eine ansprechende Präsentation der Arbeit in der Ausstellung und für die dort gezeigten Printmedien wird das Regelwerk für mehr Gestaltungsfreiheit gelockert. Dabei stehen neben dem farblichen Bezug zum Jobcenter [Musterstadt] auch emotionale, anregende, lebendige und das Interesse weckende Wirkungsabsichten der Gestaltung im Fokus. So soll eine gänzlich andere Zielgruppe von Gestaltungs- und Marketing-Interessierten angesprochen werden, sowohl im Jobcenter [Musterstadt] (Presse und Informationsamt) als auch während der Hochschulausstellung und für zukünftige Publikationen.

ANWENDUNGEN ZIELGRUPPE GEFLÜCHTETE

Für die Anwendung in Informationsmaterialien gelten die Gestaltungsregeln, die im Design Manual festgehalten sind und zuvor beschrieben wurden. Sie umfassen Richtlinien zu Raster, Größe, Form, Farbe und Typografie, deren Einsatz in den folgenden Medien beispielhaft gezeigt werden soll.

INFORMATIONSPLAKAT

Alle Basispiktogramme sowie alle additiven Piktogramme werden jeweils mit entsprechender Beschriftung und Übersetzung in Englisch und Arabisch auf einem Informationsplakat dargestellt. Diese können im Jobcenter aufgehängt werden und die Geflüchteten während der Informationsveranstaltung dabei unterstützen, den Vortrag besser zu verstehen. Durch die permanente Sichtbarkeit der Piktogramme in Verbindung mit ihrer Bedeutung werden diese schnell gelernt und in anderen Anwendungen wiedererkannt. Dies sorgt für ein besseres und schnelleres Verständnis auch für neue und weitere Piktogrammkombinationen desselben Systems. Gleichzeitig helfen die Plakate beim Lernen neuer deutscher Wörter, wodurch die Wartezeit im Jobcenter sinnvoll genutzt werden kann.

Die reduzierte Gestaltung in Schwarz-Weiß mit strukturierenden Linien zur Unterteilung der verschiedenen Piktogrammkategorien ermöglicht eine optimale Informationsvermittlung.

Abb. 83: Informationsplakat

SPEECHLESS

Bilder, die Ihnen helfen, sich zurechtzufinden

Images to help you orientate

الصور التي تساعدك على العثور على طريقك

PEOPLE

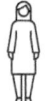 Frau / woman / امرأة

 Mann / man / رجل

 Mädchen / girl / بنت

 Junge / boy / صبي

 Baby / baby / طفل

 Schwangere / pregnant woman / امرأة حامل

 Rollstuhlfahrer / wheelchair user / مستخدم الكرسي (المتحرك)معوق

 Laufen / walking / مشي، ركض

 Rennen / running / جري

 Sitzen / sitting / قعد، جلس

 Angestellter / officer / موظف

 Arzt / doctor / دكتور

TRANSPORT

 Fahrrad / bike / دراجة هوائية

 Auto / car / سيارة

 Bus / bus / باص

 Standort / location / موقع

 Haus / house / بيت

 Tür / door / باب

WORK

 Brief / letter / رسالة

 Uhr / clock / ساعة

 Telefon / phone / هاتف

 Kalender / calendar / رزنامة

 Termin / appointment / موعد

 Ausweis / ID card / بطاقة هوية

 Dokument / document / وثيقة

 Checkliste / checklist / قائمة مطابقة

 Unterschreiben / to sign / وقع

 Zeugnis / certificate / شهادة تخرج

 Dokumente / documents / وثائق

 Geld / money / مال

 Computer / computer / كمبيوتر

 Bildschirm / screen / شاشة

 Werkzeug / tools / أدوات للعمل

 Aktenkoffer / briefcase / حقيبة مستندات

 Lernen / to study / التعلم

 Briefkasten / post box / صندوق البريد

LIVING

 Schlüssel / key / مفتاح

 Heizung / heating / تدفئة

 Mülltonne / garbage can / صندوق القمامة

 Müllwagen / garbage truck / شاحنة قمامة

 Fernseher / TV / تلفاز

 Radio / radio / راديو

CONNECTIONS

 Sprechen / to talk / تحدث

 Achtung / attention / انتباه

 Gespräch / conversation / محادثة

 Pfeil rechts / right arrow / السهم لليمين

 Pfeil hoch / arrow up / السهم للأعلى

 Pfeil gebogen / bent arrow / السهم معقوف

Abb. 84: Informationsplakat 02

SPEECHLESS

Bilder, die Ihnen helfen, sich zurechtzufinden

Images to help you orientate

الصور التي تساعدك على العثور على طريقك

JOBCENTER

 Raumnummer

room number

رقم الغرفة

 Warten

waiting

انتظار

 Arbeit

work

عمل

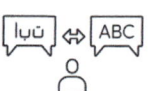 Dolmetscher

interpreter

مترجم

 Sprachkurs

language course

كورس لغة

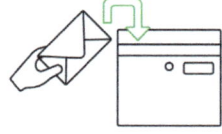 Brief in den Briefkasten werfen

put the letter in the post box

ألقي الرسالة في صندوق الرسائل

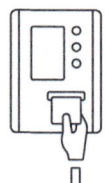 Wartenummer aus der Maschine ziehen

take queue number out of the machine

اسحب رقم انتظار من الآلة

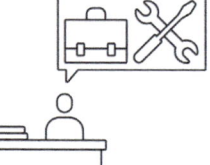 Jobcoach

job coach

مدرب العمل

 Leistungssachbearbeiter

case manager

الموظف المختص بالعمل

LIVING

 Schlüsselübergabe

hand-over keys

تسليم المفاتيح

 Müllabfuhr

garbage collection

جمع القمامة

 Krankenhaus

hospital

مشفى

 Bank

bank

بنك

COMBINATIONS

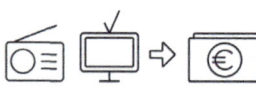 Kosten für Radio und Fernsehen (GEZ)

licence fee for radio and tv

تكاليف الراديو والتلفاز

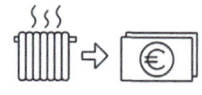 Heizkosten

heating costs

تكاليف التدفئة

 Bankdokumente

bank documents

وثائق البنك

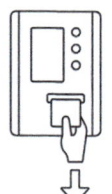 Wartenummer aus der Maschine ziehen

take queue number out of the machine

اسحب رقم انتظار من الآلة

 Warten

waiting

انتظار

 Bildschirm beachten

oberve the screen

انتبه إلى الشاشة

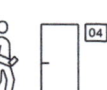 Zu Raumnummer gehen

go to room number

اذهب إلى رقم الغرفة

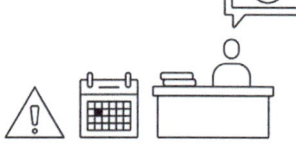 Wichtiger Termin mit dem Leistungssachbearbeiter

important appointment with the administration officer

موعد مهم مع الموظف المختص بالعمل

BRIEFBOGEN

Die Gestaltung eines Briefbogens greift die erörterte Problematik bei der Verständigung im Briefverkehr auf und bietet einen anschaulichen Lösungsansatz. Dafür werden die Piktogramme entsprechend ihres Mindestabstandes und ihrer Mindestgröße zur Verdeutlichung der wichtigsten Eckdaten eingesetzt. Der blaue Balken im Briefkopf greift dabei das Corporate Design des Jobcenters wieder auf und schafft so einen visuellen Bezug zu bereits bestehenden Briefbögen.

Abb. 85: Briefbogen

DER OBERBÜRGERMEISTER

STADT MUSTERSTADT

jobcenter

Stadthaus 2
Musterstraße 2, 4XXXX Musterstadt
Auskunft erteilt:
Frau Mustermann

Zimmer: 802
Telefon: XXXX-XXX-XXX
Telefax: XXXX-XXX-XXX
E-Mail: Mustermann@musterstadt.de

Öffnungszeiten Kundenzentrum:

Montag:	8:00-12:30 Uhr
	14:00-16:00 Uhr
Dienstag:	8:00-12:30 Uhr
	14:00-16:00 Uhr
Mittwoch:	8:00-12:30 Uhr
Donnerstag:	8:00-12:30 Uhr
	14:00-18:00 Uhr
Freitag:	8:00-12:00 Uhr

Postanschrift: Stadt Musterstadt, 4XXXX Musterstadt
PG 0501

Herr
Max Mustermann
Musterstraße 1
48149 Münster

Datum und Zeichen Ihres Schreibens: Mein Zeichen: Musterstadt, 28.05.2018

Einladung zur Informationsveranstaltung „Wegweiser – NEU im Jobcenter"

Sehr geehrter Herr Mustermann,

Sie sind neu im Jobcenter - herzlich willkommen!
Wir möchten Ihnen Wege, Abläufe und Regeln im Jobcenter vorstellen und erklären.

 Kommen Sie daher bitte

 am 27.06.2018

 um 09:30 Ulhr

 zum Jobcenter in der Muster-Kaserne
Musterstraße
Gebäude 7; Raum 18

 Ein Dolmetscher wird bei der Informationsveranstaltung dabei sein.

 Die Veranstaltung dauert ca. 1-2 Stunden.

 Es ist wichtig, dass Sie den Termin wahrnehmen!

PRÄSENTATIONSFOLIE

Das abgebildete Anwendungsbeispiel verdeutlicht die Einsatzmöglichkeiten der Piktogramme auf einer Präsentationsfolie, um die stattfindenden Informations-veranstaltungen »Neu im Jobcenter« und »Leben in [Musterstadt]« anschaulicher gestalten zu können. Auch hier wird der bestehende blaue Balken des Jobcenters wieder aufgegriffen.

AUFGAB

job

Leistungssachbearbeiter

case manager

الموظف المختص بالعمل

Abb. 86: Präsentationsfolie

Jobcoach

job coach

مدرب العمل

AUFGAB

job

Leistungssachbearbeiter

· Lebensunterhalt

· Kosten für Wohnung

· Krankenversicherung

Abb. 87: Präsentationsfolie 02

TEILUNG
ter

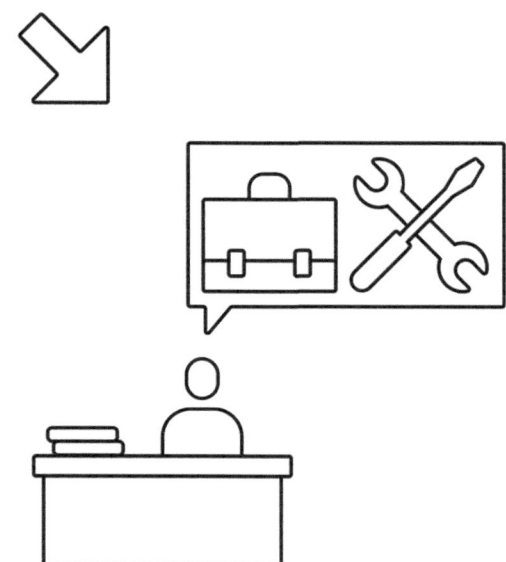

Jobcoach

· Sprachkurse

· Arbeit

· Aus- und Weiterbildung

JOBC

 · Sprachkurse

 · Arbeit

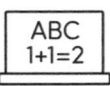 · Aus- und Weiterbildur

 · Hilfe bei Übersetzung

Abb. 88: Präsentationsfolie 03

Anerkennung von Zeugnissen

ERKLÄRVIDEO

Wenn grafische Umsetzungen zur Erläuterung von Prozessen an ihre Grenzen stoßen, empfiehlt sich der Einsatz von Erklärvideos. Die Darstellung der Piktogramme in Bewegung führt dabei zu einer besonders anschaulichen Informationsvermittlung, da alle Schritte des Prozesses sichtbar werden. Das Beispiel-Video erklärt den Ablauf im Wartezimmer des Jobcenters. Der Besucher muss zunächst eine Wartenummer aus dem Ticketautomaten ziehen, dann warten und danach zur entsprechenden Raumnummer gehen, die auf dem Bildschirm angezeigt wird.

Abb. 89: Erklärvideo

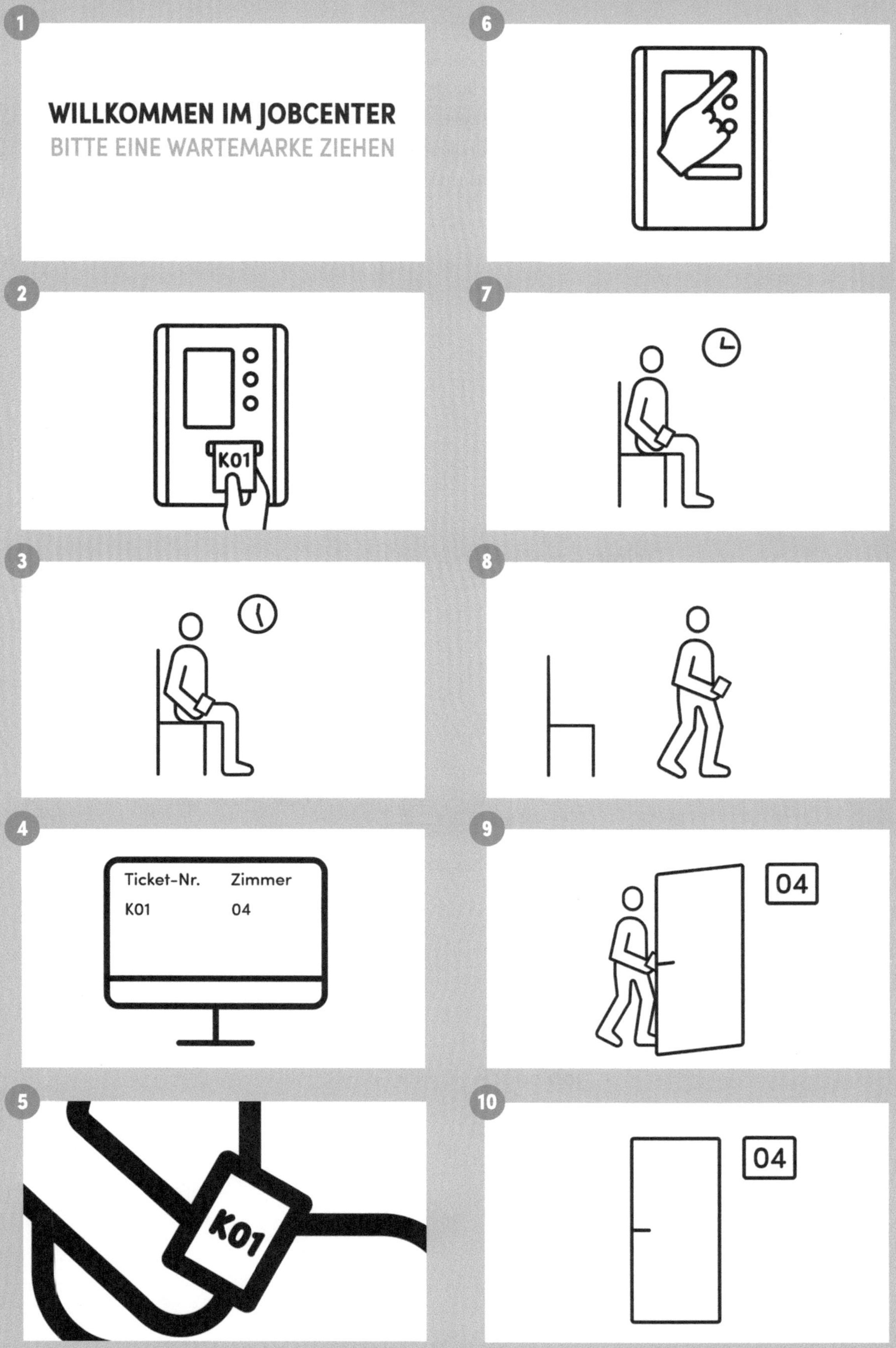

1

WILLKOMMEN IM JOBCENTER
BITTE EINE WARTEMARKE ZIEHEN

6

2

7

3

8

4

Ticket-Nr.	Zimmer
K01	04

9

5

10

IM RAUM

Einige Piktogramme eignen sich auch für den Einsatz in den Räumlichkeiten des Jobcenters. Neben der Beschilderung von Räumen können sie für Aufsteller auf dem Schreibtisch, zur Strukturierung von Prospektständern oder zur Kommunikation von Regeln und Handlungsanweisungen eingesetzt werden. Dies erleichtert die Orientierung der Besucher.

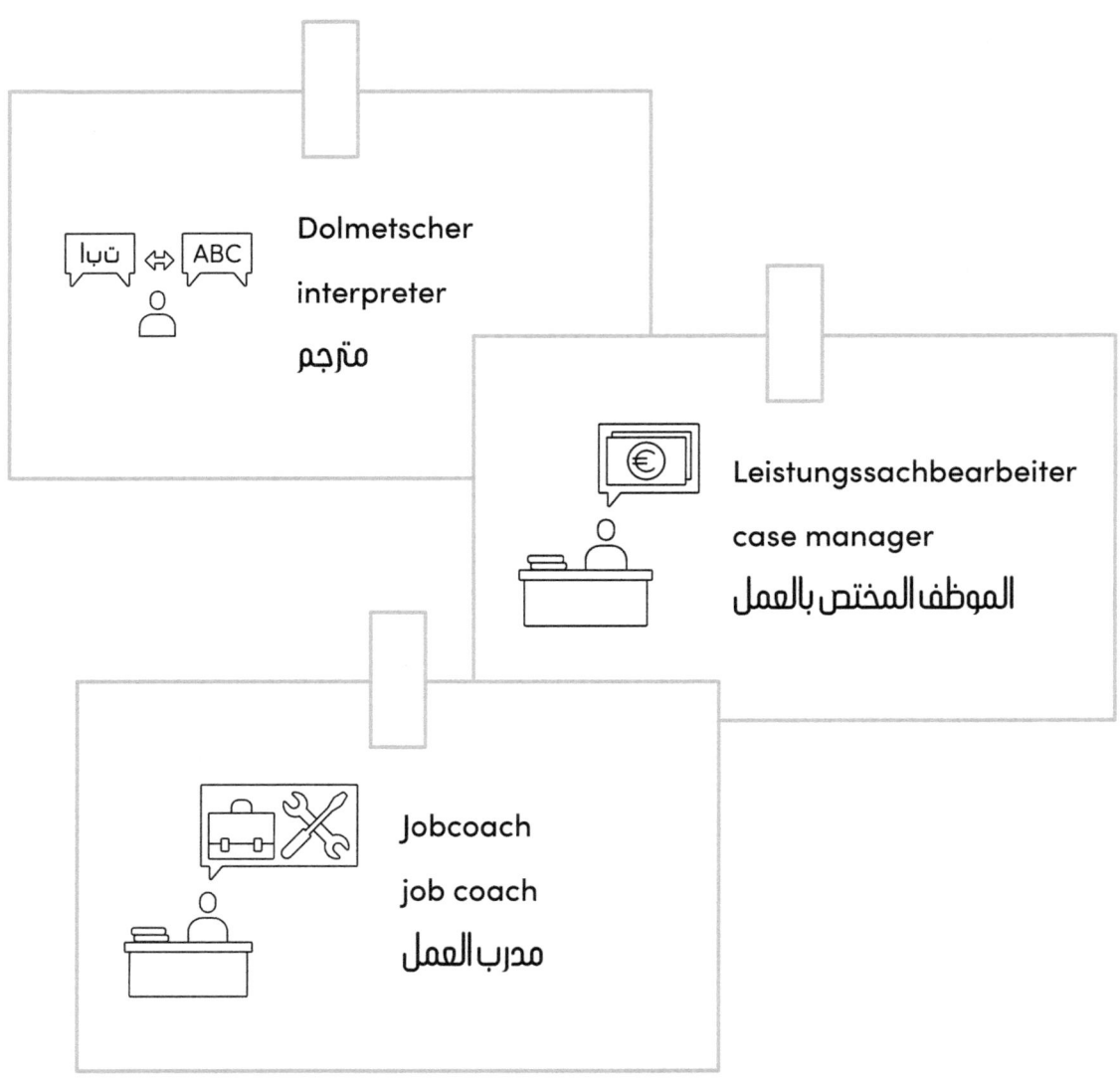

Dolmetscher

interpreter

مترجم

Leistungssachbearbeiter

case manager

الموظف المختص بالعمل

Jobcoach

job coach

مدرب العمل

Abb. 90: Einsatz auf Namensschildern

Abb. 91: Anbringung an Türen

Dolmetscher

interpreter

مترجم

Leistungssachbearbeiter

case manager

الموظف المختص بالعمل

Jobcoach

job coach

مدرب العمل

Abb. 92: Einsatz auf Tischschildern

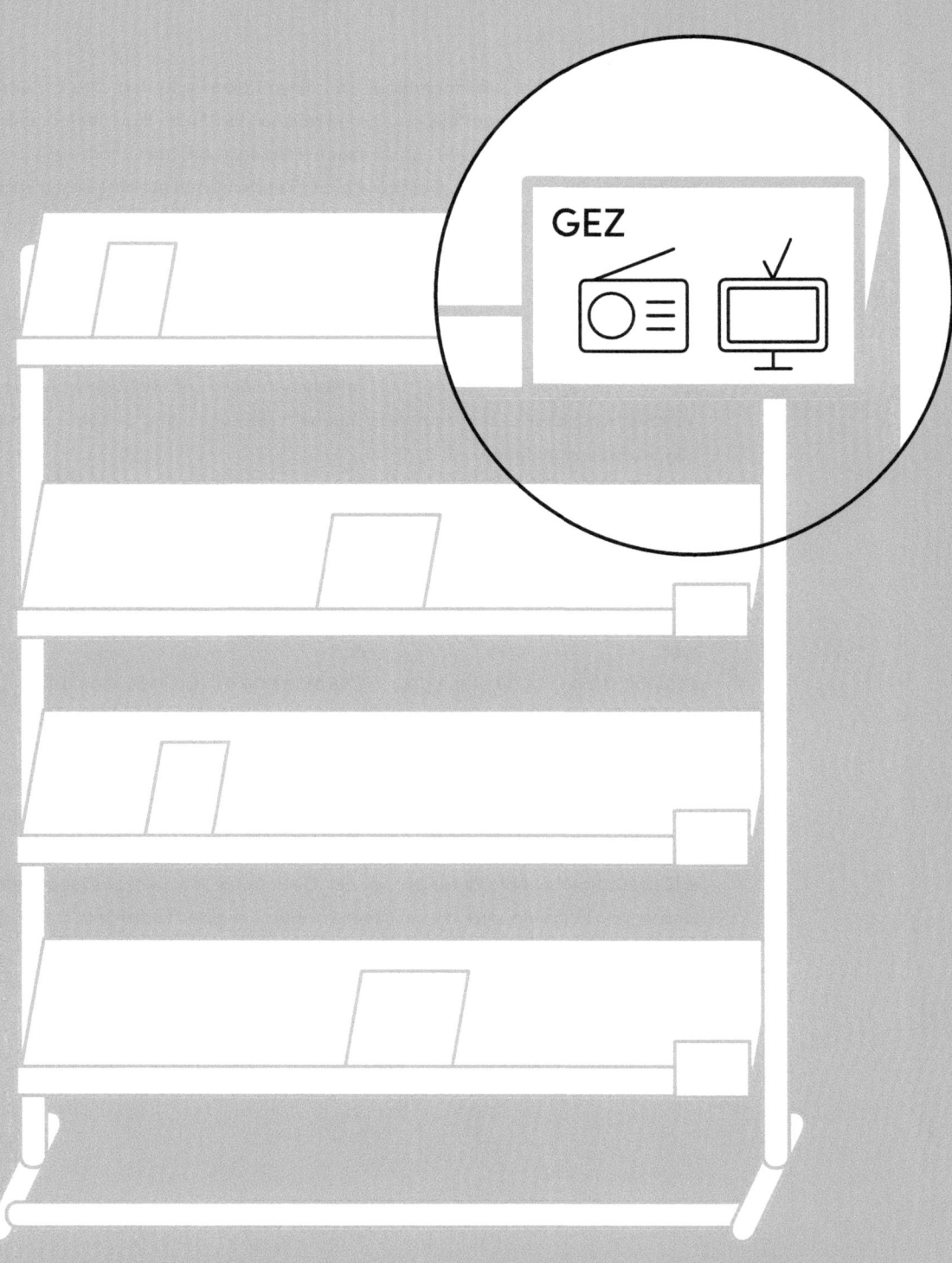

GEZ

Abb. 93: Zur Gliederung von Prospektständern

ANWENDUNGEN ZIELGRUPPE
DESIGN- UND MARKETING-INTERESSIERTE

Um die vorliegende Arbeit im Rahmen einer Ausstellung auch für ein Design-publikum attraktiv zu gestalten, werden die festgelegten Gestaltungsprinzipien gelockert.

FARBEN

Die Farbpalette wird um einen Blau- und einen Rotton erweitert. Das gewählte Hellblau wirkt dabei unauffällig, ruhig und rational. Es ist vom Blau des Jobcenter-Corporate Designs abgeleitet und zu einem helleren, modernen und freundlichen Hellblau modifiziert worden. Gleichzeitig greift es den Symbolcharakter der Farbe Blau im Straßenverkehr auf, mit dem Hinweise und Gebote kommuniziert werden. In der Anwendungsgestaltung wird es daher eingesetzt, um eine zurückhaltende Aufmerksamkeit zu erzeugen.

Rot wirkt auffällig, energetisch, kraftvoll, aber auch kontrollierend. Daher wird es im Straßenverkehr für Verbote und Warnungen einsetzt. Der gewählte Rotton entspricht dem Signalrot (RAL 3001) von Verkehrsschildern und wird seiner Symbolik entsprechend, aber dezent eingesetzt, um wichtige Regeln und Gebote innerhalb von Grafiken zu betonen.

Abb. 94: Farben

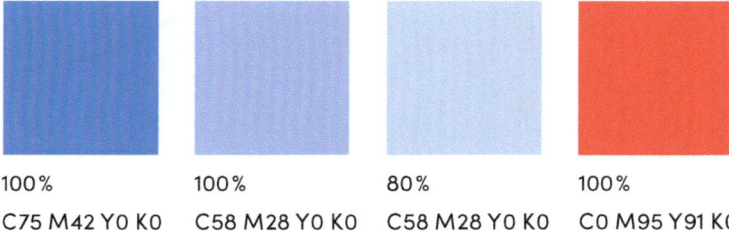

100 %	100 %	80 %	100 %
C75 M42 Y0 K0	C58 M28 Y0 K0	C58 M28 Y0 K0	C0 M95 Y91 K0

TYPOGRAFIE

Neben den Schriftarten Ara Alharbi Alhanoof, Sofia Pro und Sofia Pro Soft wird auch der Schriftschnitt Sofia Pro Condensed derselben Schriftfamilie für Überschriften eingesetzt. Sofia Pro Condensed ist der komprimierte Stil der Schriftfamilie. Er erfüllt zusätzliche Anforderungen in der Gestaltung wie den platzsparenden Einsatz von längeren, prägnanten Überschriften bei guter Lesbarkeit. Durch die Erweiterung der Typografie-Vorgaben wird das Layout allen Bedürfnissen einer abwechslungsreich gestalteten wissenschaftlichen Arbeit mit verschiedenen Textebenen wie Unterkapiteln, Überschriften, Fußnoten etc. gerecht.

Abb. 95: Typografie Sofia Pro Condensed

ABCDEFGHIJKLMNOPQRSTUVWXYZ

abcdefghijklmnopqrstuvwxyz

0123456789   Sofia Pro Condensed Semi Bold

ABCDEFGHIJKLMNOPQRSTUVWXYZ

ABCDEFGHIJKLMNOPQRSTUVWXYZ

0123456789   Sofia Pro Condensed Bold

ABCDEFG
HIJKLMNOP
QRSTUVWXYZ
0123456789

Sofia Pro Condensed Semi Bold

AUSSTELLUNGSPLAKATE

Für die Gestaltung der Ausstellungsplakate wird mit den zwei zur Verfügung stehenden Farbvarianten der Piktogramme, Schwarz und Weiß, als Positiv- und Negativform gearbeitet. Dadurch wird eine zweite Informationsebene geschaffen, die Zusatzinformationen wie Oberkategorien grafisch übermittelt. Das Anschneiden der Piktogramme durch Trennlinien und Format sorgt für Offenheit, Lebendigkeit und Dynamik. Die Linien, welche die verschiedenen Kategorien unterteilen, ordnen und systematisieren die Inhalte und verleihen dem Plakat Struktur.

Das Zusammenspiel von Ordnung und Dynamik ermöglicht die Kommunikation von Inhalten ohne bürokratisches Aussehen.

Ziel der Plakate ist es, Aufmerksamkeit zu schaffen und die Ausstellungsbesucher einzuladen, näher heranzutreten und sich intensiver mit der Arbeit zu beschäftigen.

Abb. 96: Ausstellungsplakat

BASIS PIKTOGRAMME

MENSCHEN

    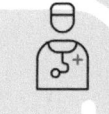

TRANSPORT

ARBEIT

WOHNEN

VERBINDUNGEN

118

ADDITIVE PIKTOGRAMME

JOBCENTER

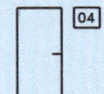
Raumnummer

Warten

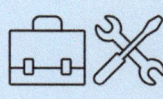
Arbeit

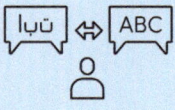
Dolmetscher

Sprachkurs

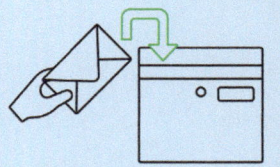
Brief in den Briefkasten werfen

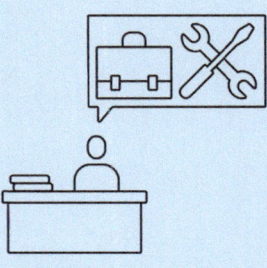
Jobcoach

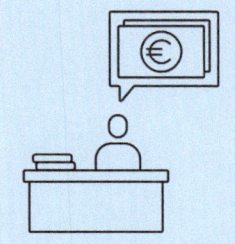
Leistungssachbearbeiter

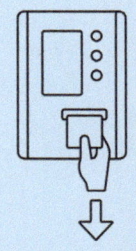
Wartenummer aus
der Maschine ziehen

LEBEN

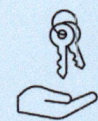
Schlüsselübergabe

Müllabfuhr

Krankenhaus

Bank

KOMBINATIONEN

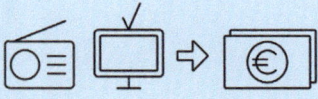
Kosten für Radio und
Fernsehen (GEZ)

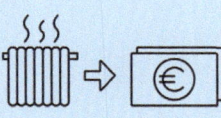
Heizkosten

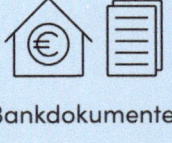
Bankdokumente

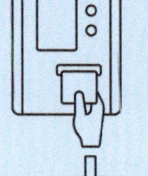 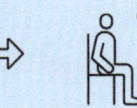   

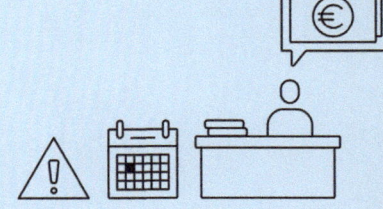

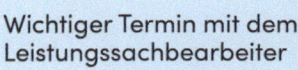

Wartenummer aus
der Maschine ziehen

Warten

Bildschirm
beachten

Zu Raumnummer
gehen

Wichtiger Termin mit dem
Leistungssachbearbeiter

120

ANALYSE

KRITERIENKATALOG - GELUNGENE PIKTOGRAMMSYSTEME

1. ZEICHENART

· Durch ihren visuellen Bezug sind ikonische Zeichen besonders gut und im Gegensatz zu Symbolen gleichzeitig unabhängig von Kultur und Bildungsstand zu verstehen.

Symbolzeichen (i) in Kombination mit ikonischen Zeichen (Frau) verbessern das Verständnis, noch verständlicher sind reine Ikons

Symbolzeichen (i) müssen gelernt werden. Es kann also nicht von einer allgemeinen Verständlichkeit ausgegangen werden

2. ZEICHENCHARAKTER/ABSTRAKTION

· Ein angemessener Abstraktionsgrad zeichnet sich durch Reduktion auf das Wesentliche ohne Verzicht auf wichtige Details aus.

Trotz abstrakter Darstellung durch Verzicht auf Details lässt sich erkennen, dass es sich um ein Formular handelt

Durch einen zu hohen Abstraktionsgrad ist der visuelle Bezug zum Bezeichneten nicht mehr gegeben

3. KULTURNEUTRALITÄT

· Piktogramme sind kulturneutral, wenn sie von Menschen unterschiedlicher Gesellschaften oder sozialer Gruppen und unabhängig von ihrer Lebensform, Tradition oder Glaubensrichtung verstanden werden können.

Einbezug kulturell unterschiedlicher Kleidung: das Ikon kann als Frau mit langen Haaren oder mit Kopftuch gelesen werden

Rückgriff auf stereotype Bekleidung von Frauen mit kurzem Kleid

4. ACHTUNG VON TABUS

· Keine Darstellung von Anstößigkeiten.

Relativ tabufreie Darstellung des Toilettengangs

Gegebenenfalls anstößige Darstellung einer Durchfallerkrankung

5. BILDUNGSNEUTRALITÄT

· Symbole, wie Schriftzeichen, müssen erst gelernt werden, bevor sie verständlich sind. Eine bildungsneutrale Gestaltung erfordert deshalb einen Verzicht auf Symbole.

Darstellung des Begriffs „Klage" mithilfe eines ikonischen Zeichens, das im Gerichtssaal Verwendung findet

Darstellung des Begriffs „Gesetz" durch Gesetzbuch mit Paragraphenzeichen, welches sich im User-Test als nicht allgemeinverständlich erwiesen hat

6. LESBARKEIT

· Eine angemessene Größe und Strichstärke sowie geringe Komplexität erleichtern die Lesbarkeit.

Darstellungen komplexer Sachverhalte in einzelnen Schritten und Abbildungen lassen sich besser erfassen

Darstellung komplexer Vorgänge in einem Piktogramm lässt Einzelelemente sehr klein werden

7. EINHEITLICHKEIT DER GESTALTUNGSREGELN

· Durch den Einsatz einheitlicher Gestaltungsmerkmale wird die Systemhaftigkeit eines Piktogrammsystems sichtbar.

Piktogrammsystem bpb: Reduktion auf zwei Linienstärken, einheitliche Formqualitäten, rundes Hintergrundelement

Piktogrammsystem DRK: beliebige Kombination unterschiedlichster Gestaltungselemente bilden ein Sammelsurium

8. FARBIGKEIT

· Ein einheitlicher Einsatz von Farben und entsprechend ihrer Farbsymbolik fördert das Verständnis der Piktogramme. Grün als richtig und rot als falsch kann dabei als international bekannt vorausgesetzt werden.

Grün (positiv) und Rot (negativ) werden ihrer Bedeutung entsprechend eingesetzt

Farben werden nicht entsprechend ihrer Bedeutung eingesetzt, Positives wird hier rot und nicht grün abgebildet

9. DARSTELLUNG DER GESAMTEN KAUSALKETTE

· Erst durch die Darstellung der ganzen Kausalkette werden Prozesse klar.

Mülleimer-Piktogramm zeigt die vollständige Kausalkette des Wegwerfens

Piktogramm „Trinkwasser" zeigt nicht den Trinkvorgang selbst

10. ZEICHENKLARHEIT

· Nur wenn Zeichen eindeutig sind, können sie korrekt interpretiert werden. Diese Eindeutigkeit von Zeichen nennt man auch Zeichenklarheit. Zeichenklarheit ist dann vorhanden, wenn die zuvor genannten Kriterien erfüllt sind. Nur wenn alle diese Aspekte in der Gestaltung beachtet wurden, können Zeichen eindeutig kommunizieren. Keines der bestehenden Piktogrammsysteme hat in allen der aufgestellten Analysekategorien ein gutes Ergebnis erzielen können. Dementsprechend kann auch keinem der Systeme eine durchgehende Zeichenklarheit zugesprochen werden.

122

SYSTEMATIK

RASTER & FORM

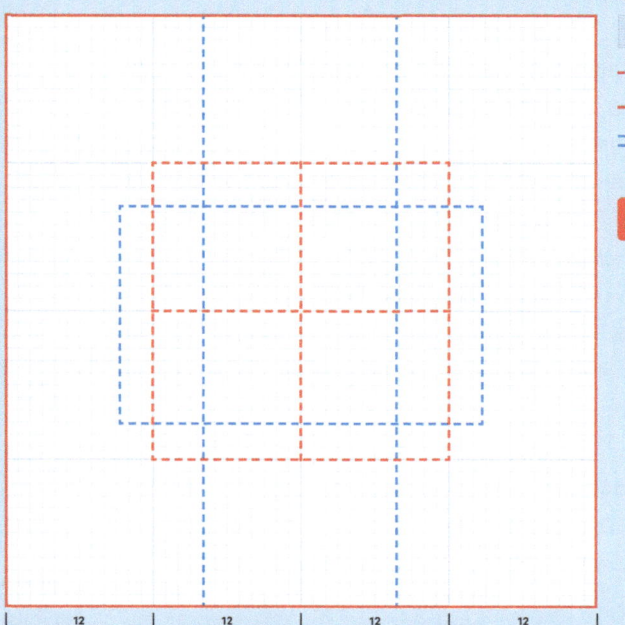

Rasterlinien alle 27 px.
Unterteilungen 12

Orientierungsrahmen

Begrenzungsrahmen

weitere
mögliche Größen

Kleinste
Rastereinheit

ORIENTIERUNGSRAHMEN

Der Orientierungsrahmen umfasst in etwa die Größe eines jeden Piktogramms. Die Form des Piktogramms kann beispielsweise durch ein rechteckiges Format vom Orientierungsrahmen abweichen. Jedes Piktogramm schließt dabei jedoch immer eine Fläche von ca. vier Rastersegmenten ein.

BEGRENZUNGSRAHMEN

Die maximale Abweichung vom Orientierungsrahmen gibt der Begrenzungsrahmen an. Piktogramme die ein extremes Hoch- oder Querformat benötigen können diesen Raum bis zum Begrenzungsrahmen nutzen, niemals jedoch über ihn hinausgehen.

KLEINSTE RASTEREINHEIT

Die kleinste Rastereinheit, die das schmalste Element eines jeden Piktogramms beschreibt beträgt mindestens 2×2 Rasterpunkte. So kann gewährleistet werden, das bei kleinerer Darstellung die Konturlinien nicht ineinander fließen.

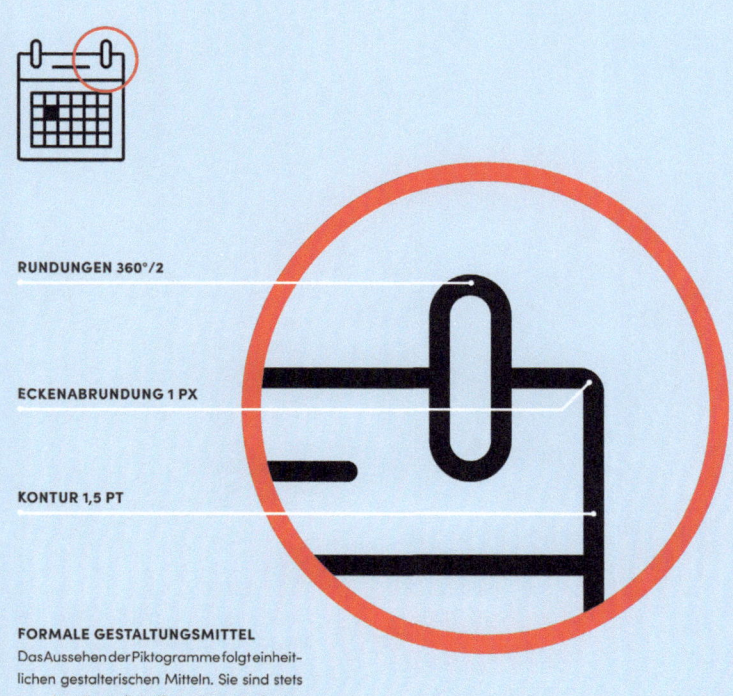

RUNDUNGEN 360°/2

ECKENABRUNDUNG 1 PX

KONTUR 1,5 PT

FORMALE GESTALTUNGSMITTEL

Das Aussehen der Piktogramme folgt einheitlichen gestalterischen Mitteln. Sie sind stets aus einer Konturlinie (Formdimension) geometrisch konstruiert (Formverwirklichung), die eine ungefüllte Fläche (Formfüllung) umschließt (Formbegrenzung). Dabei werden die Ecken stets um 1 Pixel abgerundet und die Rundungen betragen mit 180° die Hälfte eines vollen Kreises (Formqualität).

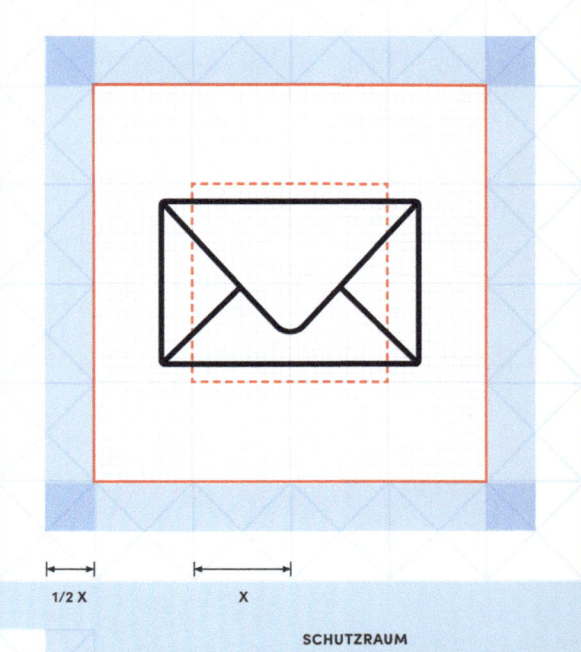

1/2 X

X

Schutzraum

1/2 X

SCHUTZRAUM

Beim Einsatz der Piktogramme im Layout ist ein zusätzlicher Schutzraum zu beachten, der sich außerhalb des Begrenzungsrahmens befindet. Er gibt den Abstand zum nächsten Piktogramm, Textfeld oder Bild an, der mindestens eingehalten werden muss. Dieser wird proportional zur Gesamtgröße des Piktogramms als die Hälfte eines Rastersegments definiert.

DESIGN MANUAL

Das Design Manual soll den Mitarbeitern in der Pressestelle des Jobcenters ein Verständnis für die Gestaltungsprinzipien des Piktogrammsystems verschaffen und ihnen helfen, die Piktogramme in ihrer Arbeit mit Geflüchteten bestmöglich zu nutzen.

Die Gestaltung des Design Manuals greift die Gestaltungsparameter zu Schrift, Farbe und Formen des Ausstellungsplakats auf und ergänzt diese um sachliche Grafiken zur Vermittlung von Regeln.

Das Layout des Design Manuals bietet mit einem sechsspaltigen Raster alle Möglichkeiten der Platzierung von unterschiedlich großen Grafiken, größer gesetzten Einleitungs- sowie kleineren Nebentexten. Große Headlines im Condensed-Schnitt der Sofia Pro nehmen dem Regelwerk das steife, bürokratische Aussehen eines Regelwerks. Das Design Manual besitzt ein handliches Format, annähernd DIN A5, was ein Mitnehmen der klebegebundenen Broschüre und ein Arbeiten am Schreibtisch zulässt.

Neben der Print-Version steht das Design Manual auch als PDF zum digitalen Nachschlagen zur Verfügung. Die Größe einer geöffneten Doppelseite entspricht dabei gängigen Bildschirmformaten, sodass ein bequemes Arbeiten am Monitor möglich ist.

124

GRÖSSE & FORM

Um eine gute Lesbarkeit der Piktogramme sicherstellen zu können, verfügen diese über eine stimmige Relation zwischen Kontur und Fläche. Außerdem sind sie nach einheitlichen formalen Mitteln, wie Formdimension, Formverwirklichung, Formfüllung und Formqualität konzipiert, die ein stimmiges Gesamtbild ergeben und ein geschlossenes System aller Piktogramme vedeutlichen.

Originalgröße

Die Kontur-Strichstärke ist so angelegt, dass die Zwischenräume innerhalb des Piktogramms gleichzeitig über eine angemessene Fläche verfügen, die ein Zusammenfließen der Linien bei Verkleinerung verhindert. Die Piktogramme wurden in einer Originalgröße des Orientierungsrahmens von 54 x 54 Pixeln bei 1,5 Punkt Konturstärke konstruiert.

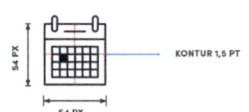

54 PX · **54 PX** — KONTUR 1,5 PT

MINDESTGRÖSSE

Beim Einsatz der Piktogramme ist stets eine Mindestgröße des Orientierungsrahmens von 19 x 19 Pixeln einzuhalten, um eine Strichstärke von mindestens 0,5 Punkt zu gewährleisten und dadurch ein Wegbrechen der Konturlinien in Print- und Onlinemedien zu verhindern.

19 PX · **19 PX** — KONTUR 0,5 PT

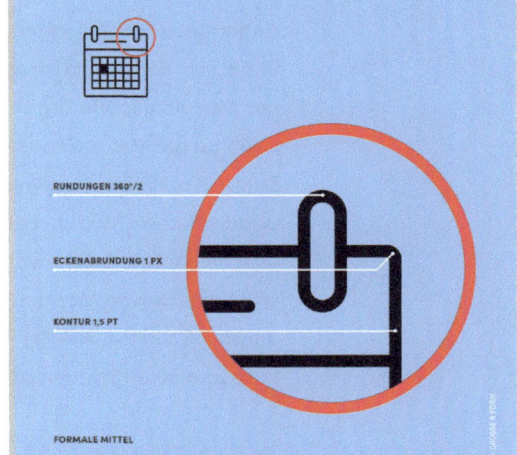

RUNDUNGEN 360°/2

ECKENABRUNDUNG 1 PX

KONTUR 1,5 PT

FORMALE MITTEL

Das Aussehen der Piktogramme folgt einheitlichen gestalterischen Mitteln. Sie sind stets aus einer Konturlinie (Formdimension) geomatrisch konstruiert (Formverwirklichung), die eine ungefüllte Fläche (Formfüllung) umschließt (Formbegrenzung). Dabei werden die Ecken stets um 1 Pixel abgerundet und die Rundungen betragen mit 180° die Hälfte eines vollen Kreises (Formqualität).

GRÖSSE & FORM

Um eine gute Lesbarkeit der Piktogramme sicherstellen zu können, verfügen diese über eine stimmige Relation zwischen Kontur und Fläche. Außerdem sind sie nach einheitlichen formalen Mitteln, wie Formdimension, Formverwirklichung, Formfüllung und Formqualität konzipiert, die ein stimmiges Gesamtbild ergeben und ein geschlossenes System aller Piktogramme vedeutlichen.

Originalgröße

Die Kontur-Strichstärke ist so angelegt, dass die Zwischenräume innerhalb des Piktogramms gleichzeitig über eine angemessene Fläche verfügen, die ein Zusammenfließen der Linien bei Verkleinerung verhindert. Die Piktogramme wurden in einer Originalgröße des Orientierungsrahmens von 54 x 54 Pixeln bei 1,5 Punkt Konturstärke konstruiert.

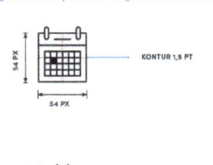

54 PX · **54 PX** — KONTUR 1,5 PT

MINDESTGRÖSSE

Beim Einsatz der Piktogramme ist stets eine Mindestgröße des Orientierungsrahmens von 19 x 19 Pixeln einzuhalten, um eine Strichstärke von mindestens 0,5 Punkt zu gewährleisten und dadurch ein Wegbrechen der Konturlinien in Print- und Onlinemedien zu verhindern.

19 PX · **19 PX** — KONTUR 0,5 PT

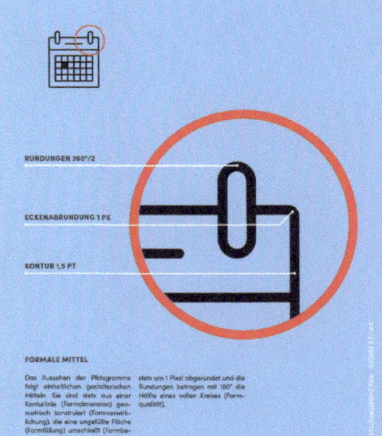

RUNDUNGEN 360°/2

ECKENABRUNDUNG 1 PX

KONTUR 1,5 PT

FORMALE MITTEL

Das Aussehen der Piktogramme folgt einheitlichen gestalterischen Mitteln. Sie sind stets aus einer Konturlinie (Formdimension) geomatrisch konstruiert (Formverwirklichung), die eine ungefüllte Fläche (Formfüllung) umschließt (Formbegrenzung). Dabei werden die Ecken stets um 1 Pixel abgerundet und die Rundungen betragen mit 180° die Hälfte eines vollen Kreises (Formqualität).

SCHRIFTLICHE AUSARBEITUNG

Die vorliegende schriftliche Ausarbeitung bildet eine gestalterische Einheit mit den anderen Ausstellungsmedien. Sie basiert auf einem Raster, das den Layoutanforderungen einer wissenschaftlichen Arbeit gerecht wird. Neben einer angemessenen Zeilenlänge von ca. 70 Zeichen pro Zeile und der gut lesbaren Sofia Pro Regular in einer Schriftgröße von 8,5 Punkt werden Fußnoten in einer Marginalspalte organisiert. Diese sind in 6 Punkt und in der Highlightfarbe Hellblau gesetzt, welche die Zusatzinformationen optisch mit den hochgestellten Zahlen im Fließtext verknüpft. Das Raster ist darüber hinaus auf Grundlage von quadratischen Modulen aufgebaut, um eine Darstellung der Piktogramme in unterschiedlichen Größenvarianten zu ermöglichen.

Wie beim Design Manual brechen auch in diesem Fall große Headlines im Condensed-Schnitt sowie der Einsatz vollflächiger Hintergrundfarbe das aufgeräumte Layout ein Stück weit auf und sorgen für mehr Abwechslung und Dynamik.

126

Abb. 101: Schriftliche Ausarbeitung

2. THEORETISCHE GRUNDLAGEN

2.4 SEMIOTIK

Piktogramme sind Bildzeichen, doch wie ist der Zeichenbegriff definiert und welche verschiedenen Arten von Zeichen gibt es? Definitionsgemäß nimmt ein Zeichen stets eine Stellvertreterfunktion ein. „Etwas wird also dadurch zum Zeichen, dass es für etwas Anderes steht."

Mit der Theorie der Zeichen beschäftigt sich die Semiotik. „Semiotik ist die Wissenschaft von den Zeichen und Zeichensystemen in Natur und Kultur." Die Semiotik teilt sich dabei zunächst in die unterschiedlichen Bereiche „Semantik", „Syntaktik" und „Pragmatik".

Die Semantik beschäftigt sich damit, welche Beziehung das Zeichen zu seiner Bedeutung hat. So können zum Beispiel verschiedene Umstände die Bedeutung eines Zeichens vom Sender zum Empfänger beeinflussen. Sie sind also kontextabhängig. Bei doppeldeutigen Zeichen ist eine eindeutige Interpretation nicht möglich. Für eine eindeutige Interpretation sollte der Zeichenvorrat bei Sender und Empfänger eine größtmögliche Übereinstimmung vorweisen. Dabei kann die Bedeutung eines Zeichens durch bestimmte Umstände beeinflusst werden, wie beispielsweise die Umgebung, Wissen, Kultur, soziale Umstände oder in Kombination stehende Zeichen. Diese Umstände gilt es deshalb auch in der Gestaltung und bei der Verwendung von Piktogrammen zu beachten.

Die Syntaktik untersucht die Beziehung eines Zeichens zu seinen formalen Mitteln. Im Falle von Bildzeichen können diese formalen Mittel z.B. Form, Helligkeit, Farbe und Material sein. Dabei gilt es, in der Gestaltung nicht die gesamte Vielschichtigkeit der formalen Mittel auszuschöpfen, sondern eher die möglichst idealtypische, eindeutige Form für eine Nachricht zu finden und sich dadurch gezielt auf ausgewählte formale Mittel zu beschränken. Wie bei Schriftzeichen ist auch bei Piktogrammen eine präzise Darstellung bei der Nachrichtenverschlüsselung notwendig. Ein formal zu komplexes Piktogramm wird ab einem bestimmten Komplexitätsgrad nicht mehr als Stellvertreter wahrgenommen, sondern als für sich selbst stehend. Auch wird durch zu viele Details die Interpretationsdauer verlängert. Begünstigend in Hinblick auf die Interpretationsdauer eines Piktogramms wirken dabei Systeme, die auf formal einheitlichen Grundsätzen, wie Größe, Form, Farbe, beruhen. Durch ein einheitliches Gestaltungsraster bilden Piktogrammsysteme eine visuelle Geschlossenheit.

Pragmatik ist die Theorie der Beziehung zwischen einem Zeichen und seinem Empfänger. Sie befasst sich mit der Intention des Senders, der Wirkungsabsicht des Zeichens auf den Empfänger und den Interpretationsmöglichkeiten des Empfängers. Dabei ist die eindeutige Interpretation Grundvoraussetzung für ein Piktogramm.

Dafür müssen Aspekte, wie das Schaffen eines eindeutigen Bezugs, Ort, Stelle, Größe, Höhe, Richtung, Beleuchtung etc. mitgedacht werden. Sind diese Bedingungen nicht erfüllt, können Piktogramme falsch interpretiert, nicht verstanden oder nicht gelesen werden. Piktogramme sind dabei, wie alle Zeichen, Teil einer Zeichenkette, eines Systems. Erst mit anderen Piktogrammen aus dem System vervollständigt sich die Interpretation eines Piktogramms, denn erst dann wird eine geschlossene Bildsprache für den Empfänger erschließbar und ein System erschließbar.

Nach dem US-amerikanischen Semiotiker Charles Sanders Peirce ist jedes Zeichen darüber hinaus eine triadische Zeichenrelation. Das heißt es besteht aus drei Bestandteilen, die alle zueinander in Beziehung stehen. Diese sind Repräsentamen (=Zeichenmittel), Objekt (=Motiv) und Interpretant (=mentale Repräsentation). Von besonderer Bedeutung für diese Arbeit ist die Relation des Zeichens zu seinem Objekt, da es sich dabei um das Verhältnis des Zeichenmotivs zu seinem bezeichnenden Objekt handelt, also um den Aspekt, der bei der Gestaltung eines Piktogramms von besonderer Bedeutung ist. Deshalb soll an dieser Stelle nur auf den Objektbezug von Zeichen näher eingegangen werden. Die Relation von Zeichen zu ihrem Interpretanten (Dicent, Rhema, Argument) und zu ihrem Repräsentamen (Qualizeichen, Sinzeichen, Legizeichen) wird an dieser Stelle nicht weiter berücksichtigt.

Der Objektbezug eines Zeichens gliedert sich in Symbol, Index und Ikon. Ein Piktogramm kann dabei sowohl Ikon, Index, als auch Symbol sein oder mehrere Kategorien in sich vereinen.

Der Begriff des Ikons (griechisch=Bild, Abbild) steht dabei für Zeichen, die eine Ähnlichkeit zu ihrem Bezeichneten aufweisen. Der Grad der Übereinstimmung wird dabei als Ikonizitätsgrad, der Grad der Abweichung als Abstraktionsgrad bezeichnet.

Indexikalische (lateinisch=Anzeiger) Zeichen verweisen mithilfe eines kausalen Bezugs auf ihr Objekt. Ein typisches Beispiel für ein Index-Zeichen sind Pfeile, die durch ihr formales Aussehen eine Richtung anzeigen. Das Index-Zeichen verweist unmittelbar ohne Ähnlichkeit auf ein tatsächlich vorhandenes, singuläres Objekt, zu dem es einen zeitlichen oder räumlichen Bezug aufweist. Der Verweis kann dabei direkt (Rauch->Feuer) oder indirekt über die Vermittlung eines konventionellen Zeichens erfolgen.

Symbole (griechisch=Wahrzeichen, Sinnbild) steht, die keinen formalen Bezug zu ihrem Bezeichneten verweisen, sondern deren Bedeutung auf gelernten Konventionen beruht. Ein Symbol bildet dabei etwas Anderes ab, als es meint. Zum Beispiel die Darstellung einer Taube, die sinnbildlich für Frieden steht. Das bedeutet, kein syntaktisches Merkmal des Zeichens stimmt mit seinem Bezeichneten überein. Für eine erfolgreiche Nachrichtenvermittlung müssen deshalb

---

4. GESTALTUNG

4.3 ENTWICKLUNG PIKTOGRAMMSYSTEM „SPRACHLOS"

VORGEHENSWEISE

Die Zusammenstellung der für das Jobcenter Münster zu visualisierenden Begriffe erfolgt auf Grundlage der Interviewergebnisse von Frau Kannegießer, beispielhaften Schriftstücken aus dem Briefverkehr und den Inhalten der Präsentationen „Leben in Münster" und „Neu im Jobcenter". Ergänzt wird sie durch Begriffe aus dem Vortrag und den Rückfragen während der besuchten Informationsveranstaltung. Die entstandene Begriffsliste wird dann auf ihre Realisierbarkeit untersucht und nicht darstellbare Begriffe gestrichen.

Der Gestaltung geht eine Recherche über bestehende Piktogrammvisualisierungen der Begriffe voraus. Nur so kann auf bereits etablierte Piktogramme zurückgegriffen werden, um vertraute Sehgewohnheiten zu nutzen, die das Verständnis neuer Piktogramme fördern.

Darauf folgt die Entwicklung mehrerer erster Entwürfe, um mögliche Gestaltungsregeln zu identifizieren, die sich auf alle Piktogramme des Systems anwenden lassen. Ziel dieses iterativen Prozesses ist es, ein konsistentes Gestaltungsraster und einheitliche Gestaltungsmittel zu entwickeln. Erste Testentwürfe der Piktogramme werden direkt mit der Zielgruppe auf ihre Verständlichkeit geprüft und gegebenenfalls angepasst. Dabei werden Piktogramme, die von zu wenigen Testpersonen korrekt entschlüsselt wurden, aussortiert und zu abstrakte Darstellungen um veranschaulichende Details ergänzt.

Während dieses Prozesses bis hin zum finalen Piktogrammsystem, wie es auf den folgenden Seiten zu sehen ist, werden auf Basis der zuvor aufgestellten Kriterienkataloge inhaltliche und formale Entscheidungen getroffen, die im Einzelnen anhand der Bewertungskriterien erläutert werden sollen.

Dabei wird zwischen zwei Arten von Piktogrammen unterschieden: Basispiktogramme, welche aufgrund ihrer Einfachheit in einem Bildzeichen dargestellt werden können, und additive Piktogramme, bei denen es einer Kombination mehrerer Bildzeichen bedarf. Die Basispiktogramme bilden dabei die einzelnen Wörter, die zusammen mit anderen Piktogrammen zu Sätzen einer Bildsprache kombiniert werden können.

BASISPIKTOGRAMME

5.1 FAZIT & EVALUIERUNG

Dieser Arbeit liegt die Frage zugrunde, wie Piktogramme gestaltet werden müssen, damit sie Informationen verständlich kommunizieren und somit ihrer sprachübergreifenden Funktion gerecht werden. Durch die Auseinandersetzung mit Theorien der Wahrnehmung, der Wirkung, der Kommunikation, der Semiotik, der Piktogramme, der Kultur etc. konnte ein Kriterienkatalog entwickelt werden. Gelungene Piktogramme müssen den Forderungen der zehn Analysekriterien für interkulturelle Piktogramme gerecht werden:

1. Zeichenart
2. Zeichencharakter
3. Kulturneutralität
4. Achtung von Tabus
5. Bildungsneutralität
6. Lesbarkeit
7. Einheitliche Gestaltungsregeln
8. Internationale Farbsymbolik
9. Darstellung der gesamten Kausalkette
10. Zeichenklarheit

128

Eine Verwirklichung all dieser Kriterien in einem Piktogrammsystem ist dabei ausgeschlossen, sollte aber dennoch angestrebt werden.

Auch bei der Entwicklung des Piktogrammsystems »Sprachlos« mussten Kompromisse eingegangen werden, um auf der einen Seite ein kulturneutrales, universell verständliches Piktogrammsystem zu erstellen, und auf der anderen Seite die in der Anwendung im Jobcenter [Musterstadt] benötigten, teils sehr abstrakten Begriffe[195] und Sachverhalte zu visualisieren.

195 Vgl. Anhang 6.8
Vollständige Begriffsliste

Einer dieser Kompromisse ist der Einsatz von Schriftzeichen in Piktogrammen, wenn deren Entschlüsselung keine Sprachkenntnisse erfordert. So wird trotz kulturspezifischer Sprache eine Kulturneutralität des Piktogrammsystems gewährleistet.

Um die Darstellung komplexer Begriffe zu ermöglichen, ist die Differenzierung in Basispiktogramme und additive Piktogramme erforderlich. Mithilfe von Piktogramm-Kombinationen werden dadurch abstrakte Begriffe und Prozesse darstellbar.

Durch das zusätzlich gestaltete Regelwerk in Form des Design Manuals kann weiteren Anforderungen des Kriterienkatalogs, wie Lesbarkeit, einheitliche Gestaltungsgrundlagen und Achtung der internationalen Farbsymbolik, Rechnung getragen werden.

Eine hundertprozentige Verständlichkeit der Piktogramme für alle Geflüchteten unterschiedlichster Herkunft kann nicht garantiert werden.

Das Piktogrammsystem »Sprachlos« bietet dennoch einen Lösungsansatz zur Verbesserung der interkulturellen Kommunikation im Jobcenter und ermöglicht eine erleichterte Vermittlung von Informationen als das geschriebene Wort allein.

Die vorliegende Arbeit hat sich umfangreich, intensiv, theoretisch und gestalterisch mit den Anforderungen der Flüchtlingssituation in Deutschland auseinandergesetzt und einen Lösungsansatz zur Verbesserung der Lebensumstände von Geflüchteten entwickelt. Dabei wurde das Piktogrammsystem durch die Kooperation mit dem Jobcenter [Musterstadt] und das Testen der Piktogramme durch die Zielgruppe anwendungsbezogen entwickelt.

Aufgrund der Beschäftigung mit diesem sozialen Thema und des Versuchs, Verantwortung mittels Design zu übernehmen, kann dieser Arbeit durchaus gesellschaftliche Relevanz zugesprochen werden.

6.1 LITERATURVERZEICHNIS

LITERATURQUELLEN

AICHER, OTL/KRAMPEN, MARTIN:
Zeichensysteme der visuellen Kommunikation, Handbuch für Designer, Architekten, Planer, Organisatoren.
Stuttgart: Verlagsanstalt Alexander Koch GmbH, 1977

ABDULLAH, RAYAN/HÜBNER, ROGER:
Piktogramme und Icons, Pflicht oder Kür?. Mainz: Verlag Hermann Schmidt, 2005

ANNINK, ED/BRUINSMA, MAX:
lovely language, words divide, images unite. Rotterdam: Veenman Publishers, 2008

CHRISTIAN, ALEXANDER:
Piktogramme, Tendenzen in der Gestaltung und im Einsatz grafischer Symbole. Köln: Halem, 2017

CHRISTIAN, ALEXANDER:
Piktogramme: Kritischer Beitrag zu einer Begriffsbestimmung. Herzogenrath: Shaker Verlag, 2009

CIOCHETTO, LYNNE:
Toilet Signage as Effective Communication. Providence, Rhode Island: Visible Language, 2003

CRAMER, SARAH:
Interkulturelle Kompetenz und Mehrsprachigkeit als Schlüsselqualifikationen im Bereich der Wirtschaft.
Karlsruhe: PH Karlsruhe, 2015

FRUTIGER, ADRIAN:
Der Mensch und seine Zeichen. Wiesbaden: Marix Verlag GmbH, 2011

GRABBE, PROF DR. LARS C.:
Phänosemiose Werkzeugkoffer (Seminarpräsentation), 2018

GRIEP, OLIVER:
Nonverbale Kommunikation für die internationale humanitäre Hilfe. Münster: Diplomarbeit Münster School of Design, 2005

HAGEBORN, JENNIFER:
MSD Service Design Training-Day 1/2. London: Livework, 2018

HEIMANN, MONIKA/SCHÜTZ, MICHAEL:
Wie Design wirkt, Psychologische Prinzipien erfolgreicher Gestaltung. Bonn: Rheinwerk Verlag GmbH, 2017

KING, BEATE/KRÜGER, TORSTEN:
Signaletik, Orientierung im Raum. München: Edition Detail, 2013

LUTSCH, CHRISTIAN/LAHAYE, HEINZ-PETER:
Standpunkte: Orientierung in Gesellschaft, Wissenschaft und Medien, Erkenntnisse für die Gestaltung von Prozessen und Strategien. Forum für Entwerfen e.V., Mainz: Hatje Cantz Verlag, 2003

MAUSFELD, RAINER:
Wahrnehmungspsychologie. In: A. Schütz, H. Selg, M. Brand & S. Lautenbacher (Eds.):
Psychologie. Eine Einführung in ihre Grundlagen und Anwendungsfelder. Stuttgart: Kohlhammer, 2011,
hier zitiert nach: http://www.uni-kiel.de/psychologie/mausfeld/pubs/Mausfeld_Wahrnehmung_2010.pdf,
Stand: 11.09.2019

MEUSER, PHILIPP/POGADE, DANIELA:
Handbuch und Planungshilfe – Signaletik und Piktogramme. Berlin: DOM publishers, 2010

ROTH, MAREIKE/SAIZ, OLIVER:
Emotion gestalten, Methodik und Strategie für Designer. Basel: Birkhäuser Verlag GmbH, 2014

STICKDORN, MARC/SCHNEIDER, JAKOB:
This is Service Design Thinking. Amsterdam: BIS Publishers, 2011

SWITZER, BRIAN:
Die Transformierer – Entstehung und Prinzipien von Isotype. Zürich: Niggli, 2017

UEBELE, ANDREAS:
Orientierungssysteme und Signaletik, Ein Planungshandbuch für Architekten, Produktgestalter und Kommunikationsdesigner. Mainz: Verlag Hermann Schmidt, 2006

WAGNER, FRANK:
The Value of Design, Wirkung und Wert von Design im 21. Jahrhundert. Mainz: Verlag Hermann Schmidt, 2015

WEISS, WALTER M.:
Schnellkurs Islam. Köln: DuMont Buchverlag, 1999

WALBAUM, LUKAS:
Ikonografisches Kommunikationskonzept für Krisenhilfspakete. Münster: Münster School of Design, 2018

YIP, JUNE:
Envisioning Taiwan. Durham and London: Duke University Press, 2004

INTERNETQUELLEN

BAMF

http://www.bamf.de/DE/Fluechtlingsschutz/AblaufAsylv/ablauf-des-asylverfahrens-node.html, Stand: 31.01.2018

https://www.bamf.de/DE/Service/Left/Glossary/_function/glossar.html?lv3=1504494&lv2=5831826, Stand: 05.02.108

http://www.bamf.de/DE/Fluechtlingsschutz/AblaufAsylv/Entscheidung/entscheidung-node.html, Stand: 27.02.2018

http://www.bamf.de/DE/Fluechtlingsschutz/AblaufAsylv/Schutzformen/Fluechtlingsschutz/fluechtlingsschutz-node.html, Stand: 27.02.2018

http://www.bamf.de/DE/Fluechtlingsschutz/AblaufAsylv/Schutzformen/Asylberechtigung/asylberechtigung-node.html, Stand: 27.02.2018

http://www.bamf.de/DE/Fluechtlingsschutz/AblaufAsylv/Schutzformen/SubsidiaererS/subsidiaerer-schutz-node.html, Stand: 27.02.2018

http://www.bamf.de/DE/Fluechtlingsschutz/AblaufAsylv/AusgangVerfahren/ErteilungVerlaengerungAT/erteilung-verlaengerung-at-node.html, Stand: 07.03.2018

http://www.bamf.de/DE/Infothek/FragenAntworten/ZugangArbeitFluechtlinge/zugang-arbeit-fluechtlinge-node.html, Stand: 07.03.2018

http://www.bamf.de/DE/Fluechtlingsschutz/FamilienasylFamiliennachzug/familienasyl-familiennachzug-node.html, Stand: 07.03.2018

http://www.bamf.de/SharedDocs/Anlagen/DE/Publikationen/Broschueren/begleitbroschuere-asylfilm.html: 3, Stand: 09.04.2018

BMBF

https://www.bmbf.de/de/erste-ergebnisse-aus-studie-gefluechtete-familien-4698.html, Stand: 03.03.2018

BPB

http://www.bpb.de/gesellschaft/migration/kurzdossiers/224849/fluchtziel-deutschland?p=0, Stand: 03.03.2018

http://www.bpb.de/gesellschaft/migration/kurzdossiers/265045/integrationskurse, Stand: 07.03.2018

http://www.bpb.de/lernen/grafstat/projekt-integration/134602/info-05-03-foerdern-und-fordern, Stand: 07.03.2018

http://www.bpb.de/gesellschaft/migration/kurzdossiers/217388/fluechtlingszahlen-weltweit, Stand: 03.03.2018

http://www.bpb.de/gesellschaft/migration/flucht/218788/zahlen-zu-asyl-in-deutschland#Abschiebungen, Stand: 03.03.2018

BUNDESREGIERUNG

https://www.bundesregierung.de/Content/DE/Artikel/2014/10/2014-10-29-verbesserungen-fuer-asylbewerber-beschlossen.html, Stand: 07.03.2018

https://www.bundesregierung.de/Content/DE/Artikel/2016/05/2015-05-25-wohnsitz.html, Stand: 07.03.2018

CHJ

http://www.chj.de/geschichte-der-arabischen-sprache/, Stand: 24.02.2018

DESIGN MADE IN GERMANY

http://www.designmadeingermany.de/2011/53516/, Stand: 21.06.2018

DOCPLAYER

http://docplayer.org/12895549-Otl-aicher-und-die-olympia-piktogramme-von-1972-einleitung-otl-aicher-piktogrammgeschichte-olympia-piktogramme.html, Stand: 19.02.2018

http://docplayer.org/storage/28/12895549/1519062411/62UeoczvuAIHtTrSrqmBDg/12895549.pdf, Stand: 19.02.2018

DUDEN

https://www.duden.de/rechtschreibung/Integration, Stand: 05.02.2018

FACEBOOK

www.facebook.com, Stand: 15.02.2018

FHF

https://fhf-rt.de/2017/11/wer-bleiben-will-muss-bueffeln/#more-7771, Stand: 07.03.2018

FOCUS

https://www.focus.de/wissen/mensch/religion/islam/islamlexikon/hilal_aid_12281.html, Stand: 24.02.2018

FÜHRERSCHEIN24

http://www.fuehrerschein24.net/strassenverkehrsordnung-stvo/verkehrszeichen-schilder, Stand: 15.02.2018

GRIN

https://www.grin.com/document/166208, Stand: 07.07.2018

HAND DER FATIMA

http://www.handderfatima.de/hamsa/, Stand: 24.02.2018

ICV CONTROLLING

https://www.icv-controlling.com/fileadmin/Assets/Content/AK/Berlin%20Brandenburg/Images/AK-Tagungen/43/43_AK-BB_Folienmaster_43_Einleitung.pdf, Stand: 15.02.2018

ISLAM.DE
http://www.islam.de/3550.php, Stand: 24.02.2018

ISLAMINSTITUT
https://www.islaminstitut.de/2005/farben-und-farbsymbolik/, Stand: 24.02.2018

ISO
https://www.iso.org/about-us.html, Stand: 21.02.2018

KARRIEREBIBEL
https://karrierebibel.de/sender-empfaenger-modell, Stand: 15.02.2018

KULTURAUSTAUSCH
http://www.kulturaustausch.de/index.php?id=5&tx_amkulturaustausch_pi1%5Bview%5D=ARTICLE&tx_amkulturaus
tausch_pi1%5Bauid%5D=521&cHash=b5ba68e13b534ea913c14ea3c246c135, Stand: 24.02.2018

MCMULLEN, MELISSA:
Intercultural Design Competence: A Guide for Graphic Designers Working Across Cultural Boundaries,
Department of Communication, Trinity University, San Antonio, Texas,
https://www.academia.edu/29572529/Intercultural_Design_Competence_A_Guide_for_Graphic_Designers_Wor
king_Across_Cultural_Boundaries, Stand: 15.02.2018

MEIN ALTAEGYPTEN
http://www.mein-altaegypten.de/Website/B-Kultur-Hieroglyphen.html, Stand: 31.01.2018

NTV
https://www.n-tv.de/politik/Woher-kommen-all-die-Fluechtlinge-article15691606.html, Stand: 24.02.2018

https://www.n-tv.de/politik/Welche-Leistungen-erhalten-Asylbewerber-article15724966.html, Stand: 10.04.2018

PLANER-MOTORSHOW
http://planer-motorshow.gmeuropearchive.info/shows/insignia/downloads/opel/ch/pdf/CH_DE_Insignia_Kamera_-_
Lupe_2.pdf, Stand: 14.02.2018

RELIGIONEN-ENTDECKEN
https://www.religionen-entdecken.de/lexikon/g/gebetskette-im-islam, Stand: 24.02.2018

SETON
https://www.seton.de/schilder-nach-iso-7010/#iso7010, Stand: 21.02.2018

SPEKTRUM
http://www.spektrum.de/lexikon/psychologie/kommunikation/7973, Stand: 15.02.2018

SPIEGEL
http://www.spiegel.de/politik/deutschland/fluechtlinge-in-deutschland-antworten-zum-taschengeld-a-1048432.html,
Stand: 27.02.2018

SUEDDEUTSCHE
http://www.sueddeutsche.de/panorama/vorurteile-warum-handys-fuer-fluechtlinge-kein-luxusartikel-sind-1.2603717,
Stand: 21.02.2018

TAGESSPIEGEL
https://www.tagesspiegel.de/wissen/bildungsstand-von-fluechtlingen-fast-zwei-drittel-haben-einen-schulab
schluss/20261304.html, Stand: 21.02.2018

THE GUARDIAN
https://www.theguardian.com/technology/2016/oct/27/emoji-inventor-shigetaka-kurita-moma-new-york-text,
Stand: 21.02.2018

UVK
http://www.uvk.de/uploads/tx_gbuvkbooks/PDF_L/9783825229641_L.pdf, Stand: 15.02.2018

WAS IST WAS
https://www.wasistwas.de/details-geschichte/hieroglyphen-die-schrift-der-alten-aegypter.html, Stand: 21.02.2018

WIKI UNI DUISBURG ESSEN
https://wiki.uni-due.de/LinguistikOnline/index.php/Semiotik, Stand: 09.04.2018

WHATSAPP
www.web.whatsapp.com, Stand: 15.02.2018

ZDF
https://www.zdf.de/nachrichten/heute/familiennachzug-spd-und-union-einigen-sich-100.html, Stand: 09.04.2018

6.2 ABBILDUNGS-VERZEICHNIS

ABB. 22: PIKTOGRAMM »ERSTVERTEILUNG AUF DIE BUNDESLÄNDER«
BAMF: http://www.bamf.de/DE/Fluechtlingsschutz/AblaufAsylv/ablauf-des-asylverfahrens-node.html

ABB. 23: PIKTOGRAMM »TREFFPUNKT«
Deutsches Rotes Kreuz: http//drksachsen.de/lv-intern/download-intern/fluechtlingshilfe/vorlagen

ABB. 24: PIKTOGRAMME »DOKUMENT«
Positivbeispiel: bpb: http://www.bpb.de/gesellschaft/migration/kurzdossiers/227451/das-asylverfahren-in-deutsch
land?p=all
Negativbeispiel: Deutsches Rotes Kreuz: http//drksachsen.de/lv-intern/download-intern/fluechtlingshilfe/vorlagen

ABB. 25: PIKTOGRAMM »GESCHIRRRÜCKGABE«
Deutsches Rotes Kreuz: http//drksachsen.de/lv-intern/download-intern/fluechtlingshilfe/vorlagen

ABB. 26: PIKTOGRAMM AUS »ICOON FOR REFUGEES«
ICOON for refugees: http://icoonforrefugees.com/download

ABB. 27: PIKTOGRAMME »FRAU«
Positivbeispiel: First Aid: https://buerobauer.com/first-aid-download
Negativbeispiel: ICOON for refugees: http://icoonforrefugees.com/download

ABB. 28: PIKTOGRAMM »FRAU« AUS »FIRST AID KIT FOR REFUGEES«
First Aid: https://buerobauer.com/first-aid-download

ABB. 29: PIKTOGRAMME »TOILETTENGANG«
Positivbeispiel: Apotheken Umschau: https://www.apotheken-umschau.de/Medizin/Das-Bildwoerterbuch-fu
er-Fluechtlinge-506373.html
Negativbeispiel: First Aid: https://buerobauer.com/first-aid-download

ABB. 30: PIKTOGRAMM AUS »ICOON FOR REFUGEES«
ICOON for refugees: http://icoonforrefugees.com/download

ABB. 31: PIKTOGRAMM AUS »FIRST AID«
First Aid: https://buerobauer.com/first-aid-download

ABB. 32: PIKTOGRAMM AUS »APOTHEKEN UMSCHAU«
Apotheken Umschau: https://www.apotheken-umschau.de/Medizin/Das-Bildwoerterbuch-fuer-Fluechtlinge-506373.
html

ABB. 33: PIKTOGRAMM »KLAGE«
bpb: http://www.bpb.de/gesellschaft/migration/kurzdossiers/227451/das-asylverfahren-in-deutschland?p=all

ABB. 34: PIKTOGRAMM »GESETZ«
bpb: http://www.bpb.de/gesellschaft/migration/kurzdossiers/227451/das-asylverfahren-in-deutschland?p=all

ABB. 35: PIKTOGRAMM »HEIZEN«
Sozialamt Stadt Münster: zur Verfügung gestellt vom Sozialamt Stadt Münster

ABB. 36: PIKTOGRAMM »BLUTDRUCK MESSEN«
MedGuide: https://helferkreis-asyl-olching.de/wp-content/uploads/2018/01/MedGuide_Allgemeinmedizin_Tigri
nya_Kurm_LeseprobeBS_201802.pdf

ABB. 37: DRK: PIKTOGRAMM ZUR BENUTZUNG DER TOILETTENSPÜLUNG
Deutsches Rotes Kreuz: http//drksachsen.de/lv-intern/download-intern/fluechtlingshilfe/vorlagen

ABB. 38: PIKTOGRAMMSYSTEM BPB
bpb: http://www.bpb.de/gesellschaft/migration/kurzdossiers/227451/das-asylverfahren-in-deutschland?p=all

ABB. 39: PIKTOGRAMMSYSTEM DRK
Deutsches Rotes Kreuz: http//drksachsen.de/lv-intern/download-intern/fluechtlingshilfe/vorlagen

ABB. 40: PIKTOGRAMME »POSITIV – NEGATIV«
Positivbeispiel: bpb: http://www.bpb.de/gesellschaft/migration/kurzdossiers/227451/das-asylverfahren-in-deutsch
land?p=all
Negativbeispiel: BAMF: http://www.bamf.de/DE/Fluechtlingsschutz/AblaufAsylv/ablauf-des-asylverfahrens-node.html

ABB. 41: PIKTOGRAMM »BLUTUNG« AUS »APOTHEKEN UMSCHAU«
Apotheken Umschau: https://www.apotheken-umschau.de/Medizin/Das-Bildwoerterbuch-fuer-Fluechtlinge-506373.
html

ABB. 42: PIKTOGRAMM »SCHLECHT HÖREN« AUS »APOTHEKEN UMSCHAU«
Apotheken Umschau: https://www.apotheken-umschau.de/Medizin/Das-Bildwoerterbuch-fuer-Fluechtlinge-506373.
html

ABB. 43: PIKTOGRAMM »MÜLLEIMER«
First Aid: https://buerobauer.com/first-aid-download

ABB. 44: PIKTOGRAMM »TRINKWASSER«
First Aid: https://buerobauer.com/first-aid-download

ABB. 45 – ABB. 66
eigene Darstellung

ABB. 67: PIKTOGRAMM »FRAU« AUS »FIRST AID KIT FOR REFUGEES«
First Aid: https://buerobauer.com/first-aid-download

ABB· 68 – ABB· 102
eigene Darstellung

ABB· 102: DIN EN ISO NORM
https://de.wikipedia.org/wiki/EN_ISO_7010

ABB· 103: BILDZEICHEN EXTRA FÜR GEFLÜCHTETE
First Aid: https://buerobauer.com/first-aid-download

ABB· 104: EMOTICONS
Whatsapp: https://www.whatsapp.com/?lang=de

ABB· 105: BILDZEICHEN »FIRST AID«
First Aid: https://buerobauer.com/first-aid-download

ABB· 106: BILDZEICHEN »TOILETTENBESCHILDERUNG«
https://www.seton.de/D11000112/Symbol-WC-Schilder-Herren-WC.html
https://www.seton.de/D11000111/Symbol-WC-Schilder-Damen-WC.html?Artikelnr=1175404051

ABB· 107: STOPP-SCHILD IN UNTERSCHIEDLICHEN SPRACHEN
Griep, Oliver: Nonverbale Kommunikation für die internationale humanitäre Hilfe. Münster: Diplomarbeit Münster School of Design, 2005

ABB· 108: DEUTSCHE VERKEHRSSCHILDER
https://kommunal.de/raetsel-um-verkehrsschild-geloest

ABB· 109: BILDZEICHEN »FLUGHAFEN«
https://www.elmastudio.de/eine-kleiner-einblick-in-die-welt-der-piktogramme-und-icons/
https://www.interluxe.de/Schild-PIKTOGRAMM-Tuerschild-Hinweisschild-WARTEN-WARTEZIMMER-WARTEBE
REICH-Praxis
Abdullah, Rayan/Hübner, Roger: Piktogramme und Icons, Pflicht oder Kür?. Mainz: Verlag Hermann Schmidt, 2005
https://www.amazon.de/holz-parkhaus-Küche-Haushalt-Wohnen/s?ie=UTF8&page=1&rh=n%3A3167641%2Ck%3A
holz%20parkhaus%2Cp_6%3AA2CHNHHYWT32RJ

ABB· 110 – ABB· 112
eigene Darstellung

ABB· 113: BAMF: ASYLVERFAHREN
BAMF: http://www.bamf.de/DE/Fluechtlingsschutz/AblaufAsylv/ablauf-des-asylverfahrens-node.html

ABB· 114: BAMF: PARAGRAPHENZEICHEN
BAMF: http://www.bamf.de/DE/Fluechtlingsschutz/AblaufAsylv/ablauf-des-asylverfahrens-node.html

ABB· 115: STEMPEL
https://www.conceptdraw.com/diagram/office-pictograms

ABB· 116: PASS
https://thumbs.dreamstime.com/b/benutzerausweisikone-feste-logoillustration-piktogramm-isola-90236205.jpg

ABB· 117: BAMF: RECHT, BERATUNG, DUBLIN-VERFAHREN, ANTRAGSTELLUNG, ERSTVERTEILUNG, ENTSCHEIDUNG ASYLVERFAHREN
http://www.bamf.de/DE/Fluechtlingsschutz/AblaufAsylv/ablauf-des-asylverfahrens-node.html

ABB· 118: BAMF: AUFENTHALT IN DEUTSCHLAND, WIDERRUFSVERFAHREN
http://www.bamf.de/DE/Fluechtlingsschutz/AblaufAsylv/ablauf-des-asylverfahrens-node.html

ABB· 119: FOTOGRAFIEREN VERBOTEN
https://www.ebay.de/itm/Fotografieren-verboten-Schild-Aufkleber-5cm-Verbotszeichen-Verbotsschild-/272930079016

ABB· 120: RAUCHEN VERBOTEN
https://www.brewes.de/information/rauchverbotsschilder.html

ABB· 121: WLAN
https://www.leonberg.de/Bürger-Stadt/Stadt/Öffentliches-WLAN

ABB· 122: HANDYVERBOT
https://de.depositphotos.com/48927707/stock-illustration-mobile-phone-prohibited.html

ABB· 123: DOKUMENT
https://www.canstockphoto.de/merkzettel-pictograph-33061340.html

ABB· 124: FINGERABDRUCK
https://sticker-art.de/products-page/sonstiges/fingerabdruck/

ABB· 125: WARTEN
https://www.interluxe.de/Schild-PIKTOGRAMM-Tuerschild-Hinweisschild-WARTEN-WARTEZIMMER-WARTEBEREICH-
Praxis

ABB· 126: UNTERSCHREIBEN
https://www.istockphoto.com/de/vektor/signatur-kugelschreiber-bleistift-symbole-gm660962558-120564797

ABB· 127: WARTEZEIT
https://de.depositphotos.com/102353530/stock-illustration-vector-hourglass-icon-time-pictogram.html

ABB· 128: PASSFOTO
https://t3.ftcdn.net/jpg/00/48/94/34/500_F_48943435_znvTV3J6w9970TZAzXQ9YXMsv8eWT3pJ.jpg

ABB· 129: ARMIN KORTEMEYER
zur Verfügung gestellt von Armin Kortemeyer

ABB· 130: OLE WILLMS
zur Verfügung gestellt von Ole Willms

ABB· 131: SARAH CRAMER
zur Verfügung gestellt von Sarah Cramer

ABB· 132: MAIK MASCHMEIER
zur Verfügung gestellt von Maik Maschmeier

ABB· 133: SARA JOVANOVIC
zur Verfügung gestellt von Sara Jovanovic

ABB· 134: PIKTOGRAMMSYSTEM »ICOON FOR REFUGEES«
ICOON for refugees: http://icoonforrefugees.com/download

ABB· 135: PIKTOGRAMMSYSTEM »ICOON FOR REFUGEES« 02
ICOON for refugees: http://icoonforrefugees.com/download

ABB· 136: PIKTOGRAMMSYSTEM »FIRST AID«
First Aid: https://buerobauer.com/first-aid-download

ABB· 137: PIKTOGRAMMSYSTEM »FIRST AID« 02
First Aid: https://buerobauer.com/first-aid-download

ABB· 138: PIKTOGRAMMSYSTEM »SOZIALAMT MÜNSTER«
Sozialamt Stadt Münster: zur Verfügung gestellt vom Sozialamt Stadt Münster

ABB· 139: PIKTOGRAMMSYSTEM »SOZIALAMT MÜNSTER« 02
Sozialamt Stadt Münster: zur Verfügung gestellt vom Sozialamt Stadt Münster

ABB· 140: PIKTOGRAMMSYSTEM »DRK«
Deutsches Rotes Kreuz: http//drksachsen.de/lv-intern/download-intern/fluechtlingshilfe/vorlagen

ABB· 141: PIKTOGRAMMSYSTEM »DRK« 02
Deutsches Rotes Kreuz: http//drksachsen.de/lv-intern/download-intern/fluechtlingshilfe/vorlagen

ABB· 142: PIKTOGRAMMSYSTEM »DRK« 03
Deutsches Rotes Kreuz: http//drksachsen.de/lv-intern/download-intern/fluechtlingshilfe/vorlagen

ABB· 143: PIKTOGRAMMSYSTEM »MEDGUIDE«
MedGuide: https://helferkreis-asyl-olching.de/wp-content/uploads/2018/01/MedGuide_Allgemeinmedizin_Tigri
nya_Kurm_LeseprobeBS_201802.pdf

ABB· 144: PIKTOGRAMMSYSTEM »MEDGUIDE« 02
MedGuide: https://helferkreis-asyl-olching.de/wp-content/uploads/2018/01/MedGuide_Allgemeinmedizin_Tigri
nya_Kurm_LeseprobeBS_201802.pdf

ABB· 145: PIKTOGRAMMSYSTEM »MEDGUIDE« 03
MedGuide: https://helferkreis-asyl-olching.de/wp-content/uploads/2018/01/MedGuide_Allgemeinmedizin_Tigri
nya_Kurm_LeseprobeBS_201802.pdf

ABB· 146: PIKTOGRAMMSYSTEM »APOTHEKEN UMSCHAU«
Apotheken Umschau: https://www.apotheken-umschau.de/Medizin/Das-Bildwoerterbuch-fuer-Fluechtlinge-506373.
html

ABB· 147: PIKTOGRAMMSYSTEM »APOTHEKEN UMSCHAU« 02
Apotheken Umschau: https://www.apotheken-umschau.de/Medizin/Das-Bildwoerterbuch-fuer-Fluechtlinge-506373.
html

ABB· 148: PIKTOGRAMMSYSTEM »BUNDESZAHNÄRZTEKAMMER«
Bundeszahnärztekammer: https://www.bzaek.de/fileadmin/PDFs/b/piktogrammheft.pdf

ABB· 149: PIKTOGRAMMSYSTEM »BUNDESZAHNÄRZTEKAMMER« 02
Bundeszahnärztekammer: https://www.bzaek.de/fileadmin/PDFs/b/piktogrammheft.pdf

ABB· 150: PIKTOGRAMMSYSTEM »BPB«
bpb: http://www.bpb.de/gesellschaft/migration/kurzdossiers/227451/das-asylverfahren-in-deutschland?p=all

ABB· 151: PIKTOGRAMMSYSTEM »BAMF«
BAMF: http://www.bamf.de/DE/Fluechtlingsschutz/AblaufAsylv/ablauf-des-asylverfahrens-node.html

ABB· 152 – ABB· 165
eigene Darstellung

6.3 AUSZUG ASYLGESETZ

FLÜCHTLINGSSCHUTZ:

»Auf Basis der Genfer Flüchtlingskonvention gelten Menschen als Flüchtlinge, die sich aus begründeter Furcht vor Verfolgung von staatlichen oder nichtstaatlichen Akteuren aufgrund ihrer

· Rasse (der Begriff »Rasse« wird in Anlehnung an den Vertragstext der Genfer Flüchtlingskonvention verwendet),

· Nationalität,

· politischen Überzeugung,

· religiösen Grundentscheidung oder

· Zugehörigkeit zu einer bestimmten sozialen Gruppe (als bestimmte soziale Gruppe kann auch eine Gruppe gelten, die sich auf das gemeinsame Merkmal der sexuellen Orientierung gründet)

außerhalb ihres Herkunftslands befinden und sie den Schutz ihres Herkunftslands nicht in Anspruch nehmen können oder aufgrund der begründeten Furcht nicht in Anspruch nehmen wollen.

Beispiele für Handlungen, die als Verfolgung gelten können, sind:

· Anwendung physischer oder psychischer Gewalt, einschließlich sexueller Gewalt,

· gesetzliche, administrative, polizeiliche und/oder justizielle Maßnahmen, die als solche diskriminierend sind oder in diskriminierender Weise angewandt werden,

· unverhältnismäßige oder diskriminierende Strafverfolgung oder Bestrafung,

· Verweigerung gerichtlichen Rechtsschutzes mit dem Ergebnis einer unverhältnismäßigen oder diskriminierenden Bestrafung,

· Handlungen, die an die Geschlechtszugehörigkeit anknüpfen oder gegen Kinder gerichtet sind.«[196]

196 http://www.bamf.de/DE/Fluechtlingsschutz/AblaufAsylv/Schutzformen/Fluechtlingsschutz/fluechtlingsschutz-node.html, Stand: 27.02.2018

ASYLBERECHTIGUNG:

»Asylberechtigt und demnach politisch verfolgt sind Menschen, die im Falle der Rückkehr in ihr Herkunftsland einer schwerwiegenden Menschenrechtsverletzung ausgesetzt sein werden, aufgrund ihrer

· Rasse (der Begriff »Rasse« wird in Anlehnung an den Vertragstext der Genfer Flüchtlingskonvention verwendet),

· Nationalität,

· politischen Überzeugung

· religiösen Grundentscheidung oder

· Zugehörigkeit zu einer bestimmten sozialen Gruppe (als bestimmte soziale

137

Gruppe kann auch eine Gruppe gelten, die sich auf das gemeinsame Merkmal der sexuellen Orientierung gründet),

ohne eine Fluchtalternative innerhalb des Herkunftslandes oder anderweitigen Schutz vor Verfolgung zu haben.

Nicht jede negative staatliche Maßnahme – selbst wenn sie an eines der genannten persönlichen Merkmale anknüpft – stellt eine asylrelevante Verfolgung dar. Es muss sich vielmehr einerseits um eine gezielte Rechtsgutverletzung handeln, andererseits muss sie in ihrer Intensität darauf gerichtet sein, die Betroffenen aus der Gemeinschaft auszugrenzen. Schließlich muss es sich um eine Maßnahme handeln, die so schwerwiegend ist, dass sie die Menschenwürde verletzt und über das hinausgeht, was die Bewohner des jeweiligen Staates ansonsten allgemein hinzunehmen haben.
Berücksichtigt wird grundsätzlich nur staatliche Verfolgung, also Verfolgung, die vom Staat ausgeht. Ausnahmen gelten, wenn die nichtstaatliche Verfolgung dem Staat zuzurechnen ist oder die nichtstaatliche Verfolgung selbst an die Stelle des Staates getreten ist (quasistaatliche Verfolgung).
Notsituationen wie Armut, Bürgerkriege, Naturkatastrophen oder Perspektivlosigkeit sind damit als Gründe für eine Asylgewährung gemäß Artikel 16a GG grundsätzlich ausgeschlossen.«[197]

197 Vgl. http://www.bamf.de/DE/ Fluechtlingsschutz/AblaufAsylv/ Schutzformen/Asylberechtigung/ asylberechtigung-node.html, Stand: 27.02.2018

138

SUBSIDIÄRER SCHUTZ:

»Der subsidiäre Schutz greift ein, wenn weder der Flüchtlingsschutz noch die Asylberechtigung gewährt werden können und im Herkunftsland ernsthafter Schaden droht.

Subsidiär schutzberechtigt sind Menschen, die stichhaltige Gründe dafür vorbringen, dass ihnen in ihrem Herkunftsland ein ernsthafter Schaden droht und sie den Schutz ihres Herkunftslands nicht in Anspruch nehmen können oder wegen der Bedrohung nicht in Anspruch nehmen wollen. Ein ernsthafter Schaden kann sowohl von staatlichen als auch von nichtstaatlichen Akteuren ausgehen.

Als ernsthafter Schaden gilt:
· die Verhängung oder Vollstreckung der Todesstrafe,
· Folter oder unmenschliche oder erniedrigende Behandlung oder Bestrafung oder
· eine ernsthafte individuelle Bedrohung des Lebens oder der Unversehrtheit einer Zivilperson infolge willkürlicher Gewalt im Rahmen eines internationalen oder innerstaatlichen bewaffneten Konflikts.«[198]

198 Vgl. http://www.bamf.de/DE/ Fluechtlingsschutz/AblaufAsylv/ Schutzformen/SubsidiaererS/ subsidiaerer-schutz-node.html, Stand: 27.02.2018

NATIONALES ABSCHIEBUNGSVEBOT:

»Wenn die drei Schutzformen — Asylberechtigung, Flüchtlingsschutz, subsidiärer Schutz – nicht greifen, kann bei Vorliegen bestimmter Gründe ein Abschiebungsverbot erteilt werden.

Ein schutzsuchender Mensch darf nicht rückgeführt werden, wenn die Rückführung in den Zielstaat eine Verletzung der Europäischen Konvention zum Schutz der Menschenrechte und Grundfreiheiten (EMRK) darstellt, oder dort eine erhebliche konkrete Gefahr für Leib, Leben oder Freiheit besteht. Erhebliche konkrete Gefahr aus gesundheitlichen Gründen liegt dann vor, wenn lebensbedrohliche oder schwerwiegende Erkrankungen sich durch eine Rückführung wesentlich verschlimmern würden. Dabei wird nicht vorausgesetzt, dass die medizinische Versorgung im Zielstaat mit der in der Bundesrepublik Deutschland gleichwertig ist. Eine ausreichende medizinische Versorgung liegt in der Regel auch dann vor, wenn diese nur in einem Teil des Zielstaats gewährleistet ist.

Wird ein nationales Abschiebungsverbot festgestellt, darf keine Rückführung in den Staat erfolgen, für den dieses Abschiebungsverbot gilt. Den Betroffenen wird von der Ausländerbehörde eine Aufenthaltserlaubnis erteilt.

Ein Abschiebungsverbot kommt jedoch nicht in Betracht, wenn den Betroffenen die Ausreise in einen anderen Staat möglich und zumutbar ist oder sie ihren Mitwirkungspflichten nicht nachgekommen sind.«[199]

199 Vgl. http://www.bamf.de/DE/
Fluechtlingsschutz/AblaufAsylv/
Schutzformen/AbschiebungsV/
abschiebungsverbot-node.html,
Stand: 27.02.2018

EINFACHE ABLEHNUNG UND ABLEHNUNG ALS »OFFENSICHTLICH UNBEGRÜNDET«:
»Bei Ablehnung eines Asylantrags wird zwischen zwei Arten unterschieden: die einfache Ablehnung und die Ablehnung als »offensichtlich unbegründet«.

Bei einer einfachen Ablehnung, wird der betroffenen Person eine Ausreisefrist von 30 Tagen gesetzt. Bei einer Ablehnung des Asylantrags als »offensichtlich unbegründet« beträgt die Ausreisefrist dagegen nur eine Woche.

Für die Rückführungen sind die jeweiligen Ausländerbehörde zuständig. Diese haben allerdings die Möglichkeit, eine Rückführung vorübergehend auszusetzen und eine Duldung oder eine befristete Aufenthaltserlaubnis zu erteilen, wenn Rückführungshindernisse vorliegen, die bei der Entscheidung des Bundesamtes nicht berücksichtigt werden konnten.«[200]

200 Vgl. http://www.bamf.de/DE/
Fluechtlingsschutz/AblaufAsylv/
AusgangVerfahren/Aufenthalts
beendigung/aufenthaltsbeendi
gung-node.html, Stand: 27.02.2018

6.4 INTERVIEW-FRAGEBOGEN

ZIELGRUPPE:
EHRENAMTLICHE/BESCHÄFTIGTE IN HILFSORGANISATIONEN UND ANGESTELLTE IN DER FLÜCHTLINGSARBEIT

Über mich

Mein Name ist Rabea Cramer und ich studiere Design im Master »Information und Kommunikation« an der Münster School of Design. Für meine Masterarbeit suche ich nach Kontakten aus der Arbeit mit Geflüchteten, da ich mich mit visueller Kommunikation auseinandersetze. Das Thema meiner Arbeit heißt: »Sprachlos: Piktogramme in der visuellen Kommunikation mit Geflüchteten«. Ich würde mich sehr freuen, wenn Sie sich einige Minuten Zeit nehmen würden und mich mit der Beantwortung einiger Fragen in meiner Arbeit unterstützen.

FRAGEN ZU IHRER PERSON

1. In welcher Organisation/Behörde sind Sie tätig?

2. Was sind Ihre Aufgaben/Funktionen in der Flüchtlingsarbeit?

3. Wie genau läuft Ihr Arbeitsalltag ab? Haben Sie direkten Kontakt zu Geflüchteten?

FRAGEN ZUR KOMMUNIKATION MIT GEFLÜCHTETEN

4. Wie sieht ein Gespräch mit Geflüchteten aus, das Sie führen? Kommen diese mit bestimmten Fragen auf Sie zu?

5. Sind bei allen Gesprächen Dolmetscher dabei, die Sie bei der Kommunikation unterstützen?

6. Welche Themen werden in Gesprächen mit Geflüchteten besprochen, bei denen keine Dolmetscher zur Verfügung stehen?

7. Können Sie bestimmte Stichworte nennen, die in diesen Gesprächen immer wieder auftauchen?

8. Können Sie sich gut mit den Geflüchteten verständigen? Gibt es Sprachbarrieren?

9. Wie versuchen Sie diese Sprachbarrieren zu überwinden (z. B. durch Hinzuziehen von Dolmetschern/Bildern/Infomaterial)?

10. Gibt es Situationen, in denen die Sprachbarriere nicht überwunden werden kann?

11. Welche Hilfe wird in diesen Fällen in Anspruch genommen (z. B. Verweis auf andere Organisationen/Beratungen/Vereinbarung eines neuen Termins mit Dolmetscher zu Unterstützung)?

12. Haben Sie Informationsmaterialien/Broschüren, die Sie bei der Verständigung unterstützend hinzuziehen können? Wenn ja, welche?

FRAGEN ZUR ORIENTIERUNG GEFLÜCHTETER IN IHREM ARBEITSUMFELD

13. Wie ist das Gebäude, in dem Sie arbeiten, aufgebaut? (Wie viele Stockwerke gibt es, welche Bereiche gibt es, welche Organisationen/Behörden teilen sich das Gebäude?)

14. Wie werden Besucher des Gebäudes zur richtigen Stelle geleitet? Gibt es eine Beschilderung?

15. Sind die Beschilderungen mehrsprachig? Arbeiten die Beschilderungen mit Piktogrammen (= Bildzeichen)?

16. Wenn ja, was sind dies für Zeichen (z. B. Bildzeichen nach DIN EN ISO-Norm, wie Notausgang, Feuerlöscher etc. oder extra auf ihre Bedürfnisse der Orientierung abgestimmte Zeichen, wie z. B. Bildzeichen für Erstaufnahmeeinrichtungen für Geflüchtete)?

Beispiel 1: DIN EN ISO-Norm:

Abb. 102: DIN EN ISO-Norm

Beispiel 2: Bildzeichen extra für Geflüchtete:

Abb. 103: Bildzeichen extra für Geflüchtete

17. Haben Sie mit solchen für die Flüchtlingsarbeit entwickelten Bildzeichen in der Vergangenheit gearbeitet? Wie waren Ihre Erfahrungen?

18. Welche Bildzeichensysteme nutzen Sie in Ihrer Arbeit mit Geflüchteten? Warum nutzen Sie Bildzeichen in Ihrer Arbeit mit Geflüchteten?

FRAGEN ZUM BEDARF AN BILDZEICHEN

19. Gibt es Situationen, in denen Bildzeichen hilfreich für die Kommunikation wären?

20. Welche Begriffe müssten von diesen Bildzeichen visualisiert werden (im Bereich der Kommunikation)?

21. Gibt es Bereiche, in denen Bildzeichen hilfreich für die Orientierung im Gebäude/auf dem Gelände wären?

22. Welche Begriffe müssten von diesen Bildzeichen visualisiert werden (im Bereich der Orientierung)?

23. Können Sie sich andere Bereiche in der Flüchtlingsarbeit vorstellen, in denen Bildzeichen hilfreich wären, um die Kommunikation oder die Orientierung zu erleichtern? Welche könnten das sein?

24. Wenn ja, können Sie mir einen Kontakt aus diesem Bereich vermitteln oder den Fragebogen an diesen Kontakt weiterleiten?

25. Sehen Sie einen Bedarf an Bildzeichen, um den Asylprozess zu erklären/verständlicher zu machen? Wenn ja, welche Begriffe müssten dafür visualisiert werden? (Nennen Sie gerne auch abstrakte Begriffe, deren Visualisierungsmöglichkeit Sie zunächst ausschließen würden.)

26. Kennen Sie Internetseiten, Broschüren, Infomaterialien etc., die den Asylprozess anschaulich erklären? Wenn ja, welche? Haben Sie diese in Ihrer Arbeit unterstützend genutzt?

KONTAKT

Möchten Sie mir Ihre Kontaktdaten für Rückfragen mitteilen?

Vielen Dank für Ihr Interesse und Ihre Unterstützung!

Ich würde mich sehr freuen, wenn ich viele Rückmeldungen bekommen würde und Sie den Fragebogen auch an Ihre Kontakte aus der Flüchtlingsarbeit weiterleiten würden.
Bitte senden Sie den ausgefüllten Fragebogen an meine E-Mail-Adresse [...].

Herzlichen Dank

ZIELGRUPPE: GEFLÜCHTETE

INFORMATIONEN ÜBER MICH:

Hallo, mein Name ist Rabea Cramer. Ich studiere Grafikdesign und mache meinen Master in Münster. Gerade schreibe ich meine Abschlussarbeit und mache dafür ein Projekt, in dem ich Bildzeichen entwickele, sogenannte Piktogramme oder Icons. Du kennst Icons vielleicht vom Handy, wo man Smileys und andere Zeichen zum Schreiben hat.

Abb. 104: Emoticons

Weil man Bilder auch verstehen kann, ohne die Sprache zu sprechen oder lesen zu können, sind sie super für die Verständigung von Menschen, die unterschiedliche Sprachen sprechen. Das möchte ich nutzen, um Geflüchteten zu helfen, sich in Deutschland zurechtzufinden. Deshalb möchte ich Interviews mit Personen führen, die schon mal in dieser Lage waren, also dich dazu befragen, wie du dich verständigen konntest, ohne Deutsch zu sprechen. Und ob es Situationen gab, wo du Hilfe gebraucht hättest, die es nicht gab. Zum Beispiel in der ersten Unterkunft oder beim Amt oder wenn du Post vom Amt bekommen hast ... So will ich herausfinden, was man durch Piktogramme/Icons vielleicht verbessern kann.

FRAGEN AN DICH:
ÜBER DICH

· Name:

· Alter:

· Wo kommst du her?

· Wann bist du nach Deutschland gekommen und warum genau?

· Was machst du zurzeit? Studium/Integrationskurs/Deutschkurs?

· Welchen Aufenthaltsstatus hast du?

· Seit wann hast du eine eigene Wohnung? Wo hast du vorher gewohnt?

· Wo und wie hast du in deiner Heimat gelebt? Land/Stadt/Wohnung/Haus etc.

ANKUNFT IN DEUTSCHLAND

· Wie bist du nach Deutschland gekommen?

· Wo hast du dich zuerst registriert? Warum?

· Wie wurdest du empfangen?

· Wo bist du untergekommen?

· Wie hast du dich ganz zu Beginn verständigt? Auf Englisch/mit Dolmetscher?

· Wusstest du, was dich in Deutschland erwartet? Wie das Asylverfahren funktioniert, wie groß die Chancen sind, dass du in Deutschland bleiben darfst?

· Wie hast du erfahren, was du machen musst, um bleiben zu dürfen?

· Wie war die Unterstützung bei deiner Ankunft?

· Was hast du bekommen/wer hat dir geholfen?

· Was hat dir gefehlt? Was war schwierig?

· Was hätte man besser machen können, um dich zu unterstützen?

· Wie hast du dich im Laufe der Zeit verständigt?

ASYLVERFAHREN

· Wie lief dein Asylverfahren ab? Wo musstest du hin? /Was musstest du mitbringen?

· Was hast du am Asylverfahren nicht verstanden?

· Welche Wörter hast du nicht verstanden im Asylverfahren?

· Wer hat dir beim Asylverfahren geholfen? Konnten diese Personen deine Sprache?

· Wie haben sie dir geholfen? Haben sie dir alles auf Deutsch erklärt, mit Bildern oder waren Übersetzer dabei?

INTEGRATION

· Hast du Sprachkurse/Integrationskurse/Freizeitaktivitäten genutzt?

· Wie lief da die Verständigung ab?

· Hast du bestimmte Bücher/Apps zum Deutschlernen genutzt?

· Hast du bestimmte Bücher/Apps zum Lernen der deutschen Kultur genutzt?

· Hast du Infomaterialien wie Flyer oder Broschüren bekommen, die dir geholfen haben?

· Was war dir fremd in der deutschen Kultur?

· Was kennst du von Zuhause anders?

· Was ist dir immer noch fremd in Deutschland? Was findest du seltsam?

BILDZEICHEN

· Hattet ihr solche oder ähnliche Bildzeichen in der Erstunterkunft?

· Waren diese verständlich?

145

Abb. 105: Bildzeichen
»First Aid«

· Was wurde mit Bildzeichen erklärt?

· Welche Bildzeichen kanntest du?

· Welche Bildzeichen hast du erst in Deutschland gelernt?

· Sehen die Bildzeichen zur Toilettenbeschilderung in deiner Heimat genauso aus? Wenn nicht, kannst du aufzeichnen, wie sie aussehen?

Abb. 106: Bildzeichen »Toilettenbeschilderung«

· Welche Bildzeichen fallen dir ein, die in deiner Heimat genutzt werden? Gibt es diese auch in Deutschland?

· Wie sehen die Verkehrsschilder in deiner Heimat aus? Steht auf den Schildern oft Text?

Abb. 107: Stopp-Schild in unterschiedlichen Sprachen

· Was sind die Unterschiede zu den Verkehrsschildern in Deutschland?

Abb. 108: Deutsche Verkehrsschilder

· Hättest du Bildzeichen zur Erklärung des Asylverfahrens sinnvoll gefunden?

· Hättest du dir Bildzeichen zur Orientierung im Gebäude gewünscht? Zum Beispiel in der Erstunterkunft, beim Bundesamt für Migration und Flüchtlinge, bei der Ausländerbehörde, beim Arbeitsamt/Wohnungssuche?

· Wenn ja, welche Wörter hättest du als Bildzeichen gebraucht?

VERSTÄNDNIS

· Was glaubst du, heißen diese Zeichen am Flughafen und Bahnhof? Kannst du die Bedeutung unter das Zeichen schreiben?

Abb. 109: Bildzeichen »Flughafen«

· Glaubst du, dass die meisten Flüchtlinge die Bildzeichen an europäischen Bahnhöfen/Flughäfen verstehen?

· Welche Form bedeutet für dich verboten, welche erlaubt?

Abb. 110: Form »Verboten, erlaubt«

· Welche Farbe bedeutet für dich verboten, welche erlaubt?

Abb. 111: Farbe »Verboten, erlaubt«

147

· Welche Form bedeutet für dich Achtung, welche Form das Gegenteil?

Abb. 112: Form »Achtung«

· Hast du diese Erklärung des Asylverfahrens schon einmal gesehen?

· Verstehst du diese Erklärung des Asylverfahrens vom BAMF? Was verstehst du nicht?

· Warum?

· Verstehst du die einzelnen Bildzeichen? Welche findest du nicht verständlich?

Abb. 113: BAMF: Asylverfahren

· Verstehst du dieses Zeichen?

Abb. 114: BAMF:
Paragraphenzeichen

· Was bedeuten diese Zeichen für dich? Kannst du ihre Bedeutung unter die Zeichen schreiben?

Abb. 115: Stempel

Abb. 116: Pass

Abb. 117: BAMF: Recht, Beratung, Dublin-Verfahren, Antragstellung, Erstverteilung, Entscheidung Asylverfahren

Abb. 118: BAMF: Aufenthalt in Deutschland, Widerrufsverfahren

Abb. 119: Fotografieren verboten

Abb. 120: Rauchen verboten

Abb. 121: WLAN

Abb. 122: Handyverbot

149

Abb. 123: Dokument

Abb. 124: Fingerabdruck

Abb. 125: Warten

Abb. 126: Unterschreiben

Abb. 127: Wartezeit

Abb. 128: Passfoto

6.5 INTERVIEW-PROFILE

ANGESTELLTE

Abb. 129: Armin Kortemeyer

ARMIN KORTEMEYER

Koordinator Sozialdienst für Flüchtlinge, Sozialamt Münster

TÄTIGKEITEN
· Betreuung des Piktogrammprojektes, bei dem Bilder und Plakate für Flüchtlingseinrichtungen entwickelt wurden
· Koordination der Mitarbeiter in Flüchtlingseinrichtungen
· Netzwerkarbeit

EINSTELLUNG
-

VERHALTEN
· Neue Bildzeichen wurden aus Einfachheit und zeitlichen Gründen ohne Rücksprache mit der Zielgruppe, den Geflüchteten, entwickelt
· Neue Piktogramme sind weniger abstrakt, eher illustrativ und erklärender

BEDÜRFNISSE/WÜNSCHE/PROBLEME
· Verstehen von Schreiben ist zentrales Problem, dafür werden immer Sozialarbeiter benötigt, die übersetzen und erklären
· Hausordnung als weiteres Konfliktthema, hoffentlich baldige Lösung durch neues Piktogrammsystem für Einrichtungen
· Oft Selbstentwicklung von Flyern und Infomaterial aus der Not heraus, in einfacher Sprache, die in verschiedene Sprachen übersetzt wird
· Beschilderungen vor Ort sieht er nicht als notwendig an, es gibt einen Empfang und Raumnummern
· Bisher: Notlösungen durch Piktogramme aus dem Internet in den Einrichtungen, führte zu »Schilderwald«, in Zukunft wird es dann neu entwickelte Bildzeichen für Einrichtungen geben* (*das Interview fand vor der Veröffentlichung des Piktogrammsystems für das Sozialamt

Münster statt)
· Für das Erklären gewisser Themen können Plakate hilfreich sein, auf die verwiesen werden kann
· Auch im Briefverkehr wären Bildzeichen oder Flyer sehr wichtig, Bedarf bestünde da bei Jobcenter, Ausländerbehörde, Sozialamt, Kindergeldstelle
· Bisher nur Lösungen durch vereinfachte Sprache, jedoch werden diese von Analphabeten und Personen, die eine weniger weit verbreitete Fremdsprache sprechen, nicht verstanden, da wären Bildzeichen sprachunabhängiger
· Visualisierungen des Asylprozesses sind bereits vorhanden

GEFÜHLE
-

ZU VISUALISIERENDE BEGRIFFE
· »Was muss mitgebracht werden?« z.B. Geburtsurkunde, Ausweisdokument, Kontoauszüge, Melderegisterauszug, Gehaltsabrechnung
· Unterschiede zwischen: zur Kenntnis (nur Info für mich), zur Wiedervorlage (ich muss etwas tun), zur Bearbeitung (ich muss andere Dinge vorher organisieren und ggf. Unterlagen mitbringen), Bitte um Rückruf (ich muss anrufen), zu bestimmtem Termin vorbeikommen (ich muss zu dem Datum vorbeikommen, wohin etc.)

Abb. 130: Ole Willms

OLE WILLMS

Sachbearbeiter in der Ausländerbehörde des Ordnungsamtes Oldenburg

TÄTIGKEITEN
· Bearbeitung von verschiedenen Sachverhalten nach der Anerkennung der Geflüchteten, zum Beispiel Familiennachzug, Wohnsitzwechsel, Verpflichtung zum Integrationskurs, Sozialleistungen, Zugang zum Arbeitsmarkt, Verlängerung der Aufenthaltserlaubnis

EINSTELLUNG
· Probleme und Schwierigkeiten der Geflüchteten in Deutschland, besonders kurz nach der Einreise, können oftmals nachvollzogen werden.
· In Deutschland geltende Gesetze müssen von allen eingehalten werden.

VERHALTEN
-

BEDÜRFNISSE/WÜNSCHE/PROBLEME
· Anfänglich der Flüchtlingswelle 2015/2016 haben die Asylverfahren beim BAMF auf Grund der hohen Anzahl sehr lange gedauert. Mittlerweile hat sich dies deutlich gebessert.
· Klageverfahren im Rahmen der Asylverfahren ziehen sich oft in die Länge.
· Beim Familiennachzug sind keine oder sehr geringe Deutschkenntnisse vorhanden. Das erschwert die Kommunikation und damit das Verständnis.
· Auch beim Familiennachzug können die Familienangehörigen kein Wort Deutsch
· Bei den täglichen Sprechzeiten sind keine Dolmetscher anwesend, Übersetzungen werden durch Verwandte, Bekannte, Personen in der Nähe oder Übersetzungs-Apps getätigt
· Schreiben der Behörde müssen durch Flüchtlingsbetreuer erklärt werden
· Bei Fragen zu allen Themen wenden sich Flüchtlinge an die Ausländerbehörde

· Unterschied zwischen verschiedenen Aufenthaltstiteln und Ausweisen wird nicht verstanden
· Die dreijährige Wohnsitzauflage für die Bundesländer wurde seitens der Geflüchteten oft nicht verstanden.
· Gliederung der Behörde (Ausländerbehörde ist dem Ordnungsamt untergliedert) mit entsprechender Beschilderung wäre sinnvoll, sodass richtiger Raum mit zuständigem Sachbearbeiter (ist für bestimmte Nachnamen verantwortlich) gefunden wird
· Wunsch nach passender, übersichtlicher Beschilderung der Räume

GEFÜHLE
-

ZU VISUALISIERENDE BEGRIFFE
· Sozialamt, Rathaus, Sozialhilfe, Sicherung des Lebensunterhaltes, Jugendamt, Aufenthaltserlaubnis, unbefristet = Niederlassungserlaubnis, Blauer Pass = Reiseausweis für Flüchtlinge, Gültigkeit, Betreuer, Rechtsanwalt, Gericht, Bundesamt = BAMF, Ausländerbehörde, Bescheid, Erlaubnis, Verbot, Zustimmung, Termin, Post, E-Mail, Bekannte, Verwandte
· Neues Dokument
· Vorsprache und Beantragung sowie Abholung
· Originale Dokumente aus der Heimat
· Verlängerung des Nationalpasses
· Familiennachzug
· Arbeitserlaubnis
· Nachweise für andere Behörden
· Integrationskurs
· Umzug
· Aufenthaltsrecht

Abb. 131: Sarah Cramer

SARAH CRAMER, 29

Projektmitarbeiterin im Studienintegrationsprogramm für Geflüchtete, Hochschule Ruhr West; vorher: Ehrenamtskoordinatorin der Flüchtlingsunterkünfte in Essen

»Ständiger Konflikt der Geflüchteten mit Bürokratie und dem Sozialsystem: Aussagen wie ›mein Vermieter hat mir einen Brief geschickt, den ich nicht verstehe‹ o. ä. kommen häufig vor.«

TÄTIGKEITEN
· Beratung und Begleitung von Geflüchteten mit Hochschulzugangsberechtigung in der Studienvorbereitungsphase
· Täglich direkter Kontakt in Beratungssituationen zu Studienorientierung, Spracherwerb und persönlichem Werdegang; Durchführung von Seminaren zu Studienvorbereitung, gesellschaftlicher Integration und interkultureller Identität

EINSTELLUNG
· Sehr sozial eingestellt, durch intensiven Kontakt mit Geflüchteten hat sie die Einstellung des »Fordern und Fördern«: Geflüchtete Menschen müssen im neuen Herkunftsland durch eine intensive Begleitung dort abgeholt werden, wo sie stehen, um zukünftig ein selbstbestimmtes Leben in der neuen Gesellschaft führen zu können

VERHALTEN
· Nutzung von sprachsensibler, vereinfachter Sprache
· Infomaterialien (stehen teilweise mehrsprachig zur Verfügung) haben sich als hilfreich erwiesen, um diese im Nachgang zur Verfügung zu stellen oder anhand dieser zu erklären

BEDÜRFNISSE/WÜNSCHE/PROBLEME
· Bildzeichen müssten Prozesse visualisieren
· Bessere Visualisierungen der Sprechzeiten sinn-
voll (Uhrzeit, Ort, Tätigkeitsbereich, Ansprechperson)
· Es werden ständig Konflikte mit der Bürokratie und dem Sozialsystem sichtbar, Anforderungen, finanzielle Themen, Maßnahmen zur Verbesserung der Bleibeperspektive
· Probleme in der Kommunikation durch Briefe

GEFÜHLE
-

ZU VISUALISIERENDE BEGRIFFE
· Begriffe im Asylprozess: Duldung, Dublin-Verfahren, Ausreise, Antrag stellen, Interview, wahrheitsgemäß, Ausländerbehörde, BAMF

Abb. 132: Maik Maschmeier

MAIK MASCHMEIER

Leiter der Kommunalen Ausländerbehörde Stadt Bielefeld (bis August 2018)

TÄTIGKEITEN
· Führende und lenkende Aufgaben, um den Betrieb der Ausländerbehörde sicher zu stellen (organisatorisch, personell, finanziell, rechtlich...)

· Einzelfälle werden an ihn herangetragen; i. d. R. wenn Besonderheiten geltend gemacht werden und nach einer Ermessensentscheidung gesucht wird
· In seltenen Fällen kann es auch zu Beschwerden kommen, bei denen ein Geflüchteter den Kontakt sucht (meistens sind Rechtsvertreter aktiv)

EINSTELLUNG
· »Die reine Frage nach Grundrechten und Flüchtlingsrechten ist ein schützenswertes Recht und darf nicht als Krise oder Mißbrauch deklariert werden«

VERHALTEN
· Überraschend oft kommt der Wandkalender zum Einsatz (was soll bis wann erledigt sein)
· Er hat die Arbeitsplätze außerdem mit Mini-Dolmetscher-Handbüchern ausgestattet (Herausgeber: Kommunales Integrationszentrum Kreis Olpe: Albanisch, Arabisch, Englisch, Französisch, Russisch, Serbisch)
· Es wurden Sprachkarten für die wichtigsten Sätze bei Ausreisen entwickelt und in mehrere Sprachen übersetzt
· Bei geplanten Schließungen werden Aushänge in Englisch, Türkisch und Arabisch gemacht

· Bei längeren Verfahren verdeutlichen, welcher Schritt als nächstes wichtig ist, und danach wieder das Gespräch anbieten

BEDÜRFNISSE/WÜNSCHE/PROBLEME
· Manchmal wird bereits aus Höflichkeit (oder Respekt?) genickt, ohne dass der Inhalt wirklich verstanden wurde
· Ein Einsatz von Piktogrammen in der Kommunikation ist begrenzt vorstellbar. Wichtig ist, dass auf jeden Fall der Inhalt und die möglichen Konsequenzen verstanden werden

GEFÜHLE
· Vom Thema »Familiennachzug« sind viele Personen betroffen; es besteht hohe Emotionalität
· Brisant: Freiwillige Ausreisen, Familiennachzug

ZU VISUALISIERENDE BEGRIFFE
· Passpflicht/Pass vorlegen
· Altersfeststellung
· Rechtsbegriffe aus dem Aufenthaltsrecht

Abb. 133: Sara Jovanovic

SARA JOVANOVIC, 24

Kommunikationsdesign
Studentin, war ehrenamtliche Helferin der Notunterkunft der Stadt Herne

*»Bildzeichen für die Ori-
entierung wären in allen
Gebäuden, die häufig
von Flüchtlingen benutzt
werden, wie die ganzen
Ämter, definitiv sinnvoll,
da jeder Geflüchtete da
gefühlt 16.538.738-mal hin
muss.«*

TÄTIGKEITEN

· Unterstützung bei Deutschunterricht, Be-
hördengängen, Einrichten von Bankkonten,
Arztbesuchen, Hilfe bei der Vermittlung von
Wohnungen, seelischer Beistand, einfach ein
Ansprechpartner sein, um das Leben hier zu
erleichtern...

EINSTELLUNG

· »Deutschland ist keine Wohlfahrt und Flüchtlinge sollten wissen, dass es ihre Pflicht ist, schnell
arbeiten zu gehen.«

VERHALTEN

·

BEDÜRFNISSE/WÜNSCHE/PROBLEME

· Oft wurden Abläufe oder Termine im Nachhinein nicht richtig verstanden, genauso wie
Hausordnungen, Fristen oder Regeln – teilweise mussten die Geflüchteten das durch Mahn-
gebühren zu spüren bekommen
· Bildzeichen wären bei Terminen, Erstankunft,
Behördengängen oder zum Erlernen der Sprache hilfreich
· Auch als Orientierung in den Gebäuden der
Ämter wären Bildzeichen sinnvoll, da jeder Geflüchtete dort unzählige Male hin muss
· Es wäre definitiv sinnvoll, den Asylprozess zu
erklären (und dass dieser sich schon mal über
ein Jahr oder länger hinziehen kann) sowie die
Rechte und Pflichten der Geflüchteten, sodass

ein Ansporn geschaffen wird, nicht von Sozialhilfe leben zu wollen, Bildungssystem, Schul-
formen

GEFÜHLE

· Empörung und Unverständnis darüber, dass
man Faulheit und Ausnutzung des Sozialstaa-
tes unter den Geflüchteten findet

ZU VISUALISIERENDE BEGRIFFE

· Familie
· Krieg
· Religion
· Geld
· Beruf
· Arbeit
· Deutschkurs
· Deutsche Sprache
· Warten
· Arbeitsamt
· ISIS
· Bomben
· Sicherheit
· Kaufen
· Ebay
· Haus
· Handy
· Garten
· Sport
· Wegbeschreibung
· Toilette

CHRISTINA MAHLER

Mitarbeiterin in der Sozialberatung für Asylsuchende
in einer Großunterkunft

TÄTIGKEITEN

· Beantworten von verschiedenen
Fragestellungen von Geflüchteten in der Sozialberatungsstelle
vor Ort in einer Flüchtlingsun-
terkunft

· Sehr inidividuelle Fragen, die großes Spektrum
umfassen, Hauptthemen sind: Fragen zum Asylverfahren, sozialrechtliche Fragen (vor allem
Fragen zum Bezug von Leistungen), Fragen zur
Integration und Orientierung in der Stadt (zum
Beispiel Arbeitsmarktintegration, sprachliche
Integration, kulturelle Integration), Fragen zum
Bereich »Gesundheit«, Förderung von Kindern
und Jugendlichen (Thema wirtschaftliche Unterstützung im Bereich Schule, Kindergarten ...).
· Vernetzung und Korrespondenz mit den Be-
treuern der Unterkunft, Behörden wie Sozialamt, Jobcenter, Krankenversicherung, Jugendamt, anderen Beratungsstellen (z. B. psychologische Beratung, Schuldnerberatung, Suchtberatung ...), Anwälten...
· Berührungspunkte zu allen Themen, die Geflüchtete betreffen
· Beratung der Geflüchteten zu den verschiedenen Themen und Unterstützung bei Telefo-
naten, Anrufen, schriftlicher Korrespondenz,
Anträgen etc.

EINSTELLUNG

· Im Gebäude selbst sollte jeder Raum beschildert sein
· Verhalten
· Zur Verständigung hilft es langsam und deutlich zu sprechen, Handbewegungen und Ges-

ten zu nutzen und Bilder über Google am PC
zu zeigen

BEDÜRFNISSE/WÜNSCHE/PROBLEME

· Vor allem Briefe von Behörden (Fragen zu
Leistungen, Mahnungen, generell bestimmte
Post) sind oft Themen in Gesprächen mit Geflüchteten, bei denen keine Dolmetscher zur
Verfügung stehen (wenn die Klienten vorbei
kommen, ohne dass zuvor ein Dolmetscher organisiert werden konnte)

GEFÜHLE

·

ZU VISUALISIERENDE BEGRIFFE

· Jobcenter
· Sozialamt
· Post
· Bildzeichen wie eine Uhr für Öffnungszeiten
· offene und geschlossene Tür
· Beratungsgespräch
· Kinderbetreuung
· Herren-/Damentoilette
· Asylantrag
· Dolmetscher
· Adressänderung
· wahre Angaben
· Gemeinschaftsunterkunft

LINDA K., 25

Rechtsanwaltsgehilfin, war ehrenamtliche Helferin der Notunterkunft der Stadt Herne

TÄTIGKEITEN
· Sozialer Kontakt
· Begleitung bei Arztbesuchen
· Betreuung bei der »Frauensprechstunde«, einer Runde in der »Wehwehchen« und andere Themen besprochen wur-

den, eine Heilpraktikerin war dabei, teilweise auch eine Frauenärztin

EINSTELLUNG
· Um sich in Deutschland schnell zu integrieren, ist es wichtig, dass die Geflüchteten auch die in Deutschland genutzten Symbole und Schilder lernen. Eigene Symbole und Schilder sind daher nicht notwendig.

VERHALTEN
· Anfordern des Deutschen Grundgesetzes in verschiedenen Sprachen

BEDÜRFNISSE/WÜNSCHE/PROBLEME
· Fragen nach bestimmten Abläufen in Deutschland wurden gestellt
· Probleme bei der Toilettenbenutzung kamen auf, sodass Schilder aufgehängt wurden, dass die Personen sich bitte hinsetzen und nicht auf den Rand der Toilette stellen sollen

GEFÜHLE
· Hat keine kulturellen Unterschiede beim Verstehen von Zeichen/Symbolen bemerkt. Nur manche Verhaltensweisen waren kulturell bedingt anders als gewohnt und teilweise überraschend.

ZU VISUALISIERENDE BEGRIFFE
-

153

6.6 ABBILDUNGEN BESTEHENDER PIKTOGRAMMSYSTEME

ICOON FOR REFUGEES

Abb. 134: Piktogrammsystem »ICOON for refugees«

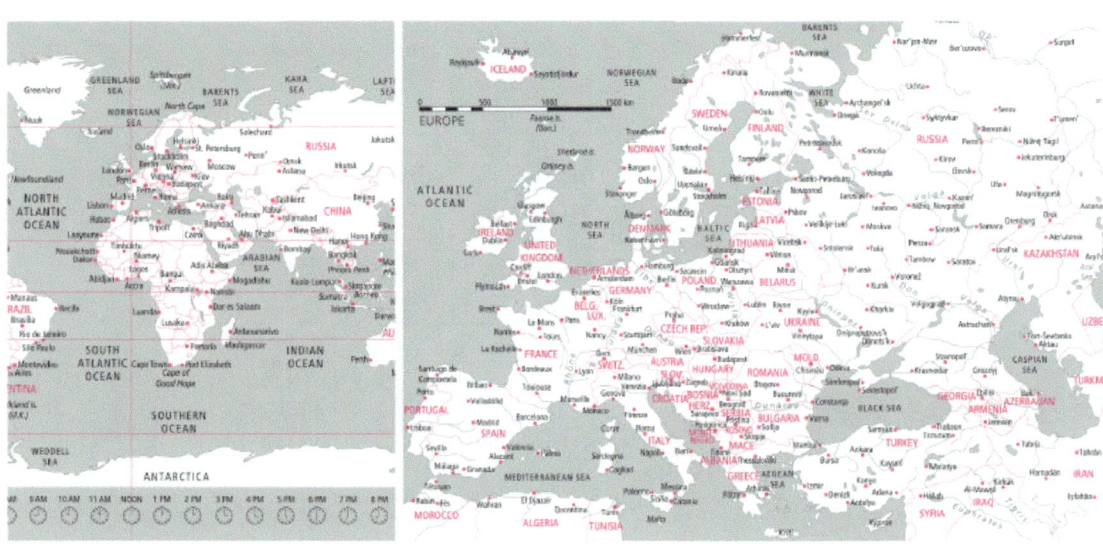

155

0 10 100 1,000 10,000 100,000 1,000,000 10,000,000

1 2 3 4 5 6 7 8 9 10 11 12 13 14 15 16 17 18 19 20 21 22 23 24 25 26 27 28 29 30 31 32 33 34 35
36 37 38 39 40 41 42 43 44 45 46 47 48 49 50 51 52 53 54 55 56 57 58 59 60 61 62 63 64 65 66 67 68
69 70 71 72 73 74 75 76 77 78 79 80 81 82 83 84 85 86 87 88 89 90 91 92 93 94 95 96 97 98 99 100

Abb. 135: Piktogrammsystem »ICOON for refugees« 02

First Aid

Icon based Communication Kit for Refugees

Übersichtsblatt Icons

A3

  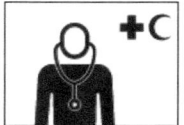  

| Seite 6 | Seite 7 | Seite 8 | Seite 9 | Seite 10 |

  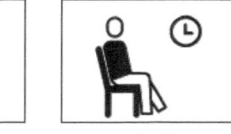

| Seite 11 | Seite 12 | Seite 13 | Seite 14 |

A4

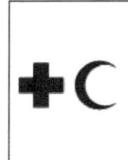 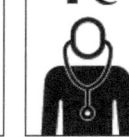 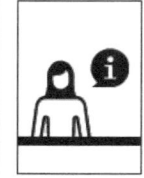    

| Seite 15 | Seite 16 | Seite 17 | Seite 18 | Seite 19 | Seite 20 | Seite 21 |

| Seite 22 | Seite 23 | Seite 24 | Seite 25 | Seite 26 | Seite 27 | Seite 28 |

| Seite 29 | Seite 30 | Seite 31 | Seite 32 | Seite 33 | Seite 34 | Seite 35 |

Abb. 136: Piktogrammsystem »First Aid«

Icon based Communication Kit for Refugees

Übersichtsblatt Icons

A4

Seite 36   Seite 37   Seite 38   Seite 39   Seite 40   Seite 41   Seite 42

Seite 43   Seite 44   Seite 45

Icons für die medizinische Erstuntersuchung

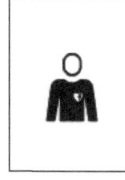

Seite 46   Seite 47   Seite 48   Seite 49   Seite 50   Seite 51   Seite 52

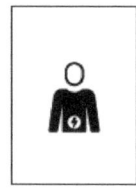
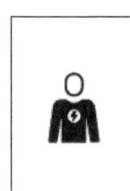

Seite 53   Seite 54   Seite 55   Seite 56   Seite 57   Seite 58   Seite 59

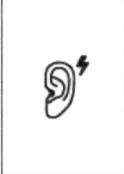
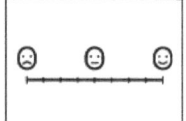

Seite 60   Seite 61   Seite 62   Seite 63

Diese Icons zeigen nur die häufigsten Beschwerden bzw. Schmerzen – die Auswahl wurde von beratenden ÄrztInnen getroffen.

Selbstverständlich ist die persönliche Kommunikation zwischen ÄrztInnen und PatientInnen wesentlicher Teil der Behandlung und kann durch Zeichen bestenfalls unterstützt werden.

Abb. 137: Piktogrammsystem »First Aid« 02

Sozialamt

 STADT MÜNSTER

Haus☺rdnung

Informácie o domovom poriadku
Տեղեկատվություն ներքին կարգուկանոնի վերաբերյալ
Информации за куќниот ред
Informations sur le règlement intérieur
Informaţii referitoare la regulamentul de ordine interioară
Информације везане за куħни ред
ጠርጓት ገኘ ዝዋዃክቸ ኣበራዻዣጥ

معلومات بخصوص نظام السكن الداخلي
Информации о правилах внутреннего распорядка
Информация за правилника за вътрешния ред
Informacione për rregulloren e shtëpisë
Information on the house rules
Agahî li ser qaîdeyên malê
"اطلاعات "برای تحمل و خشونت

 **Schäden dem Hausmeister melden**

   **Bei Sperrmüll den Hausmeister fragen**

  **Bei eigenen Elektrogeräten den Hausmeister fragen**

  **Fragen, ob man private Möbel nutzen darf**

 Heizen nur bei geschlossenem Fenster
Lüften bei runtergedrehter Heizung

 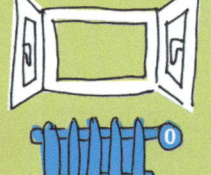

Zwischen 22 und 7 Uhr ist Nachtruhe

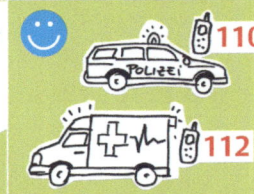 110 112

 **Fahrräder abschließen und ordentlich abstellen**

Kinder immer beaufsichtigen

Ballspiele und Inliner fahren nur draußen

Tür nicht offen stehen lassen

 **Zwischen 22 und 7 Uhr kein Besuch**

Rauchen verboten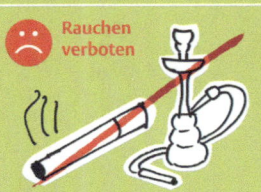

Keinen Müll aus dem Fenster werfen

Haustiere sind nicht erlaubt

 **Kinderwagen, Schuhe, Fußmatten, Fahrräder und Müll nicht im Flur abstellen**

Abb. 138: Piktogrammsystem »Sozialamt Münster«

STADT MÜNSTER

Für Toleranz, gegen Gewalt

Informácie „Pre toleranciu a proti násiliu"
Տեղեկատվություն «Հանուն հանդուրժողականության և
բռնության դեմ պայքարի»
Информация „За толерантност и против насилство"
Informations « Pour la tolérance et contre la violence»
Informaţii "Pentru toleranţă şi împotriva violenţei"
Информације „за толеранцију и против насиља"
ሐበሬታታት ምክኅላልዓ እንደ ባአስ (ንአበ ምጥቃጥ)

معلومات بخصوص „الدعوة للتسامح ومقاومة العنف"
Информации „За толерантность и против насилия"
Информация „За толерантност и срещу насилие"
Informacione „Për tolerancë dhe kundër dhunës"
Information "For tolerance, against violence"
Agahdarî 'Ji bo şîdeta û Xweşbîniya'
"اطلاعات "برای تحمل و خشونت

Respektvoller Umgang

Nicht beleidigen

Religionsfreiheit

Hinduismus

Judentum

Buddhismus

Christentum

Islam

Keine Gewalt

Keine Gewalt gegen Kinder

Sexuelle Selbstbestimmung/Orientierung

Gleichberechtigung von Mann und Frau

Abb. 139: Piktogrammsystem »Sozialamt Münster« 02

159

DRK Landesverband Sachsen e.V.
Bremer Str. 10d
01067 Dresden

| Nummer: 6 | Nummer: 7, 8 | Nummer: 7, 9 | Nummer: 7, 10 | Nummer: 7, 11 |

| Nummer: 12 | Nummer: 13 | Nummer: 14 | Nummer: 15 | Nummer: 16 |

| Nummer: 17 | Nummer: 18 | Nummer: 19 | Nr.: 20, 21, ①22 | Nr.: 23, ①24 |

| Nummer: 25 | Nummer: 26 | Nummer: 27 | Nummer: 28 | Nummer: 29 |

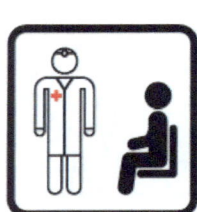    

| Nummer: 30 | Nummer: 31 | Nummer: 32 | Nummer: 33 | Nummer: 34 |

160

Download: http://drksachsen.de/lv-intern/download-intern/fluechtlingshilfe/vorlagen

Version: 2015-10-07 | Nummer: 2

Abb. 140: Piktogrammsystem »DRK«

DRK Landesverband Sachsen e.V.
Bremer Str. 10d
01067 Dresden

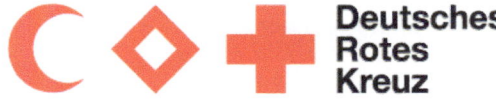

**Deutsches
Rotes
Kreuz**

 Nummer: 61

 Nummer: 62

 Nummer: 63

 Nummer: 64

 Nummer: 65

 Nr.: 66, ①67

 Nummer: 68

 Nummer: 69

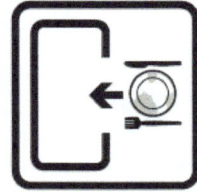 Nummer: 70

 Nummer: 71

 Nummer: 72

 Nummer: 73

 Nummer: 74

 Nummer: 75

 Nummer: 76

 Nummer: 77

 Nummer: 78

 Nummer: 79

 Nummer: 80

  Nr.: ①81, 82

 Nummer: 83

 Nummer: 84

 Nummer: 85, 86

 Nummer: 87, 88

 Nummer: 89, 90

Download: http://drksachsen.de/lv-intern/download-intern/fluechtlingshilfe/vorlagen

Version: 2015-10-07 | Nummer: 4

Abb. 141: Piktogrammsystem »DRK« 02

DEUTSCHES ROTES KREUZ

DRK Landesverband Sachsen e.V.
Bremer Str. 10d
01067 Dresden

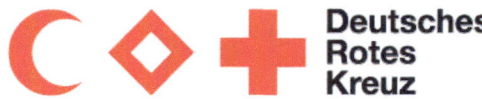

Nummer: **35**

Nummer: **36**

Nummer: **37**

Nummer: **38**

Nummer: **39**

Nummer: **40**

Nummer: **41**

Nummer: **42**

Nummer: **43**

Nummer: **44**

Nummer: **45**

Nummer: **46**

Nummer: **47**

Nummer: **48**

Nummer: **49**

Nummer: **50**

Nummer: **51**

Nummer: **52**

Nummer: **53, 54**

Nummer: **53, 55**

Nummer: **53, 56**

Nummer: **53, 57**

Nummer: **58**

Nummer: **59**

Nummer: **60**

162

Download: http://drksachsen.de/lv-intern/download-intern/fluechtlingshilfe/vorlagen

Version: **2015-10-07** | Nummer: **3**

Abb. 142: Piktogrammsystem »DRK« 03

Lungen-Symptome | اعراض أمراض الرئتين | علايم ريوى

Leiden Sie unter Luftnot oder Atemschwierigkeiten?

- *ja*
- *nein*
- *in Ruhe*
- *nachts*
- *bei Belastung*

هل تشكو من صعوبة في استنشاق الهواء والتنفس ؟

نفس تنگى داريد؟

نعم | بله

لا | نه

أثناء الراحة | در استراحت

في الليل | شبها

أثناء القيام بمجهود | در حال كار

Tritt beim Ausatmen ein pfeifendes Geräusch (Giemen) auf?

- *ja*
- *nein*
- *seit wann*

هل يصدر اثناء التنفس صفير أو خشخشة ؟

در زمان تنفس ريه شما سوت ميزند؟

نعم | بله

لا | نه

منذ متى | از چه زمانى

163

Leiden Sie unter Schnupfen?

- *ja*
- *nein*
- *seit wann*

هل تشكو من الزكام أو العطاس ؟

اب بينى داريد؟

نعم | بله

لا | نه

منذ متى | از چه زمانى

Leiden Sie unter Heiserkeit?

- *ja*
- *nein*
- *seit wann*

هل تشكو من البحة ؟

صداتون گرفته؟

نعم | بله

لا | نه

منذ متى | از چه زمانى

---

 ja نعم | بله *nein* لا | نه *gut* جيد | خوب  *schlecht* سيئة | بد

Abb. 143: Piktogrammsystem »MedGuide«

Diagnostische Maßnahmen

الفحص / التشخيص | معاينه/تشخیص

VITALWERTE

Ich prüfe nun Ihren Blutdruck und Puls, ggf. auch Ihre Temperatur. Bitte setzen Sie sich oder legen Sie sich hin und atmen Sie ruhig.

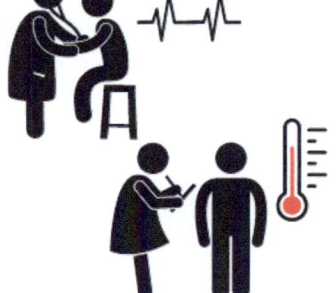

العمليات الحيوية | سوف أقيس الآن ضغط الدم وسأفحص النبض، ودرجة حرارتك إذا لزم الأمر. اجلس أو اضطجع من فضلك وتنفس بهدوء.

علائم حیاتی | من فشار خون و نبض و حرارت بدن را چک میکنم، لطفا بنشینید یا دراز بکشید و آرام تنفس کنید.

GEWICHT

Bitte ziehen Sie die Schuhe aus und stellen Sie sich dann auf die Waage. Dort lese ich Ihr Gewicht ab.

الوزن | إخلع حذائك من فضلك وقِف على الميزان، كي اقرأ وزنك.

وزن | لطفا کفشها را در آورید و روی ترازو بروید، آنجا من وزن شما را اندازه میگیرم.

BLUTABNAHME

Bitte machen Sie einen Arm frei und strecken diesen nach vorn. Ich lege nun einen Stauschlauch um Ihren Oberarm und reinige die Armbeuge. Anschließend setze ich eine Spritze und nehme etwas Blut ab. Danach drücken Sie mit der anderen Hand fest auf die Einstichstelle.

عينة الدم | من فضلك اسحب ملابسك بعيدًا عن ذراعك، ومدَّه للأمام. سوف أضع الآن حزامًا حول عضدك وأنظِّف عند منطقة المرفق من الداخل. بعدها سوف يتمُ سحب عينة دم منك من خلال إبرة. يتعين عليك بعد ذلك الضغط جيدًا على مكان الوخذ باليد الأخرى.

خونگیری (گرفتن خون) | لطفاً یکی از آستین های خود را بالا بزنید و دستتان را به طرف جلو نگه دارید، من یک بند به بازویتان می بندم و محل برداشت خون را تمیز می کنم، بعد با سرنگ خون می گیرم، و در آخر شما روی محل سوزن را با دست دیگرتان فشار دهید.

Abb. 144: Piktogrammsystem »MedGuide« 02

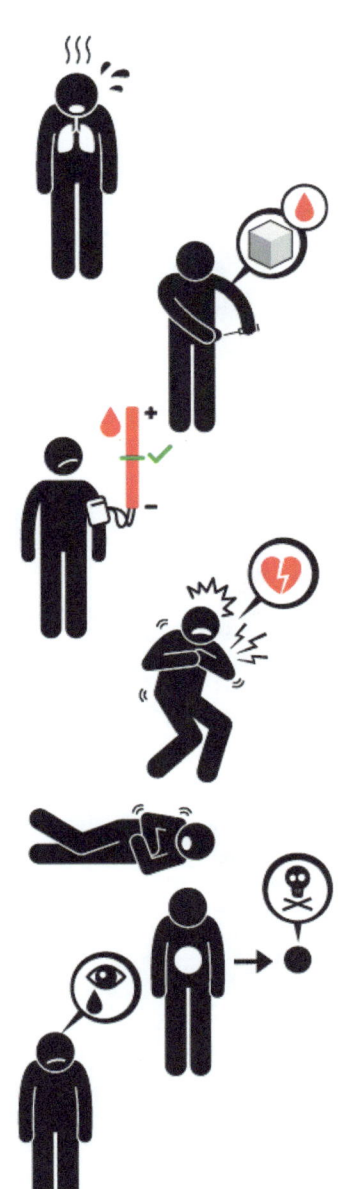
Gibt es Vorerkrankungen?	هل توجد امراض سابقة ؟
	آیا قبلاً بیماری داشتید؟
• *ja*	نعم | بله
• *nein*	لا | نه
• *Asthma*	ربو | بیماری قند
• *Diabetes Typ I / Typ II*	السكر نمط ١ ونمط ٢
	بیماری قند نوع ١ یا نوع ٢
• *Bluthochdruck*	ارتفاع في ضغط الدم
	فشار خون بالا
• *Herzinfarkt*	جلطة قلبية | سكته قلبی
• *Epilepsie*	صرع | صرع
• *Krebs*	سرطان | سرطان
• *Depression*	اكتئاب | افسردگی

ja	*nein*	*gut*	*schlecht*
نعم | بله	لا | نه	جید | خوب	سیئة | بد

© 2016/17 **MedGuide** | **5**

Abb. 145: Piktogrammsystem »MedGuide« 03

Symptome / symptoms / symptômes / أعراض

www.apotheken-umschau.de

Fieber
fever
fièvre
حمى

Frieren
freezing
avoir froid
يتجمد

Schnupfen
sniffing
rhume
زكام

Schwindel
dizziness
vertiges
دوخة

Husten
cough
toux
سعال

Atemnot
breathing trouble
dyspnée
صعوبة في التنفس

166

Herzrasen
racing heart
accélération du rythme cardiaque
خفقان القلب

Heiserkeit
hoarseness
enrouement
بحة في الصوت

Durchfall / Verstopfung
diarrhoea / constipation
diarrhée / constipation
إمساك / إسهال

Erbrechen
vomiting
vomissement
تقيؤ

Juckreiz
itching
démangeaison
الحكة

Blutung
bleeding
hémorragie
نزيف دموي

schlecht hören
poor hearing
entendre mal
ضعف السمع

schlecht sehen
bad seeing
voir mal
ضعف الرؤية

nicht lesen können
can't read
être analphabète
لا يستطيع القراءة

Bildnachweis: istock/Alex Belomlinsky/alekup/Ieremy/Victor/Blue Planet; fotolia/tawesit

Abb. 146: Piktogrammsystem »Apotheken Umschau«

Arznei / medicine / médicament / دواء

Ich brauche ... / I need ... / J'ai besoin ... / أحتاج . .

Tabletten
tablets
comprimes
حبوب دواء

Pflaster & Verband
plaster & bandage
pansement & bandage
اللصاقات والضمادات

Asthmaspray
asthma inhaler
spray asthmatique
بخاخ الربو

Tampons & Binden
tampons & sanitary pads
tampons & serviette hygiénique
الفوط الصحية - النسائية

Insulin
insulin
insuline
أنسولين

Was mir passiert ist ... / What happened to me ... / Ce qui est arrivé à moi ... / . . الذي حدث لي

Ich bin hingefallen.
I fell down.
Je suis tombé(e).
لقد وقعت

Ich wurde geschlagen.
I was slapped.
On m'a frappé(e).
تعرضت للضرب

Ich habe mich geschnitten.
I cut myself.
Je me suis coupé(e).
لقد جرحت نفسي

Ich wurde von etwas angefahren.
I was hit by something.
J'ai été renversé(e) par quelque chose.
تعرضت للدهس

Ich wurde gebissen.
I was bitten.
J'ai été mordu(e).
تعرضت للعض

Ich habe mich verbrannt.
I burned myself.
Je me suis brûlé (e).
قمت بإحراق نفسي

Bildnachweis: istock/Bakai/Sweetjunkz/Kimberrywood/Zern Liew/leremy; fotolia/pictureworld2/ leremy/helgamariah

Abb. 147: Piktogrammsystem »Apotheken Umschau« 02

Behandlung – Wurzelkanalbehandlung

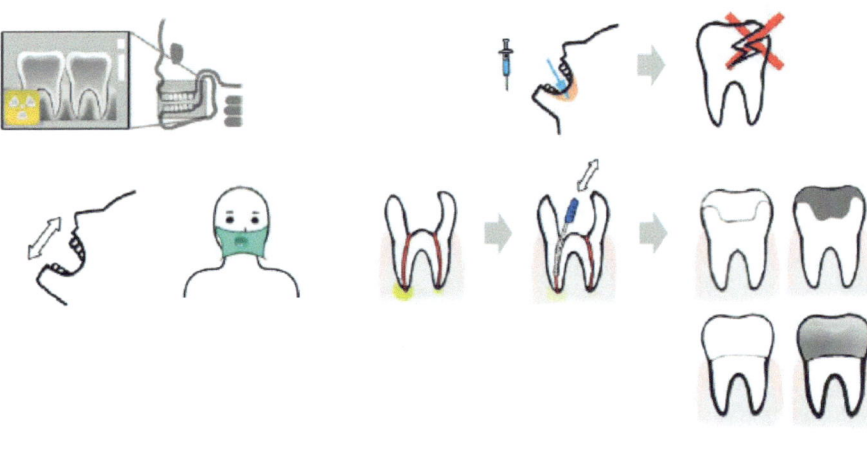

168

Behandlung – Füllung/PA

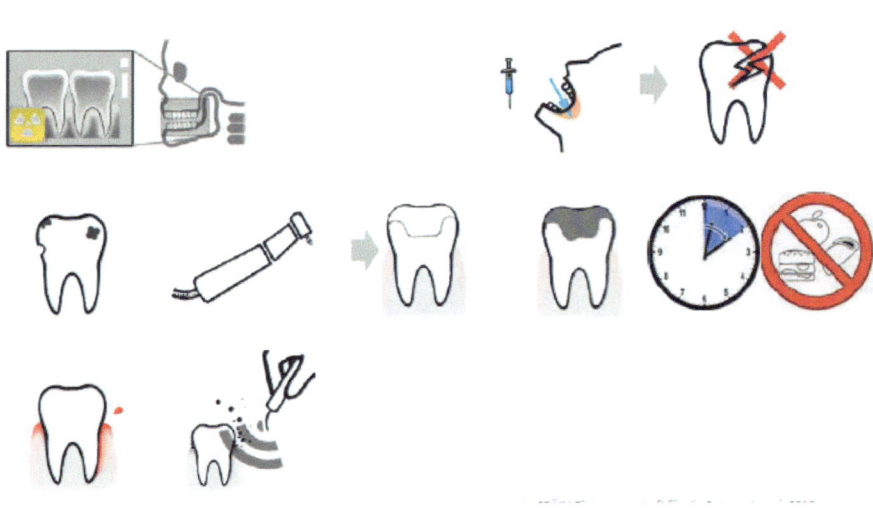

Abb. 148: Piktogrammsystem »Bundeszahnärztekammer«

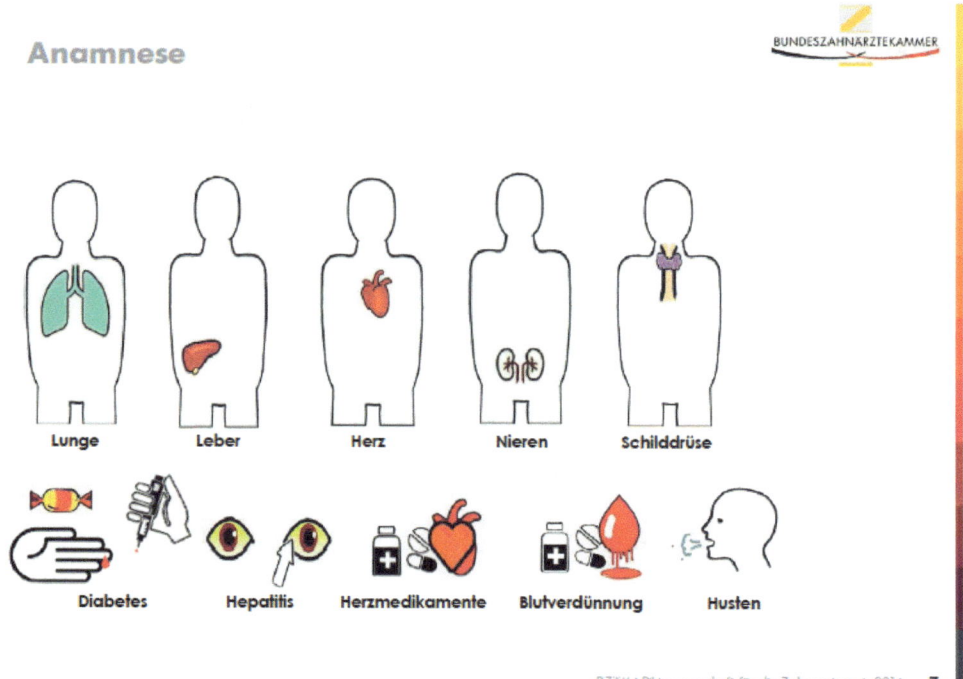

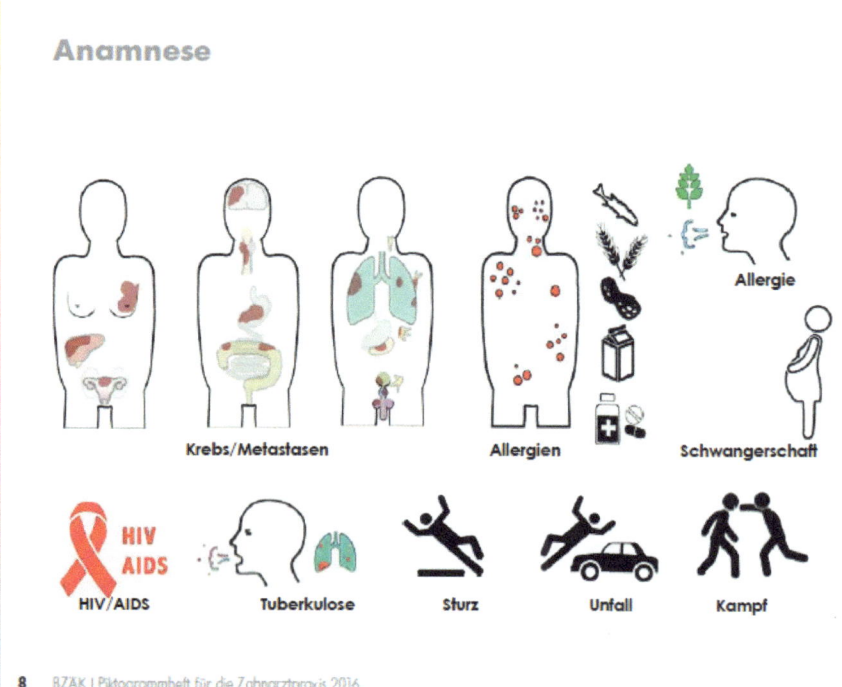

Abb. 149: Piktogrammsystem »Bundeszahnärztekammer« 02

■ Asylverfahren in Deutschland

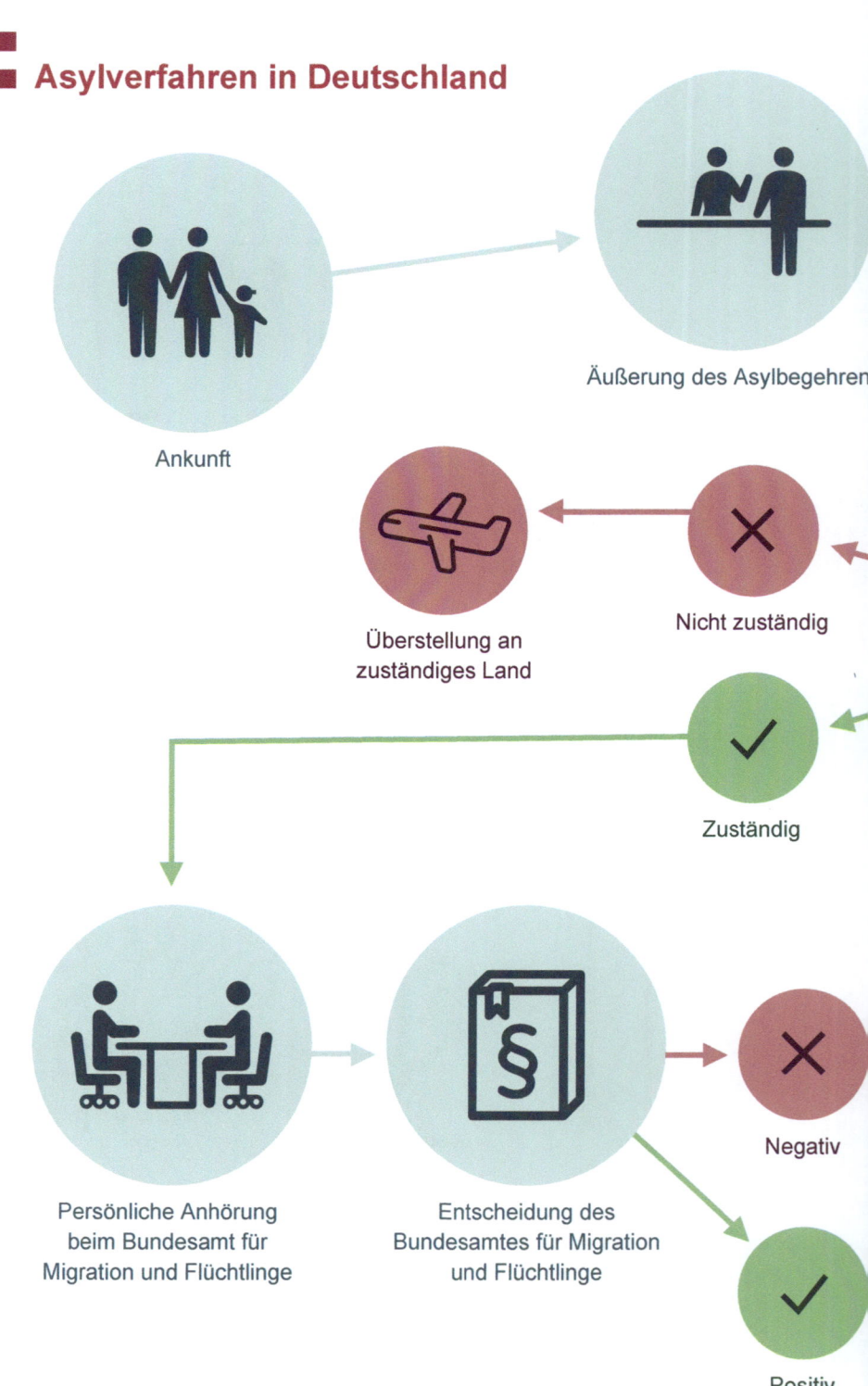

170

Abb. 150: Piktogrammsystem »BPB«

Registrierung

Verteilung in Deutschland

Dublin-Verfahren

Persönlicher Antrag beim Bundesamt
für Migration und Flüchtlinge

Aufforderung zur
usreise/evtl. Abschiebung

Asylbewerber kann klagen

Klage abgelehnt

Aufenthaltserlaubnis

Klage stattgegeben

Abb. 151: Piktogrammsystem »BAMF«

6.7 ANALYSEERGEBNISSE BESTEHENDER PIKTOGRAMMSYSTEME

PIKTOGRAMM-SYSTEM	THEMENBEREICH	ZEICHENART (INDEX, IKON, SYMBOL, KOMBINATIONEN)	ZEICHEN-CHARAKTER (ABSTRAKTION, IKONIZITÄT)	KULTUR-NEUTRALITÄT (SYMBOLE INTERKULTURELL, INTERNATIONAL?)	BILDUNGS-NEUTRALITÄT
ICOON for refugees	Alltagsgegenstände und Arztbesuch	· Verwendung aller Zeichenarten · Ikon: z. B. Koffer-Ikon für Koffer · Symbol: abstraktes Zeichen (Äskulapstab) für Apotheke/Medizin · Index: Pfeile · Kombination: Darstellung von Geldscheinen mit Euro- und Dollarzeichen, Pfeile, die ein Tauschen zeigen	· Kein einheitlicher Abstraktionsgrad, schon in der Darstellung von Personen werden unterschiedlich viele Details eingesetzt · Ikonizitätsgrad teilweise so hoch, das die Bildzeichen nicht der Forderung nach Reduktion auf das Wesentliche von Piktogrammen gerecht werden, sondern eher Illustrationen gleichen, bei der Darstellung von Nahrungsmitteln wird außerdem auf Fotos zurückgegriffen	· Durch den Einsatz von Schrift und Symbolen, die ggf. nicht interkulturell verständlich sind (wie z. B. der Äskulapstab) ist keine Kulturneutralität gegeben	· Durch die Verwendung zahlreicher Symbole, die erst gelernt werden müssen, wie z. B. das Symbol für Apotheke, entspricht das Piktogrammsystem nicht der Forderung nach Bildungsneutralität · Auch die Verwendung von Schrift, wie »ATM« für Bankautomat, wird nicht von allen Menschen gleichermaßen verstanden
First Aid	Orientierung, Verhaltensregeln in der Erstunterkunft, Verständigung beim Arztbesuch	· Verwendung aller Zeichenarten · Ikon: z. B. Bett-Ikon steht für Bett · Symbol: abstraktes Zeichen für WLAN · Index: Pfeile · Kombination: Ikon zeigt eine Frau mit dem Buchstaben-Symbol »i« in einer Sprechblase, das »i« soll für »Information« stehen · Die einzelnen Zeichen können in ihrer Anwendung kombiniert werden, z. B. durch Hängung in Verbindung mit einem Pfeil, der einzeln zur Verfügung steht	· Angemessener Abstraktionsgrad, der jedoch nicht überall einheitlich ist, z. B. ist Waschmaschine detaillierter dargestellt als das Piktogramm für Mann · Nicht alle Nachrichten sind aufgrund ihres Symbolcharakters oder durch das Fehlen der Darstellung der gesamten Kausalkette auf den Punkt gebracht	· Positiv ist das interkulturelle Piktogramm für Frau, dieses kann als Frau mit langen Haaren oder mit Kopftuch gelesen werden · Negativ ist die Verwendung von Wörtern auf Deutsch und Arabisch innerhalb des Piktogramms für »Sprachkurs« zu bewerten, da Menschen anderer Landessprachen dies nicht verstehen können · Es kann nicht davon ausgegangen werden, dass alle Symbole verstanden werden, z. B. das Symbol des roten Halbmondes für humanitäre Hilfe, wenn dieser nicht rot abgebildet ist	· Die Bildungsneutralität kann nicht durchgehend gewahrt werden, da nicht davon ausgegangen werden kann, dass alle Symbole verstanden werden, wie z. B. der Halbmond für humanitäre Hilfe in schwarzer Farbe, das kleine »i« für Information, der Blitz für Schmerz

Abb. 152: Analyseergebnisse bestehender Piktogrammsysteme

ACHTUNG VON TABUS	LESBARKEIT	EINHEITLICHKEIT DER GESTALTUNGSREGELN · Formdimension · Formqualität · Formfüllung · Formbegrenzung · Formverwirklichung	FARBIGKEIT (EINHEITLICHER EINSATZ, SYMBOLWERT DER FARBE BEACHTET?)	DARSTELLUNG DER GESAMTEN KAUSALKETTE?	ZEICHENKLARHEIT, KLARE ZEICHENSTRUKTUR
· Die Darstellung von Krankheiten wie Durchfall und Erbrechen erfordert Piktogramme, deren tabufreie Gestaltung schwierig ist, sodass in diesem Fall Piktogramme zum Einsatz kommen, die Tabus brechen können · Bei Piktogrammen für die korrekte Toilettenbenutzung hätte jedoch auf das Zeigen der Fäkalien verzichtet werden können	· Durch ihre sehr kleine Abbildung und ihre sehr dünne Strichstärke sind die Piktogramme schlecht lesbar, eine Reduktion der Details, breitere Strichstärken und eine größere Abbildung der Piktogramme wäre hilfreich gewesen, um eine gute Lesbarkeit gewährleisten zu können	· Die Piktogramme zeigen eine grafische Konsistenz durch einheitliche Strichstärken, schwarze Farbigkeit und Leerformen · Jedoch unterscheiden sie sich in ihrem Detailreichtum, sodass einige Zeichen ganz simpel gehalten sind und andere eine Fülle an Details mitbringen, sodass gar nicht alle Details entschlüsselt werden können · Die Darstellung der Nahrungsmittel als Fotografien fällt dabei komplett aus dem Rahmen	· Farben kommen kaum zum Einsatz, außer bei der Darstellung von Verbotsschildern, bei denen Rot seiner Farbbedeutung im Straßenverkehr entsprechend als Verbotsfarbe eingesetzt wird · Nahrungsmittel werden als Farbfotografien ihrer natürlichen Farbgebung entsprechend eingesetzt	· Kausalketten werden hinreichend dargestellt	· Einige Zeichenbedeutungen werden aufgrund von Symboliken nicht deutlich, andere kann man aufgrund ihrer kleinen Darstellung und ihres Detailreichtums kaum entschlüsseln, wieder andere erklären durch Kausalketten verständlich ihre Bedeutung
· Die Darstellung von Krankheiten wie Durchfall und Erbrechen erfordert Piktogramme, deren tabufreie Gestaltung schwierig ist, sodass in diesem Fall Piktogramme zum Einsatz kommen, die Tabus brechen können · Bei Piktogrammen für die korrekte Toilettenbenutzung hätte jedoch auf das Zeigen der Fäkalien verzichtet werden können	· Mit dem Piktogrammsystem wird eine Anleitung zur Anbringung der Piktogramme im Raum mit gereicht, wird sich an diese gehalten, ist eine gut lesbare Größe und Positionierung gewährleistet	· Die Piktogramme zeigen eine grafische Konsistenz durch einheitliche Strichstärken, schwarze Farbigkeit, wiederkehrende Formensprache (z. B. Kopfformen) · Sie zeigen aber auch inkonsistente Gestaltungsmerkmale, so gibt es eine Mischung aus gefüllten Formen und Leerformen (Formfüllung), deren Einsatz beliebig scheint (z. B. gefüllter Oberkörper aller Personen, jedoch Leerform des Oberkörpers bei Darstellung der Frau) · Auch die Verwendung der Formqualität mit abgerundeten Ecken ist nicht einheitlich	· Die starke Vereinheitlichung der Farbigkeit durch eine durchgehend schwarze Darstellung führt zu weniger Zeichenklarheit, z. B. beim Zeigen des roten Halbmonds/Kreuzes in Schwarz · Gleichzeitig findet der Symbolwert der Farbe Schwarz dadurch keine Beachtung · Die Farbsymbolik findet lediglich in der Anwendungsanleitung Beachtung, so sollen die Piktogramme auf Papier der kulturell positiv besetzten Farbe Grün im Leuchtton Neon gedruckt werden, schwierig könnte dies jedoch bei Verbotspiktogrammen werden, die in Rot eindeutiger wären	· Besonders beim Trinkwasser-Piktogramm fällt das Fehlen der Darstellung der gesamten Kausalkette auf, hier wird lediglich das Befüllen des Bechers gezeigt, nicht aber der Trinkvorgang · Anders verhält es sich beim Piktogramm zur Müllentsorgung, hier wird eine Person gezeigt, die den Müll in den Mülleimer wirft	· Eine Zeichenklarheit ist, wie die Analyse zeigt, nicht durchgehend gewährleistet, so wurde in einem User-Test das Piktogramm für »Haus« aufgrund seiner starken Abstraktion als Pfeil interpretiert

PIKTOGRAMM-SYSTEM	THEMENBEREICH	ZEICHENART (INDEX, IKON, SYMBOL, KOMBINATIONEN)	ZEICHEN-CHARAKTER (ABSTRAKTION, IKONIZITÄT)	KULTUR-NEUTRALITÄT (SYMBOLE INTERKULTURELL, INTERNATIONAL?)	BILDUNGS-NEUTRALITÄT
Sozialamt Stadt Münster	Orientierung, Verhaltensregeln in der Erstunterkunft	· Verwendung aller Zeichenarten · Ikon: z. B. Kinderwagen-Ikon steht für Kinderwagen · Symbol: z. B. Halbmond und Stern für Islam · Index: Pfeile, z. B. bei Piktogramm zur Beaufsichtigung der Kinder · Kombination: die verschiedenen Zeichenarten werden selten innerhalb eines Piktogramms kombiniert, z. B. kaputte Gegenstände (Ikons) in Kombination mit Sprechblasensymbol steht für »Bei Sperrmüll den Hausmeister fragen«	· Recht einheitlicher Abstraktionsgrad · Durch groben, handgezeichneten, illustrativen Charakter können Ungenauigkeiten und Uneindeutigkeiten entstehen	· Durch weitestgehenden Verzicht auf Symbolzeichen können die reinen Piktogramme eine kulturneutrale Kommunikation gewährleisten · Jedoch stehen die Piktogramme niemals ohne Erklärungen auf Deutsch und werden ohne diese auch kaum verstanden, sodass die Piktogramme ohne das Verständnis der deutschen Sprache nicht verstanden werden können und somit auch nicht kulturneutral sind	· Durch weitestgehenden Verzicht auf Symbolzeichen können die reinen Piktogramme eine bildungsneutrale Kommunikation gewährleisten · Jedoch stehen die Piktogramme niemals ohne Erklärungen auf Deutsch und werden ohne diese auch kaum verstanden, sodass die Piktogramme ohne das Verständnis der deutschen Sprache nicht verstanden werden können und somit auch nicht bildungsneutral sind
Deutsches Rotes Kreuz	Orientierung, Verhaltensregeln in der Erstunterkunft	· Verwendung aller Zeichenarten · Ikon: z. B. Frau-Ikon steht für Frau · Symbol: Schriftsymbol »i« für Information · Index: Pfeile, z. B. bei Piktogramm für die Waschmaschinenbenutzung: dreckige Wäsche in die Waschmaschine, saubere Wäsche aus der Waschmaschine · Kombination: die verschiedenen Zeichenarten werden häufig innerhalb eines Piktogramms kombiniert, z. B. das Ikon Flasche, kombiniert mit dem Symbol für Promille, steht für Alkohol, das Ikon für dreckiges Geschirr, mit einem Pfeil als Index und dem Symbol für Raum, steht für Geschirrrückgabe · Dieses äußerst komplexe Piktogramm mit einer Kombination aller Zeichenarten büßt dabei an Verständlichkeit ein · Die einzelnen Piktogramme können auch in Kombination verwendet werden, eine Anleitung zum Erstellen einer sogenannten »Zeichenkette« werden mitgeliefert	· Kein einheitlicher Abstraktionsgrad, schon in der Darstellung von Personen werden unterschiedlich viele Details eingesetzt · Dadurch sind einige Darstellungen zu detailliert dargestellt (z. B. Arzt), wohingegen andere zu abstrakt dargestellt sind (z. B. Räume) · Keine Eindeutigkeit der Bedeutung der Zeichen durch fehlende Reduktion auf das Wesentliche	· Es wird auf die interkulturell verständlichen Verkehrszeichen zurückgegriffen, so werden Verbote durch einen schrägen Balken, der von oben links nach unten rechts verläuft, durchgestrichen · Ein grüner Haken steht für erlaubt, ein rotes Kreuz für verboten · Auch der rote Halbmond sowie der rote Kristall (internationales Schutzsymbol, sogenanntes »Zeichen des dritten Zusatzprotokolls«) werden zusätzlich zum roten Kreuz als Symbol für humanitäre Hilfe eingesetzt · Durch den Einsatz nicht interkulturell verständlicher Symbole, wie dem »i« für Information, dem Kreis mit Pfeilen für Treffpunkt, der Krone für »Bleiben Sie entspannt« und viele weitere, ist eine Kulturneutralität nicht gegeben	· Durch die Verwendung zahlreicher Symbole, die erst gelernt werden müssen, wie z. B. das Symbol für Treffpunkt, entspricht das Piktogrammsystem nicht der Forderung nach Bildungsneutralität

Abb. 153: Analyseergebnisse bestehender Piktogrammsysteme 02

ACHTUNG VON TABUS	LESBARKEIT	EINHEITLICHKEIT DER GESTALTUNGSREGELN	FARBIGKEIT (EINHEITLICHER EINSATZ, SYMBOLWERT DER FARBE BEACHTET?)	DARSTELLUNG DER GESAMTEN KAUSALKETTE?	ZEICHENKLARHEIT, KLARE ZEICHENSTRUKTUR
		· Formdimension · Formqualität · Formfüllung · Formbegrenzung · Formverwirklichung			
· Tabus werden geachtet	· Eine gute Lesbarkeit ist durch den Einsatz der Piktogramme auf großen DIN A1-Plakaten oder als Einzelausdruck in DIN A4-Größe gewährleistet	· Durch ihren handgezeichneten Charakter wirken die Piktogramme kindlich und teilweise ungenau durch ihre grobe Strichführung, die Details unmöglich oder unkenntlich macht · Die Gestaltungsmerkmale sind konsistent eingesetzt, so verfügen die Piktogramme über schwarze Konturen in einheitlicher Strichstärke und eine weiße Koloration auf grünem Hintergrund · Um bestimmte Sachverhalte in den Vordergrund zu rücken, wird mit einer roten oder blauen Koloration gearbeitet · Eine Rasterbasiertheit lässt sich nicht erkennen, so ist jedes Piktogramm individuell aufgebaut	· Die Farbe Rot ist als Verbotsfarbe ihrer Bedeutung entsprechend eingesetzt, anders ist es mit der Farbe Blau, die hier anstelle der Farbe Grün für »richtig« steht · Grün findet als Hintergrundfarbe Verwendung, auch auf Verbotsschildern, was zur Verwirrung führen kann · Besser wäre der Einsatz von Rot für Verbote, Grün für Erlaubnisse und Blau im Hintergrund als Hinweisfarbe	· Kausalketten werden nicht immer deutlich, z. B. beim Piktogramm »Kinder immer beaufsichtigen« wird durch die Darstellung eines einzelnen Auges neben zwei Erwachsenen und eines einzelnen Pfeils, das auf ein Kind zeigt, nicht ganz deutlich, dass der Blick auf das Kind gerichtet werden soll	· Aufgrund des groben, handgezeichneten Charakters der Piktogramme fehlt es an Details und in gleichem Zuge an Eindeutigkeit der Zeichenbedeutungen · So gleicht der Fahrradständer des Piktogramms »Fahrräder ordentlich abschließen« dem Fahrradschloss, beide bestehen aus einem mehr oder weniger runden, roten Kreis · Dadurch ist keine eindeutige Zeichenklarheit gewährleistet
· Die Darstellung des Piktogramms, das Männer Urinale benutzen sollen, könnte als Tabubruch gesehen werden · Die Darstellung dabei ist jedoch noch vertretbar	· Durch die Kombination zahlreicher Zeichen und Zeichenarten innerhalb eines Piktogramms verringert sich die Größe der Einzelzeichen dementsprechend, was zu einer verschlechterten Lesbarkeit führt · Außerdem fehlt es durch die Kombination der vielen Einzelzeichen an Übersichtlichkeit	· Auch wenn es ein zugrunde liegendes Form- und Farbsystem gibt, das auf den Verkehrszeichen beruht, werden doch zahlreiche Formen, Stile, Abstraktionsgrade etc. miteinander kombiniert und gemischt · So gleicht das Piktogrammsystem eher einem Sammelsurium aus Illustration, Logo, Emoji und Piktogramm · Es finden Mischungen zwischen gefüllten und leeren Formen (Formfüllung), verschiedenen Strichstärken (Formdimension), Abstraktionsgraden und unterschiedlichen Farbeinsätzen statt	· Farbbedeutungen wie Rot für Verbote, Grün für Erlaubnisse und Blau für Hinweise werden beachtet und dementsprechend verständnisfördernd eingesetzt · Jedoch kommen diese Farben in anderen Piktogrammen als Kolorationen ohne Bedeutungszusammenhang zum Einsatz, was zu einer geringeren Eindeutigkeit in der Farbbedeutung führt	· Wieder wird das Trinkwasserpiktogramm ohne seinen kausalen Zusammenhang, dem Vorgang des Trinkens, dargestellt · Auch das Piktogramm zum Betätigen der Toilettenspülung wirkt ohne Kausalkette nicht verständlich	· Wie die Analyse zeigt, ist nicht immer eine Zeichenklarheit vorhanden · So ist die Frage, wie Menschen aus anderen Kulturkreisen, einzelne Symbole (z. B. das aus der Krone) entschlüsseln können sollen, wenn sie nicht einmal von den Menschen der westlichen Kultur, aus der das Piktogrammsystem stammt, verstanden werden

PIKTOGRAMM-SYSTEM	THEMENBEREICH	ZEICHENART (INDEX, IKON, SYMBOL, KOMBINATIONEN)	ZEICHEN-CHARAKTER (ABSTRAKTION, IKONIZITÄT)	KULTUR-NEUTRALITÄT (SYMBOLE INTERKULTURELL, INTERNATIONAL?)	BILDUNGS-NEUTRALITÄT
MEDGUIDE	Arztbesuch	· Verwendung aller Zeichenarten · Ikon: z. B. Spritze steht für Spritze, Symbol: z. B. Herzsymbol für organisches Herz, Index: z. B. Pfeile · Kombination: die verschiedenen Zeichenarten werden häufig innerhalb eines Piktogramms kombiniert, z. B. Person mit Hand am Hals (Ikon) und Sprechblase mit durchgestrichenen Musiknoten (Symbol) steht für »Heiserkeit«	· Recht einheitlicher Abstraktionsgrad, Gegenstände werden detaillierter dargestellt als Personen · Durch fette Strichstärken oder massiven Einsatz von schwarzen Füllformen entsteht ein teilweise zu niedriger Ikonizitätsgrad, sodass die Entschlüsselung der Piktogramme schwerfällt	· Durch Einsatz weniger, einfacher Symbolzeichen können die reinen Piktogramme eine kulturneutrale Kommunikation weitgehend gewährleisten · Jedoch stehen die Piktogramme niemals ohne Erklärungen auf Deutsch und Arabisch und werden ohne diese auch kaum verstanden, sodass die Piktogramme ohne das Verständnis einer dieser Sprachen nicht verstanden werden können und somit auch nicht kulturneutral sind	· Durch Einsatz weniger, einfacher Symbolzeichen können die reinen Piktogramme eine bildungsneutrale Kommunikation weitgehend gewährleisten · Jedoch stehen die Piktogramme niemals ohne Erklärungen auf Deutsch und Arabisch und werden ohne diese auch kaum verstanden, sodass die Piktogramme ohne das Verständnis einer dieser Sprachen nicht verstanden werden können und somit auch nicht bildungsneutral sind
Apotheken Umschau	Arztbesuch	· Verwendung von Ikon und Index Zeichen · Ikon: z. B. Spritze steht für Spritze, Symbol: z. B. Herzsymbol für organisches Herz · Kombination: die verschiedenen Zeichenarten werden selten innerhalb eines Piktogramms kombiniert, z. B. durchgekreuztes Symbol für Geräusch kombiniert mit Ohr für »schlecht hören«	· Abstraktionsgrad nicht ganz einheitlich, während Personen sehr abstrakt dargestellt werden, weisen Gegenstände einen höheren Ikonizitätsgrad auf	· Durch weitestgehenden Verzicht auf Symbolzeichen können die reinen Piktogramme eine kulturneutrale Kommunikation gewährleisten · Jedoch stehen die Piktogramme niemals ohne Erklärungen auf Deutsch, Englisch, Französisch und Arabisch und werden ohne diese auch kaum verstanden, sodass die Piktogramme ohne das Verständnis einer dieser Sprachen nicht verstanden werden können und somit auch nicht kulturneutral sind	· Durch weitestgehenden Verzicht auf Symbolzeichen können die reinen Piktogramme eine bildungsneutrale Kommunikation angehend gewährleisten · Jedoch stehen die Piktogramme niemals ohne Erklärungen auf Deutsch, Englisch, Französisch und Arabisch und werden ohne diese auch kaum verstanden, sodass die Piktogramme ohne das Verständnis einer dieser Sprachen nicht verstanden werden können und somit auch nicht bildungsneutral sind

Abb. 154: Analyseergebnisse bestehender Piktogrammsysteme 03

ACHTUNG VON TABUS	LESBARKEIT	EINHEITLICHKEIT DER GESTAL-TUNGSREGELN · Formdimension · Formqualität · Formfüllung · Formbegrenzung · Formverwirklichung	FARBIGKEIT (EINHEITLICHER EINSATZ, SYMBOLWERT DER FARBE BEACHTET?)	DARSTELLUNG DER GESAMTEN KAUSALKETTE?	ZEICHEN-KLARHEIT, KLARE ZEICHEN-STRUKTUR
· Tabus werden geachtet	· Die Größe der Piktogramme wird nur einem Einsatz in direkter Face to Face Kommunikation gerecht, auch da können Personen mit eingeschränkter Sehfähigkeit Probleme beim Entschlüsseln der Piktogramme bekommen	· Die Piktogramme zeigen eine grundlegende grafische Konsistenz durch einheitliche schwarze Farbigkeit und nahezu konsistent gleiche Darstellung von Personen · Jedoch unterscheiden sie sich in ihrem Detailreichtum, sodass einige Zeichen ganz simpel gehalten sind und andere mehr Details mitbringen, sodass diese gar nicht alle entschlüsselt werden können · Es sind zahlreiche eingesetzte Gestaltungsmittel vorhanden, so gibt es unterschiedliche Formbegrenzungen (offen, geschlossen), Formfüllungen (gefüllt, leer), Formdimensionen (breite, dünne, sich verjüngende Linien) und Formqualitäten (abgerundete und spitze Ecken) · Somit wird keine gestalterische Systematik sichtbar	· Die Farben Grün (gut) und Rot (schlecht) werden ihrer Bedeutung entsprechend eingesetzt, jedoch findet Rot auch für die Darstellung von Blut Verwendung, was zu einem uneinheitlichen und somit verwirrenden Einsatz der Farbbedeutung führt	· Kausalketten werden versucht mithilfe von Pfeilen darzustellen, was jedoch nicht immer gelingt, da Personen ohne medizinischen Vorkenntnisse die Prozesse unbekannt sind und durch ihre recht uneindeutige Darstellung nicht immer klar werden	· Eine Zeichenklarheit ist, wie die Analyse zeigt, nicht durchgehend gewährleistet, so können teilweise Symbole und eine zu abstrakte und durch fette Linien und zusammenlaufende schwarze Flächen uneindeutige Gestalt zu Unverständnis führen
· Die Darstellung von Krankheiten wie Durchfall und Erbrechen erfordert Piktogramme, deren tabufreie Gestaltung schwierig ist, sodass in diesem Fall Piktogramme zum Einsatz kommen, die Tabus brechen können · Dabei ist die Umsetzung angemessen ausgefallen	· Die Größe der Piktogramme wird nur einem Einsatz in direkter Face to Face Kommunikation gerecht, auch da können Personen mit eingeschränkter Sehfähigkeit Probleme beim Entschlüsseln der Piktogramme bekommen	· Die Piktogramme zeigen eine grundlegende grafische Konsistenz durch einheitliche schwarze Farbigkeit und nahezu konsistent gleiche Darstellung von Personen · Jedoch unterscheiden sie sich in ihrem Detailreichtum, sodass einige Zeichen ganz simpel gehalten sind und andere eine Fülle an Details mitbringen, sodass gar nicht alle Details entschlüsselt werden können · Es gibt inkonsistente Gestaltungsmerkmale, so weisen Personen teilweise und Hände immer unterschiedliche Abstraktionsformen, Linienstärken, Formqualitäten, Formfüllungen und Formbegrenzungen auf	· Die Farbe Rot ist als Verbotsfarbe ihrer Bedeutung entsprechend eingesetzt, jedoch findet sie auch für die Darstellung von Blut Verwendung, was zu einem uneinheitlichen und somit verwirrenden Einsatz der Farbbedeutung führt	· Kausalketten werden hinreichend dargestellt, z. B. durch Darstellung von Atemnot beim Treppensteigen, jedoch weisen andere Piktogramme Darstellungen von unvollständigen (Asthmaspray ohne Mund) oder unverständlichen (Insulin) Kausalzusammenhängen auf	· Einige Zeichenbedeutungen werden aufgrund von Symboliken nicht deutlich, andere kann man aufgrund ihrer kleinen Darstellung und ihres Detailreichtums kaum entschlüsseln, wieder andere erklären durch Kausalketten verständlich ihre Bedeutung

179

PIKTOGRAMM-SYSTEM	THEMENBEREICH	ZEICHENART (INDEX, IKON, SYMBOL, KOMBINATIONEN)	ZEICHEN-CHARAKTER (ABSTRAKTION, IKONIZITÄT)	KULTUR-NEUTRALITÄT (SYMBOLE INTERKULTURELL, INTERNATIONAL?)	BILDUNGS-NEUTRALITÄT
Bundeszahn-ärztekammer	Zahnarztbesuch	· Verwendung aller Zeichenarten · Ikon: z. B. Spritze steht für Spritze, Symbol: z. B. Sonne für Tag, Index: z. B. Pfeile · Kombination: häufige Kombination von Ikon und Index, Symbolzeichen werden seltener eingesetzt	· Recht einheitlicher Abstraktionsgrad · Durch feine Linienstärke, detaillierten, illustrativen Stil brechen feine Linien weg und Details können kaum erfasst werden, Uneindeutigkeiten entstehen · Einzelelemente fallen komplett durch einen viel höheren Abstraktionsgrad heraus (z. B. »Sturz«)	· Durch weitestgehenden Verzicht auf Symbolzeichen können die reinen Piktogramme eine kulturneutrale Kommunikation gewährleisten	· Durch weitestgehenden Verzicht auf Symbolzeichen können die reinen Piktogramme eine bildungsneutrale Kommunikation weitgehend gewährleisten · jedoch sind die Piktogramme und damit die dargestellten Prozesse für Personen ohne medizinische Vorkenntnisse nicht zu verstehen, somit besteht keine Bildungsneutralität
BPB (Bundesamt für politische Bildung)	· Asylverfahren	· Verwendung aller Zeichenarten · Ikon: z. B. Fingerabdruck, Symbol: z. B. Lupe für »Untersuchen«, Index: z. B. Pfeile · Kombination: die verschiedenen Zeichenarten werden häufig innerhalb eines Piktogramms kombiniert, z. B. Buch (Ikon) mit Paragraphenzeichen (Symbol) steht für das Grundgesetz und gleichzeitig symbolisch für »Entscheidung des Bundesamts für Migration und Flüchtlinge«	· Einheitlicher, angemessener Abstraktionsgrad	· Einsatz einiger Symbole wie Sterne für »Europa«, Richterhammer für »Klage«, deren Verständnis aber weitestgehend international vorausgesetzt werden kann · Problematisch könnte das Verständnis des Paragraphenzeichens für »Gesetze« sein, das im User-Test mehrmals nicht verstanden wurde · Aufgrund des komplexen, abstrakten Themas werden die Piktogramme zusätzlich durch schriftliche Erklärungen auf Deutsch ergänzt, welche von Personen ohne Deutschkenntnisse nicht verstanden werden können, ein Verständnis der Piktogramme ohne Deutschkenntnisse ist nicht garantiert · Somit ist eine Kulturneutralität nur ansatzweise gegeben	· Einsatz einiger Symbole wie Sterne für »Europa«, Richterhammer für »Klage«, deren Verständnis aber weitestgehend international vorausgesetzt werden kann · Problematisch könnte das Verständnis des Paragraphenzeichens für »Gesetze« sein, das im User-Test mehrmals nicht verstanden wurde · Aufgrund des komplexen, abstrakten Themas werden die Piktogramme zusätzlich durch schriftliche Erklärungen auf Deutsch ergänzt, welche von Personen ohne Deutschkenntnisse nicht verstanden werden können, ein Verständnis der Piktogramme ohne Deutschkenntnisse ist nicht garantiert · Somit ist eine Bildungsneutralität nur ansatzweise gegeben

Abb. 155: Analyseergebnisse bestehender Piktogrammsysteme 04

ACHTUNG VON TABUS	LESBARKEIT	EINHEITLICHKEIT DER GESTALTUNGSREGELN · Formdimension · Formqualität · Formfüllung · Formbegrenzung · Formverwirklichung	FARBIGKEIT (EINHEITLICHER EINSATZ, SYMBOLWERT DER FARBE BEACHTET?)	DARSTELLUNG DER GESAMTEN KAUSALKETTE?	ZEICHEN-KLARHEIT, KLARE ZEICHEN-STRUKTUR
· Tabus werden geachtet	· Die Größe der Piktogramme wird nur einem Einsatz in direkter Face to Face Kommunikation gerecht, auch da können Personen mit eingeschränkter Sehfähigkeit Probleme beim Entschlüsseln der Piktogramme bekommen	· Die Piktogramme zeigen eine grundlegende grafische Konsistenz durch einheitliche schwarze Farbigkeit und nahezu konsistent gleiche Darstellung von Personen · Jedoch unterscheiden sie sich in ihrem Detailreichtum, sodass einige Zeichen ganz simpel gehalten sind und andere eine Fülle an Details mitbringen, sodass gar nicht alle Details entschlüsselt werden können · Es gibt inkonsistente Gestaltungsmerkmale, so weisen Personen teilweise unterschiedliche Abstraktionsformen, Linienstärken, Formfüllungen und Formbegrenzungen auf	· Pastellige Farben werden für die naturgetreue Darstellung der Piktogramme eingesetzt, um deren Verständlichkeit zu unterstützen · Ein kräftiges Rot wird als Verbotsfarbe seiner Bedeutung entsprechend eingesetzt, jedoch findet es auch für die Darstellung von Schmerz, Herz, Blut und Leber Verwendung, was zu einem uneinheitlichen und somit verwirrenden Einsatz der Farbbedeutung führt	· Kausalketten werden versucht mithilfe von Pfeilen darzustellen, was jedoch nicht gelingt, da Personen ohne medizinische Vorkenntnisse die Prozesse unbekannt sind und durch ihre uneindeutige Darstellung nicht klar werden	· Wie die Analyse zeigt, ist nicht immer eine Zeichenklarheit vorhanden · Prozesse und Methoden, die vom Herausgeber der Piktogramme (Bundeszahnärztekammer) als bekannt vorausgesetzt werden, werden von Fachfremden und insbesondere von Personen mit niedrigerem Bildungsgrad nicht verstanden
· Tabus werden geachtet	· Die Größe der Piktogramme ist für den Einsatz innerhalb eines Schemas online oder als Print-Ausdruck angemessen	· Die Piktogramme zeigen eine grafische Konsistenz durch einheitliche Strichstärken, abgedunkelte Farbigkeit im Bezug zu ihrem Hintergrund, den Einsatz von Leerformen für Gegenstände und Füllformen für Personen	· Die Farben Grün (positiv) und Rot (negativ) werden ihrer Bedeutung entsprechend eingesetzt	· Kausalketten werden mithilfe von Pfeilen dargestellt, jedoch fehlt die Darstellung einiger Zusammenhänge, wie z. B. die Darstellung der unterschiedlichen Aufenthaltsberechtigungen	· Eine Zeichenklarheit ist, wie die Analyse zeigt, nicht durchgehend gewährleistet, so können teilweise Symbole nicht verstanden werden oder Zusammenhänge ohne Deutschkenntnisse nicht deutlich werden

181

PIKTOGRAMM-SYSTEM	THEMENBEREICH	ZEICHENART (INDEX, IKON, SYMBOL, KOMBINATIONEN)	ZEICHEN-CHARAKTER (ABSTRAKTION, IKONIZITÄT)	KULTUR-NEUTRALITÄT (SYMBOLE INTERKULTURELL, INTERNATIONAL?)	BILDUNGS-NEUTRALITÄT
BAMF (Bundesamt für Migration und Flücht-ling)	· Asylverfahren	· Verwendung aller Zeichenarten · Ikon: z. B. Bett, Symbol: z. B. Waage für »Rechts-mittel«, Index: z. B. Pfeile · Kombination: die ver-schiedenen Zeichenarten werden häufig innerhalb eines Piktogramms kombiniert, z. B. Deutsch-landsilhouette (Ikon) mit Pfeil (Index) steht für »Ankunft und Registrie-rung in Deutschland«	· Einheitlicher Ab-straktionsgrad · Durch groben, handge-zeichneten, illustrativen Charakter können Unge-nauigkeiten und Unein-deutigkeiten entstehen	· Einsatz einiger Symbole wie Sterne für »Europa«, Waage für »Rechtsmit-tel«, deren Verständnis aber weitestgehend international voraus-gesetzt werden kann · Problematisch könnte das Verständnis des Paragraphenzeichens für »Gesetze« sein, das im User-Test mehrmals nicht verstanden wurde · Aufgrund des komple-xen, abstrakten Themas werden die Piktogram-me zusätzlich durch schriftliche Erklärungen auf Deutsch ergänzt, welche von Personen ohne Deutschkenntnisse nicht verstanden werden können, ein Verständnis der Piktogramme ohne Deutschkenntnisse ist nicht garantiert · Somit ist eine Kul-turneutralität nur ansatzweise gegeben	· Einsatz einiger Symbole wie Sterne für »Euro-pa«, Waage für »Rechtsmit-tel«, deren Verständnis aber weitestgehend international vorausgesetzt werden kann · Problematisch könnte das Verständnis des Paragraphen-zeichens für »Gesetze« sein, das im User-Test mehrmals nicht verstanden wurde · Aufgrund des komplexen, abstrakten Themas werden die Piktogramme zusätzlich durch schriftliche Erklärungen auf Deutsch ergänzt, welche von Personen ohne Deutschkennt-nisse nicht verstanden werden können, ein Verständnis der Piktogramme ohne Deutsch-kenntnisse ist nicht garantiert · Somit ist eine Bil-dungsneutralität nur ansatzweise gegeben

Abb. 156: Analyseergebnisse bestehender Piktogrammsysteme 05

ACHTUNG VON TABUS	LESBARKEIT	EINHEITLICHKEIT DER GESTALTUNGSREGELN	FARBIGKEIT (EINHEITLICHER EINSATZ, SYMBOLWERT DER FARBE BEACHTET?)	DARSTELLUNG DER GESAMTEN KAUSALKETTE?	ZEICHEN-KLARHEIT, KLARE ZEICHEN-STRUKTUR
		· Formdimension · Formqualität · Formfüllung · Formbegrenzung · Formverwirklichung			
· Tabus werden geachtet	· Die Größe der Piktogramme ist für den Einsatz innerhalb eines Schemas online oder als Print-Ausdruck weitgehend angemessen · Probleme gibt es bei der zu kleinen Darstellung von Details, so fließen bei dem Piktogramm zur »persönlichen Antragstellung« die Linien durch die kleine Darstellung so stark ineinander, das man das Piktogramm kaum noch entschlüsseln kann	· Durch ihren handgezeichneten Charakter wirken die Piktogramme kindlich, was unseriös wirkt und somit unangemessen für eine Darstellung des BAMF ist Gleichzeitig werden die Details durch ihre grobe Strichführung teilweise ungenau und unkenntlich · Die Gestaltungsmerkmale sind weitgehend konsistent eingesetzt, so verfügen die Piktogramme über schwarze Konturen in einheitlicher Strichstärke und eine weiße oder creme-farbene Koloration auf orangerotem Hintergrund · Uneinheitlichkeiten bestehen in der Darstellung des Bettpiktogramms und der Pfeile, die unterschiedliche Formqualität, Formfüllung und Formverwirklichung aufweisen	· Die Farben Grün (positiv) und Rot (negativ) werden nicht ihrer Bedeutung entsprechend eingesetzt, so werden negative Bescheide zwar in roter Schrift dargestellt, positive Bescheide allerdings mit blauer Schrift · Größtenteils weisen die Piktogramme eine rotorangene Farbigkeit auf, die den Anschein gibt, das alle Piktogramme Warnungen aussprechen · Vorherrschende Farbbedeutungen werden also missachtet	· Kausalzusammenhänge sind durch Richtungspfeile in Form von Dreiecken dargestellt, die richtungsweisend durch das Diagramm leiten · Deren Einsatz findet jedoch nicht durchgehend statt und ihre Sichtbarkeit auf dem hellen Farbverlauf im Hintergrund ist sehr eingeschränkt	· Eine Zeichenklarheit ist, wie die Analyse zeigt, nicht durchgehend gewährleistet, so können teilweise Symbole nicht verstanden werden oder Zusammenhänge ohne Deutschkenntnisse nicht deutlich werden

183

6.8 VOLLSTÄNDIGE BEGRIFFSLISTE

ZU VISUALISIERENDE BEGRIFFE JOBCENTER

- Mann
- Frau
- Mädchen
- Junge
- Geld
- Uhrzeit
- Schwangerschaft
- Brief
- Telefonnummer
- Bus
- Schule
- Auto
- Fahrrad
- Zeugnis
- Kinder
- Formular
- Unterschrift
- Warten
- Pass
- Termin
- Sprachkurs
- Beratung
- Internetlink
- Hilfe
- Umzug
- Öffnungszeiten
- Recht
- Pflicht
- Ablauf
- Dolmetscher
- Laufen
- Standort
- Bank
- Email
- Fax
- Zimmernummer
- Briefkasten

- Nummer ziehen
- Post in Briefkasten werfen
- Jobcoach
- Arbeit
- Leistungssachbearbeiter
- Heizung
- Schlüsselübergabe
- Arzt
- Krankenhaus
- Mittagessen
- Suche
- Haus
- Wohnung
- Jugendlicher
- Mensch mit Behinderung
- Arbeit
- Flüchtlinge
- Positiv
- Negativ
- Kreislauf
- Postbote
- Automat
- PC/Bildschirm
- Schlüssel
- Kopierer
- Familie
- Radio
- Fernseher
- Wichtig
- Lebensunterhalt
- Integrationskurs
- Alphabetisierungskurs
- Einladung
- Test- und Meldestelle
- Mitbringen
- Berufsgruppen: Handwerk, Elektro, Pflege (!), Metall, Lager, Hausmeister, Gartenarbeiten etc.
- Schulsystem
- Ausbildungssystem
- Ansprechpartner
- Gesundheitsamt
- Veränderung
- Mitteilen
- Arbeitsaufnahme (weniger, mehr Stunden)

186

- Arbeitsunfähigkeit
- Ortsabwesenheit
- Beantragen
- Rückkehr
- Abbruch
- Regelmäßig
- Unregelmäßig
- Teilnahme
- Beratungsstellen
- Sucht
- Migration
- Kontaktieren
- Berechtigung
- Adresse
- Einstufungstest
- Anfahrt
- Kurzantrag
- Aufenthaltstitel
- Fiktionsbescheinigung
- Krankenversicherung
- Mitgliedsbescheinigung
- Papiere/Unterlagen
- Kontoauszüge
- Mietvertrag
- Mietbescheinigung
- Meldebestätigung
- Steuer ID
- Antrag
- Kindergeld
- Sozialamt
- Erstgespräch
- Kita
- Ferienbetreuung
- Flohmarkt
- Gesundheit
- Krankenkasse
- Notdienste
- Impfausweis
- Kinderuntersuchungsheft
- Drogen-, Suchtberatung
- Psychosozialberatung
- Präventionsprogramme der Krankenkassen
- Mutter-Kind-Kur
- Schulbedarf (Hefte, Stifte, Sportzeug)

6.9 FRAGEBOGEN NUTZERTEST

Was sehen Sie? Bitte schreiben Sie es unter das Bild. Danke! :)

What do you see? Please write it under the picture! Thank you :)

 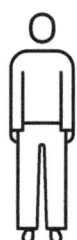 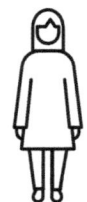 

  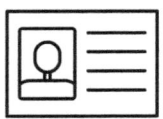 

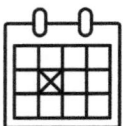   

Abb. 157: Fragebogen Nutzertest

Was sehen Sie? Bitte schreiben Sie es unter das Bild. Danke! :)

What do you see? Please write it under the picture! Thank you :)

Abb. 158: Fragebogen Nutzertest 02

Was sehen Sie? Bitte schreiben Sie es unter das Bild. Danke! :)

What do you see? Please write it under the picture! Thank you :)

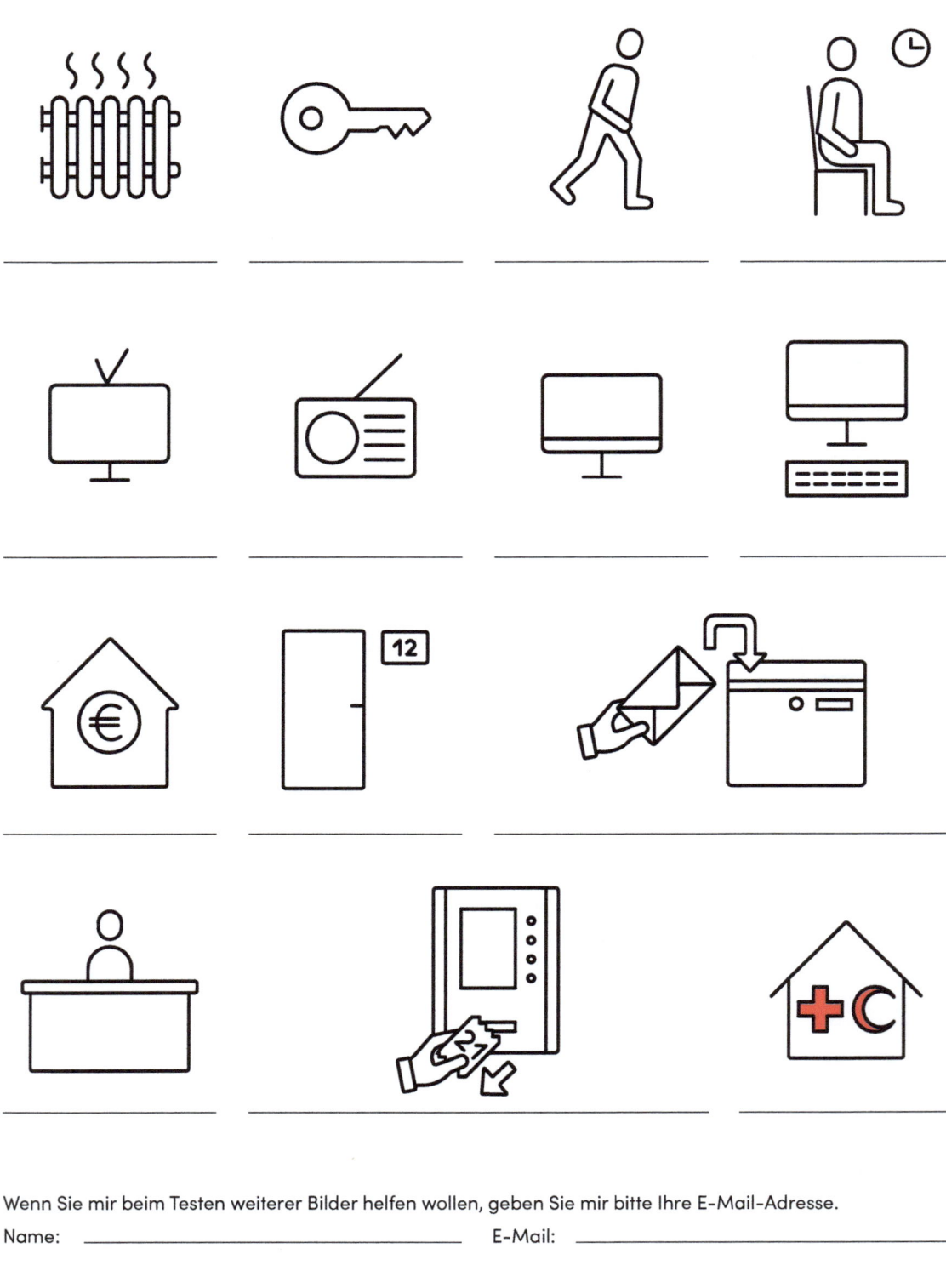

Wenn Sie mir beim Testen weiterer Bilder helfen wollen, geben Sie mir bitte Ihre E-Mail-Adresse.

Name: _____   E-Mail: _____

If you want to help me with testing more pictures, please give me your email adress.

name: _____   e-mail: _____

Abb. 159: Fragebogen Nutzertest 03

6.10 ERGEBNISSE NUTZERTEST

	BEDEUTUNG	VERSTANDEN	NICHT VERSTANDEN	ÄHNLICHE ASSOZIATION
	Frau	13/13	0/13	0/13
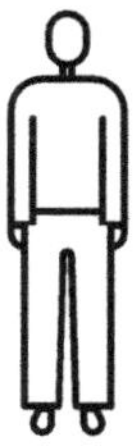	Mann	13/13	10/13	0/13
	Mädchen	11/13	0/13	2/13
	Junge	11/13	0/13	2/13
	Schwangere	12/13	0/13	1/13
	Mutter mit Baby	6/13	4/13	3/13

Abb. 160: Ergebnisse Nutzertest

	BEDEUTUNG	VERSTANDEN	NICHT VERSTANDEN	ÄHNLICHE ASSOZIATION
	Baby	6/13	6/13	1/13
	Sprechblase/ Nachricht	2/10	6/10	2/10
	Brief	12/13	1/13	0/13
	Uhr	11/13	0/13	2/13
	Ausweis/Pass	8/13	4/13	1/13
	Kalender/Datum	10/13	3/13	0/13

Abb. 161: Ergebnisse Nutzertest 02

192

	BEDEUTUNG	VERSTANDEN	NICHT VERSTANDEN	ÄHNLICHE ASSOZIATION
	Termin	3/13	5/13	5/13
	Telefon	13/13	0/13	0/13
	Unterschreiben	1/13	5/13	7/13
	Unterlagen/ Papiere	10/13	1/13	2/13
	Bus	11/13	0/13	2/13
	Auto	13/13	0/13	0/13

193

Abb. 162: Ergebnisse Nutzertest 03

	BEDEUTUNG	VERSTANDEN	NICHT VERSTANDEN	ÄHNLICHE ASSOZIATION
	Fahrrad	13/13	0/13	0/13
	Haus	12/13	1/13	0/13
	Dokument/Papier	4/13	5/13	4/13
	Checkliste	0/13	5/13	7/13
	Liste	0/10	5/10	5/10
	Zeugnis	6/13	7/13	0/13

Abb. 163: Ergebnisse Nutzertest 04

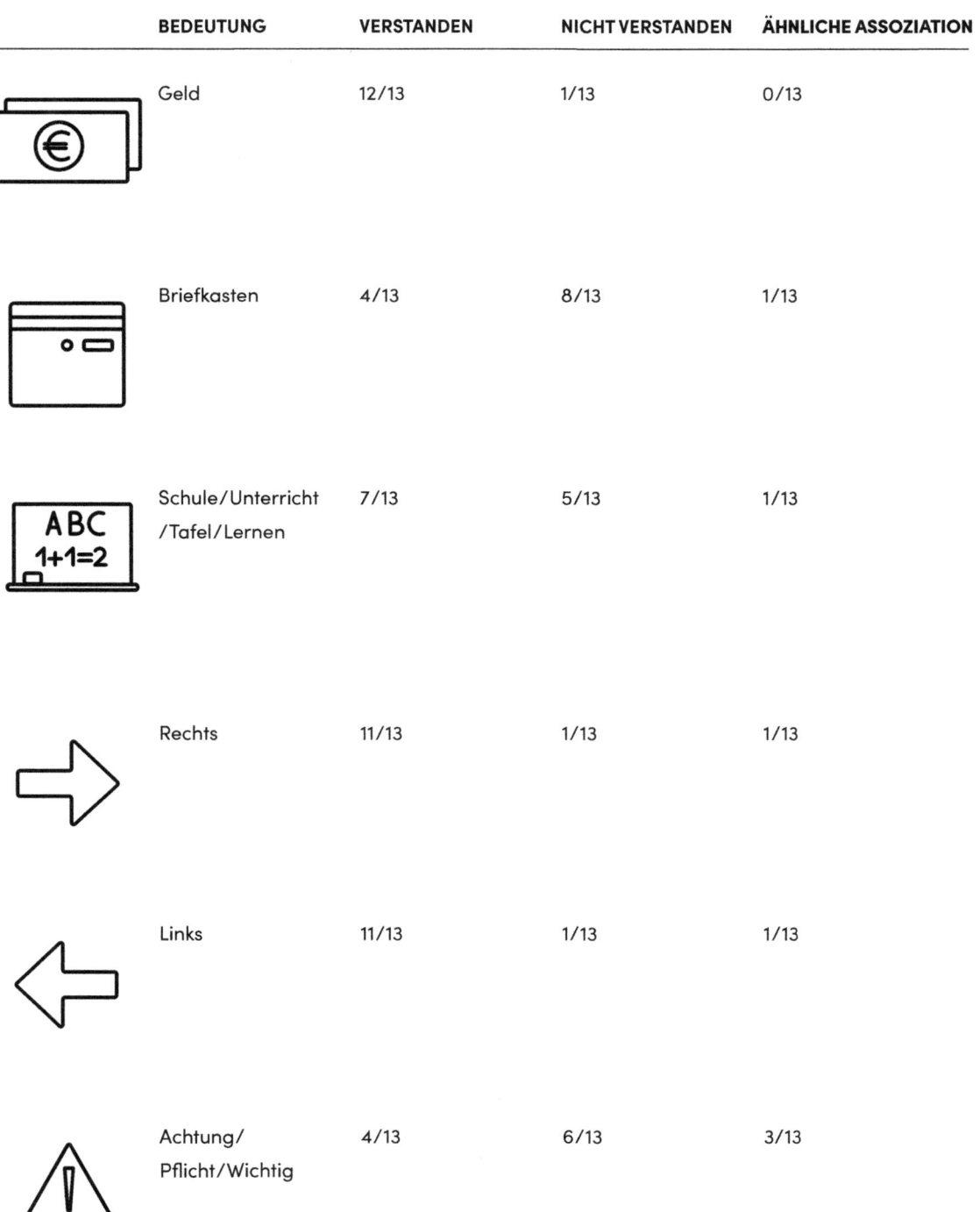

	BEDEUTUNG	VERSTANDEN	NICHT VERSTANDEN	ÄHNLICHE ASSOZIATION
	Geld	12/13	1/13	0/13
	Briefkasten	4/13	8/13	1/13
	Schule/Unterricht /Tafel/Lernen	7/13	5/13	1/13
	Rechts	11/13	1/13	1/13
	Links	11/13	1/13	1/13
	Achtung/ Pflicht/Wichtig	4/13	6/13	3/13

Abb. 164: Ergebnisse Nutzertest 05

	BEDEUTUNG	VERSTANDEN	NICHT VERSTANDEN	ÄHNLICHE ASSOZIATION
	Warten	5/6	0/6	1/6
	Rollstuhlfahrer/ Mensch mit Behinderung	5/6	1/6	0/6

196

Abb. 165: Ergebnisse Nutzertest 06

Diese Publikation wurde von der MSD / Münster School of Design unterstützt.

MSD

Rabea Cramer
Sprachlos
Piktogramme in der visuellen Kommunikation mit Geflüchteten

Welt | Gestalten, Band 2
Reihe herausgegeben von Lars C. Grabbe und Oliver Ruf
ISSN (Print) 2698-3036
ISSN (Online) 2698-3109

ISBN (Print) 978-3-96317-184-0
ISBN (ePDF) 978-3-96317-703-3
Copyright © 2019 Büchner-Verlag eG, Marburg

Gestaltung: Rabea Cramer
Druck und Bindung: Totem, Inowrocław, Polen
Printed in EU

Bibliografische Informationen der Deutschen Nationalbibliothek
Die Deutsche Nationalbibliothek verzeichnet diese Publikation in der Deutschen Nationalbibliografie, detaillierte bibliografische Angaben sind im Internet über http://dnb.de abrufbar.

www.buechner-verlag.de

Ebenfalls in der Reihe *Welt / Gestalten* erschienen:

130 Seiten • vollfarbig gedruckt
Klappenbroschur • 12,4 × 20,5 cm
22 € (D/A)
ISBN 978-3-96317-172-7

JAN ALTEHENGER
MYTHOS SOCIAL MEDIA
DIE ÄSTHETIK DER TÄUSCHUNG

Soziale Netzwerke sind wie ein permanentes Klassentreffen, jeder will zeigen, dass er es zu etwas gebracht hat. Es werden Eindrücke, Momente und Urlaubsfotos gepostet und geteilt, mit dem Bestreben nach mehr Anerkennung und Aufmerksamkeit, nach mehr Klicks, Likes und Followern. Für die meisten gehört der Blick auf das Smartphone mittlerweile zum Alltag wie das Zähneputzen oder die Morgentoilette. So bauen sich völlig neue soziale Rollen und Kreise auf. Sie bilden Verbindungen und Konstrukte – codiert von Einsen und Nullen –, die neue Zugehörigkeiten und Identitäten schaffen.

Mit *Mythos Social Media* legt Illustrator und Kommunikationsdesigner Jan Altehenger die visuelle Aufbereitung einer explorativen Fragebogen-Studie zum Social-Media-Gebrauch vor. Seine Auswertung ist eingebettet in einen Überblick über die Geschichte sozialer Medien und widmet sich vor allem den komplexen Beziehungen zwischen Fiktionalisierung und Wirklichkeit(en). Seine Illustrationen verdichten die Befunde der empirischen Auseinandersetzung zu Szenen, mithilfe deren neue Fragen entwickelt und Thesen ausprobiert werden und die sich dadurch auch in visuelle Formen des Nachdenkens verwandeln.